"做主人教育"模式的探索与研究

ZUOZHUREN JIAOYU MOSHI DE
TANSUO YU YANJIU

许德胜◎主编

九 州 出 版 社
JIUZHOUPRESS

图书在版编目（CIP）数据

"做主人教育"模式的探索与研究 / 许德胜主编. —
北京：九州出版社，2020.7
ISBN 978-7-5108-9164-9

Ⅰ.①做… Ⅱ.①许… Ⅲ.①小学—素质教育—教育
研究 Ⅳ.①G621.6

中国版本图书馆CIP数据核字（2020）第099330号

"做主人教育"模式的探索与研究

作　　者	许德胜　主编
出版发行	九州出版社
地　　址	北京市西城区阜外大街甲35号（100037）
发行电话	（010）68992190/3/5/6
网　　址	www.jiuzhoupress.com
电子信箱	jiuzhou@jiuzhoupress.com
印　　刷	河北盛世彩捷印刷有限公司
开　　本	710毫米×1000毫米　16开
印　　张	16.5
字　　数	260千字
版　　次	2020年7月第1版
印　　次	2020年7月第1次印刷
书　　号	ISBN 978-7-5108-9164-9
定　　价	46.00元

编委会名单

（排名不分先后）

主　编：许德胜

副主编：赵元安

编　委：高启刚　李朝斌　张立娜　李金山　胡文杰

　　　　王爱月　李　丹　多海红　蔚佳颖　张晨静

前　言

2014 年底，我走进张家湾镇中心小学，这是一所始建于 1906 年且文化底蕴较为深厚的百年老校。从 20 世纪 90 年代起，学校提出了致力于"做主人教育"，培养适应社会发展的"发展人"的办学理念。在近 30 年的时间里，这一理念不断深化与拓展，通过"学本领，做主人"和"做主人，求发展"两个阶段的探索，形成了以"做主人教育"为核心的学校育人文化体系。

面对这样一所有着悠久的历史和深厚文化基础的农村学校，怎样才能更好地发挥育人功能，引领学校不断发展呢？我认为，教学质量是学校的生命线，抓住教学质量就抓住了学校发展的"牛鼻子"。为此，我提出了"1133"深入一线调研计划：每年走进每位青年教师的课堂不少于一次；参与每个学校的教研组活动不少于一次；参与教学部门组织的集体性教研不少于三次；特别关注三类情况（个别教师、个别班级、个别学科）。

随着对学校情况的了解，我对学校的进一步发展逐步有了清晰的认识。我认为作为一个有作为的学校领导要满足四个条件：要有自己独到的教育思想，要带出一支能干的教师队伍，要亲自参与教育实践，当然还要有令人满意的教育成果。十几年的学校管理实践中我一直向着自己预定的目标前进。

经过多年的教育实践和学校管理实践，我逐步总结出了"自发、自觉、自然"的"三自"教育思想。"三自"是学生成长，教师进步，学校发展的三个阶段。"自发"就是事物发展或人的成长过程，一定是顺着事物或人的本性发展的，在此阶段事物所表现出来的显性行为都是自发的，没有经过特意的雕琢；"自觉"是教育取得一定成果的阶段。在这一阶段，学生认识到自身的特点并根据所学的知识充分运用自己的特长开展学习活动和实施道德行为；"自然"是人发展的最高阶段。道德标准、行为规范、学习规律已经融入生命之中，不用刻意提醒就能发挥得淋漓尽致，这是我们教育者追求的理想境界。

在学校建设过程中我特别注意教师队伍建设，并把自己的教育思想运用到其中。我们通过构建以导师制为核心的教师培养机制，来提升整个教师队伍的专业化水平，使我们教师队伍的整体实力保持在一种动态的平衡之中，为学校实现内涵发展创造条件。

新的导师制度有效地弥补了传统师徒结对式培养模式的不足，呈现出制度约束，为导师制的实施提供了保障；形式保障，为导师制运行铺平道路；情感催化，为导师制运转增加润滑；教学相长，使导师制成果更加多元等特点，显示出强大的实际功效。

学校本身是一所农村中心校，与我原来所在的城镇学校管理方式有很大的不同。我把在司空小学的管理经验运用到学校的管理实践中来，探索出农村中心校"一体化建设"的管理思路和具体实施办法，同全体师生一道，推动张家湾镇中心小学从"自发"阶段向"自觉"阶段迈进。

所谓"一体化建设"管理，是以实现整体发展为目的的，淡化行政意义上的中心小学概念，突出其功能上的引领作用，变"中心小学"一枝独秀为多点联动发展，使完小建设呈现出"思想统一、行为同向、资源同享"等特征，逐步缩小校际之间在资源配置、管理水平、办学质量等方面的差异，进而促进各校均衡发展。

首先是思想统一。在实践"做主人教育"的过程中，我们通过对"做主人教育"理论的共同研究与挖掘，在明确"做主人教育"的基本思想和建设框架的基础上，使中心小学和各个完小统一认识，建立了共同目标愿景，在形成各完小特色办学项目的同时，进而形成"一校一品牌，校校都精彩"的办学特色。

其次是行为同向。2015年随着学校新一届领导班子的重组完成，学校着力使每一所下辖完小都要从规范做起。经过研讨，学校围绕《张家湾镇中心小学学校章程》，对各项制度进行了完善与修订，编纂了《张家湾镇中心小学规章制度汇编》，并经教代会审议通过后施行。

第三是资源同享。张家湾镇是一个文化古镇，其中蕴含着大量社会人文资源，我们鼓励完小发掘、利用这些资源，使之助力学校教育教学活动的开展，助力学生综合素质的提升。利用资源优势弥补自身规模小、人力不足等发展劣势。

　　在课程文化建设方面，学校首先开发了校本课程《走进家乡》，总结出了"挖掘家乡的文化资源是开发校本课程的有效途径；校本课程开发过程要体现教师和学生的全面参与，是教师和学生自觉接受教育的过程"等研发经验，为完小的课程建设提供了范本。在此基础上，学校对课程资源进行收集整理和深度编辑，统一印制了《"做主人"教育系列读本》，提出了《实施意见》，规定了循环使用办法，实现了资源共享，共同提高。如今，《口语表达》《国学课程》《尚礼立人》《走进家乡》等实践类课程已成为学校课程建设的亮点。

　　"采得百花成蜜后，为谁辛苦为谁甜"。通过多措并举、多元共进，学校近年来先后获得了"全国中小学德育工作先进集体""北京市级课改先进校""百姓身边的好学校"等将近200多个荣誉称号，在区域内享有一定的知名度和影响力。鉴于此，学校将多年来探索"做主人教育"模式的经验和现有成果共享于世，望广大教育同仁点拨指正，以资鼓励！

许德胜
2020 年 4 月 7 日

目 录

第一章　理论研究篇

第一节　引　言

一、研究背景

北京市通州区张家湾镇中心小学始建于 1906 年春，是通州农村地区唯一一所百年老校。百年来培育出众多的仁人志士，为祖国独立富强繁荣发展做出了自己应有的贡献。同时，也随着祖国的时代大潮而起伏波动。

20 世纪 80 年代以来，我国进行了改革开放，邓小平同志提出了两步走的战略方针，中国社会驶入了发展的快车道，目前已经成长为世界第二大经济体。中央提出我国已经进入了中国特色社会主义发展的新时代，中华民族伟大复兴指日可待。

习近平同志指出，从全面建成小康社会到基本实现现代化，再到全面建成社会主义现代化强国，是新时代中国特色社会主义发展的战略安排。我们要坚忍不拔、锲而不舍，奋力谱写社会主义现代化新征程的壮丽篇章。

在全面建成小康社会的攻坚阶段，2018 年 9 月全国教育大会在北京召开。习近平出席会议并讲话。他强调，长期以来，广大教师贯彻党的教育方针，教书育人，呕心沥血，默默奉献，为国家发展和民族振兴作出了重大贡献。教师是人类灵魂的工程师，是人类文明的传承者，承载着传播知识、传播思想、传播真理，塑造灵魂、塑造生命、塑造新人的时代重任。全党全社会要弘扬尊师重教的社会风尚，努力提高教师政治地位、社会地位、职业地位，让广大教师享有应有的社会声望，在教书育人岗位上为党和人民事业作出新的更大的贡献。教育是民族振兴、社会进步的重要基石，是功在当代、利在千秋的德政工程，对提高人民综合素质、促进人的全面发展、增强中华民族创新创造活力、实现中华民族伟大复兴具有决定性意义。教育是国之大计、党之大计。培养什么人，是教育的首要问题。我国是中国共产党领导的社会主义国家，这就决定了我们的教育必须把培养社会主义建设者和接班人作为根本任务，培养一代又一代拥护中国共产党领导和我国社会主义制度、立志为中国特色社会主义奋斗终身的有用人才。这是教育工作的根本任务，也是教育现代化的方向和目标。

全国教育大会召开后，加快推进教育现代化、建设教育强国，成为我国教育改革与发展的主旋律。基础教育是整个教育体系的基础，基础教育的现代化对于其他各级各类教育的现代化、对于建设教育强国发挥着先导性和基础性作用。为此，需要以更高远的历史站位、更宽广的国际视野、更深邃的战略眼光，对加快推进基础教育现代化进行系统思维、整体设计，不断推进基础教育在培养目标、教育体系、课程内容、教学方式、管理体制机制、教师队伍等方面的现代化。

2019 年 1 月 11 日，北京市级行政中心正式迁入北京城市副中心。1 月 12 日，中共北京市委城市副中心工作委员会、北京城市副中心管理委员会在通州区委区政府新址，正式揭牌成立。北京城市副中心要构建蓝绿交织、清新明亮、水城共融、多组团集约紧凑发展的生态城市布局，着力打造国际一流和谐宜居之都示范区、新型城镇化示范区、京津冀区域协同发展示范区。

通州教育也随副中心的到来进入快速发展时段。未来十年，通州将会在北京的重点扶持下建设成为名校汇聚高地，几乎所有的北京名校都会在通州建设校区，使通州一跃成为教育强区。以此为基础，再通过十年的发展，通州作为北京城市新中心，更多地对接国际教育管理合作，国外名校将扎堆涌入城市新中心。

在这样的大环境下，张家湾镇中心小学也随着时代大潮进入快速发展期。学校"十三五"规划的总体思路是：全面实施"135"领航工程，推动学校特色发展，协调发展，创新发展。所谓"135"领航工程即认准"一个航向"：以"做主人教育"为先导，引领学校特色发展；主攻"三条航线"：通过队伍文化建设、课程文化建设、环境文化建设三大航线，推动学校协调发展；借力"五大引擎"：通过打造体验型德育、主体型教学、悦动型体育、地域型美育、服务型劳育五大品牌工作，助推学校创新发展。随着学校发展进入新时期，"做主人教育"模式到了必须总结的阶段。

二、概念界定

（一）小学教育模式

"教育模式"（educational model）是一个复合概念，首先应明确什么是"模式"，才能明确"教育模式"。

模式（model），是一个比较抽象、模糊的概念，其英文原义是模型或范型等。通俗地说，模式是指某事物的样式。当前的文献对"模式"的定义主要来自三个方面：一是在科学研究中，人们常常将模式看成是对某一过程或某一系统的简化与微缩式表征，以帮助人们能形象地把握难以直接观察或过于抽象复杂的事物。[①] 二是认为"模式"是一种方法，如《牛津字典》认为"模式，即方式方法、样式风格"；也有学者认为"'模式'作为一种科学方法，它的要点是分析主要矛盾，认识基本特征，进行合理分类"[②]。三是认为模式是一种对某种事物规律或现象的抽象或概括。如赵庆典认为"所谓模式，是指人们对某种或某组事物的存在或运动形式进行抽象分析后做出的理论概括，即人们为了某种特定目的，对认识、研究对象的运动、表现或相关联系的形状、发展态势以及机制、动作的方向等方面做出的高度理论性描述"[③]。我们所界定的模式类似于第三种说法，是基于某种目标，对现象或规律、运作过程和机制的理论性概括和描述。

对应模式的定义，教育模式的出发点是教育目标，就是对教育领域内的教育现象或规律、整个教育教学活动过程和相关主体对象的地位、状态等的概括性描述。教育模式是教育结构的标准式样，是将一定的社会历史条件和一定的教育思想与教育理论相融合而建立起来的较为稳定的教育活动的结构框架和活动程序，包括历史自然形成和人为设计创建两种生成机制，需要根据国情和客观的教育现状不断创新。查有梁在《教育建模》一书中认为，"模式是客观实物的相似模拟（实物模式），是真实世界的抽象描写（数学模式），是思想观念的形象显示（图像模式和语义模式）"。他同时认为，教育模式"有宏观、中观、微观三个层次之分"。宏观，指教育发展战略的模式；中观，

---

① 高文. 现代教学的模式化研究 [M]. 山东：山东教育出版社，1998：194.

② 查有梁. 教育模式 [M]. 北京：教育科学出版社，1993：1.

③ 赵庆典. 高等学校办学模式探论 [J]. 辽宁教育研究，2003（9）：41.

指办学模式；微观，指教学课程的结构。①

我们所试图构建的小学教育模式定位于小学教育，是一种人为设计的、试图满足当下时代背景和自主发展的教育目标而构想的一种教育模式，是一种中观层面的理解，是一种教育和教学过程的组织方式，是集教育方法、方式、策略、理念于一体的实践模型。

（二）做主人教育

张家湾镇中心小学独创的小学教学模式为"做主人教育"，以"做主人 求发展"为校训，坚持"致力于'做主人教育'，培养适应社会发展的'发展人'"的办学理念。"做主人教育"是以教师和学生为主体，以激发人的责任感和成长自觉性、主动性为核心，以培养人的综合智能、增强人的身心素质、形成良好的个性品质为目标，在适应社会发展的前提下不断提高人的自我教育能力、追求人的自我实现、为人的终身发展服务的教育。"做主人教育"突出了教师和学生两个教育主体，追求教师、学生的自觉成长和主动发展，让每一名教师和学生真正成为学校的主人，教育的主人，发展的主人，从而达到以发展的教师培养发展的学生的最终目标。

"做主人教育"的教育模式由体验型德育、生本型智育、悦动型体育、地域型美育、和服务型劳育五部分构成。五者有机互补、良性循环、相互融合，从而形成"做主人"的教育情境，从各个方面给予师生积极体验，增进师生"做主人"的信念。

三、主要理论依据和主要内容

重视并发挥学生的主体地位，是完成教育工作任务、实现教育目标的重要保证。"做主人教育"坚信每个学生不仅有权利做自己的主人，而且有能力做自己的主人。但是多年来，在旧的教育观念的影响下，学校教育忽视了学生在教育过程中的主体地位，将学生置于从属、被支配的位置，这是长期以来教育教学工作效益不高的原因之一。我国的小学生将是新时代社会主义建设的主力军，他们必须具有较强的主人意识，发挥主人地位，才能从容地应对未来人生的严峻挑战。为此，"做主人教育"模式是学校必然的选择。

---

① 查有梁. 教育建模 [M]. 南宁：广西教育出版社，2000：21.

（一）主要理论依据

张家湾镇中心小学开展的"做主人教育"实验研究的主要理论依据是"自我教育"理论。自我教育归属于德育范畴，是建立在自我意识发展基础上的一种教育实践活动，其显著特点是受教育者的自觉性和主动性。而这种教育实践活动，又不是自发产生的，它是在教育和环境的影响下所进行的。同时，自我教育要求是人的个性发展的最高要求，能否进行自我教育，又是一个人的重要的心理品质。[①] 因此，"自我教育不但是德育过程的一个方面，一种方法，从某种意义上来说，它又是德育的最终目的和归宿。"[②]

小学生必须要有自我教育的能力，苏霍姆林斯基在《给教师的建议》一书中明确表示："从什么地方和什么时候开始自我教育呢？有一句古老的格言：'战胜自己是最不容易的胜利。'一个人应当从这里开始认识自己，开始自我教育。应当在童年时期和少年早期，即从 7 岁到 10、11 岁，就教给一个人自己安排自己的事，并在必要的时候能够'强迫自己'。如果错过了这个时期，那么以后就不可避免地出现再教育的问题。"[③]

什么是小学生的自我教育呢？我们认为，在德育过程中，学生在教师的积极引导下，在自我意识发展的基础上，将国家和社会通过学校及教师提出的教育要求，自觉地转化为自己的精神需要，并主动采取行动，培养自己的品质，督促自己去实现。这就是小学生的自我教育。

（二）主要内容

张家湾镇中心小学开展"做主人教育"实验已达 30 余年，从构思到付诸实践，从建立到健全，始终不变的是对新时代主人的热切期盼，这是教育改革的真实内涵所在，蕴含着教育变革的理想情怀，也是对现实生活中学生塑造过程中缺陷的深刻反思，是对教育人、塑造人这一终极目标的一次探索。多年来，张家湾小学一直在执着地追寻，执着地探索。于是，我们看到了逐步清晰的"小主人"形象。

---

① 王宗仁，王永政，何如淦. 启发自我教育 培养"三自"小主人——构建启发自我教育课程模式的研究 [J]. 现代中小学教育，1992（3）：16.

② 陈泽河，咸万学. 中学德育概念 [M]. 济南：山东教育出版社，1991.

③ [苏联] 苏霍姆林斯基. 杜殿坤编译. 给教师的建议 [M]. 北京：教育科学出版社，1981.

"小主人"是有着"自律、自信、自立、自尊"意识和能力的小学生。为了适应小主人们的"四自"发展需求，张家湾镇中心小学的"做主人教育"紧紧抓住了"三个主、一个新"开展教育工作。一是主体精神。学生是教育的主体，学生主体是具有自主性、主动性和创造性的，能够做到自我学习、自我发展、自我实现。二是主动发展。学生在教师的指导下依靠主动进取的精神而获得有效的发展。三是主人翁责任感。这意味着一个人对自己在群体中所担任的角色有明确的认知，对按照这种角色要求应该如何行动有明确的预期，对自己行动的结果给别人造成的影响有明确的体察。正如康德所说儿童既是充分自由的又是符合社会规范的，就需要责任感的培养[①]。四是创新精神。创新是人的自我发展，是自身力量的开发，它的本质是突破旧的思维定式，旧的常规戒律，形成新的自我。

1. "做主人教育"的目标

张家湾镇中心小学的"做主人教育"提出了引导学生做"四个小主人"的目标，即文明守纪的小主人、健康向上的小主人、家乡的小主人、和谐家庭的小主人。

（1）文明守纪的小主人。通过深化完善学生管理文化，不断激发学生的责任意识、参与意识及管理意识，发展学生自尊自律、自主管理的行为习惯，实现学生自我管理和自我教育。

（2）健康向上的小主人。学校开展美德类、学科类、生活类、艺术类、科普类、体育类等各类社团活动，鼓励学生根据自己的爱好与特长积极主动参与，从而不断丰富学生的课外生活，提高艺术审美素养，发展学生良好稳定的心理品质。

（3）家乡的小主人。学校通过校本课程、综合实践课程、社会大课堂等渠道，宣传家乡历史文化、民俗文化、宗教文化等，形成学校的爱家乡教育特色活动，不断丰富学生的爱家乡教育体验，发展学生"知家乡、爱家乡、建家乡"的思想意识，引领学生做"家乡的小主人"。

（4）和谐家庭的小主人。学校通过各类家庭礼仪教育活动，使学生逐步

---

① 杨九俊. 人在中央——南京市琅琊路小学"小主人教育"的实践探索 [J]. 江苏教育研究，2014（10B），4.

学会做家务，为父母分担家事，提高自理能力；使学生学会待客、做客之道，提升文明素养；懂得感恩，发展学生"知礼讲孝"的良好品性。

2."做主人教育"的实施途径

"做主人教育"的教育模式由体验型德育、生本型智育、悦动型体育、地域型美育和服务型劳育五部分构成。这五个方面有机互补、良性循环、相互融合，从而形成"做主人"的教育情境，从各个方面给予师生积极体验，增进师生"做主人"的信念。

（1）体验型德育旨在通过创建多元文化环境，开展各种实践活动，不断激发学生的责任意识、参与意识及管理意识，使学生在角色体验中实现自我管理、自我教育和自觉成长。

（2）生本型智育旨在课堂教学中以学生为本，推进"主体型"课堂教学体系的深入实施，落实"做主人教育"。

（3）悦动型体育旨在创建具有愉悦、主动、自主、创新特点，体现主人特征的悦动型体育，完善学校、家庭、社会多方参与的青少年健康联动机制，培养身心健康、体魄强健、意志坚强、充满活力的合格人才。

（4）地域型美育旨在通过促使学生运用各种美术形式表现地域特点，增强学生的爱乡之情，学做家乡小主人，从而发展学生审美体验，提高学生发现美、欣赏美、创造美的意识和能力。

（5）服务型劳育旨在通过开展自我服务劳动、家庭服务劳动、社会服务劳动及简单的生产性劳动等活动，培养学生热爱劳动、热爱劳动者的思想和行为。

（四）研究意义

当下，我国基础教育价值观由工具主义的应试教育观转向人本主义的素质教育观。在这一教育大潮的推动下，张家湾镇中心小学创生出"做主人教育"育人模式，同时，"做主人教育"育人模式也塑造、成就了张家湾镇中心小学。"做主人教育"坚持以人为本，坚持发展学校的特色、教师的专业及学生的个性，培养师生对张家湾历史文化传统的自豪感，顺应教育发展潮流，为全面提升学校教育质量奠定了坚实的基础。

1. 促进学校全面发展

30年的"做主人教育"研究让我们坚定了培育"发展人"的育人目标。

20世纪80年代，改革开放的大潮席卷全国。"全民经商""下海挣钱"成为那个时代所有人的目标，这一思潮也波及小学，"跳农门"成为农村学生的第一追求，也成为老师的教育策略。在这样的形式下，以林殿石校长为代表的张家湾小学人开始思考"培养什么人"的问题。经过深入的学习、思考和讨论，我们得出了"四个转变、一条思路"的办学理念。经过30年的实践，我们深刻体会到，这一办学理念既有鲜明的地域性，又有广阔的适应性，既满足了时代要求，又为学校的发展留足了空间。在这一办学理念引领下，张家湾小学跨上了一个又一个台阶，成长为通州区名校。

理顺管理渠道，建立高能的组织结构，保障学校教学活动。张家湾小学作为一所农村中心校，服务29个自然村，50000余名村民，拥有近20个教学区（最小的教学点只有两个教学班，3名老师），2000余名学生，150余名教师（近一半是代课教师）。面对如此复杂的情况，该怎样进行管理？随着"做主人教育"模式的不断推进，我们克服了这些困难，形成了具有张家湾特色的管理模式，为学校的不断发展保驾护航。

加快教学模式的转变，改变传统教学观念。在"做主人教育"育人模式实施过程中，我们通过课程与教学改革带动教师教育观、教学观的改变，建立本土化学习型学校的课程体系，利用地域优势，立足自身发展，充分体现北京市农村小学的办学特色。最大限度地发挥公共资源的育人与服务功能，有效解决了农村小学及农村资源利用率不高的问题。

总之，"做主人教育"的实施从根本上提升了张家湾小学的活力，使教职工队伍得以迅速地成长，使优质校本教育资源在学校系统内部不断得到扩大、增效；拓宽了农村小学的教育空间，增加了教学计划的多样性；确定了学校发展的主体和核心，充分调动了干部教师全员参与管理的积极性。

2. 有利于提高教师的专业教学水平，提高教师的工作幸福感

加速达成教师的"六自发展"目标：自觉归属、主动作为；自觉管理、主动进言；自觉阅读、主动学习；自觉反思、主动提升；自觉强身、主动健体；自觉强心、主动调节。引领教师树立"团队就是名师、团队就是品牌"的建设理念，竭力打造具有"主人"特征的教师团队。促进教师做"思想的主人""决策的主人"和"实践的主人"，在课程架构和教学实施的实践中，走向教师发展的佳境。为教师学习与进步提供坚实的理论基础，并适应未来

学习化社会发展需要。有利于培养和造就学习型、研究型教师，帮助教师树立终身学习的思想，形成自主学习的教师生活方式。以科研促发展，努力实现教师队伍的可持续发展。

3. 有利于达成"四主"发展目标

"四主"发展目标即：主动锻炼，形成习惯；主动做事，承担责任；主动学习，积极思辨；主动管理，自觉约束。"四主"发展目标有利于实现学生的个性化教育，提高学生的学习积极性，保证学生的社会发展及对农村社会的适应性、创造性；有利于培养学生的创新思维。此目标能有效地激发学生自身的巨大潜能，培养学生的小主人意识及责任意识、参与意识、管理意识，使学生实现自我管理与自我教育。同时，巩固学生的学习主体地位，唤醒学生的主体意识，并充分利用地域文化，提高学生综合素质。这有利于培养学生的文化自信，激发出学生热爱家乡、建设家乡的情感。

第二节 "做主人教育"的传承历史

一、学校简介

张家湾镇中心小学始建于 1906 年，时称镇立张家湾初等小学堂，校址在张家湾村关帝庙，有 1~3 年级 1 个复式班，教师 1 人。1912 年改小学堂为小学校。1915 年 3 月，改称张家湾镇国民学校。同年分设女校，1930 年女校并入，改名为"通县第六区完全小学校"，一校两址，关帝庙为初小，又称东校，村内广福寺为高小，又称西校。1946 年改为张家湾镇中心国民学校。1949 年改为通县张家湾小学，1950 年改为通县张家湾村中心小学。1985 年改称通县张家湾乡中心小学，1990 年改为通县张家湾镇中心小学，1991 年迁到现址，1997 年更名为通州区张家湾镇中心小学。它是通州区农村学校中唯一的一所百年老校，见证了中国教育百年成长历程。

张家湾镇中心小学就如一棵百年参天大树，它扎根张家湾沃土，在运河母亲的涵养下，守望家园，茁壮成长，承载着一代又一代人的梦想，培育了一代又一代的学子。110多年的时光，经历了无数的风霜雪雨，而20世纪90年代初"做主人教育"的提出，使张家湾镇中心小学迅速成为乡镇学校的先锋。30年来，"做主人教育"薪火相传，"做主人"已经成为一种精神，一种信念，一种感情。

二、"做主人教育"历史回眸

张家湾镇中心小学坚持"做主人教育"办学思路，坚持"文化立校"的办学理念，加强对学校文化建设的探索与实践，使学校文化特征更加彰显，文化气息更加浓厚，办学品质得到整体提升，在实践过程中形成了一整套行之有效、尊重学生发展的小学教育模式。

（一）第一阶段：思想萌芽——初步思考与实践"做主人教育"的办学思想

20世纪90年代初，学校面临许多亟待解决的问题。例如，大部分学生不懂得哺育自己的家乡，只一味地追求"跳农门"；很多学生不明白何谓学为所用，只埋头于从书本到书本的死知识学习；所有学生陷入念、背、抄，苦学追高分的怪圈；部分教师教育思想、教育方式落后，学校忽视了对学生综合能力的培养，片面追求升学率……面对这些情况，根据张家湾镇镇党委、镇政府的教育规划，时任校长林殿石在自我教育思想的影响下，带领全体师生开始探索一条符合学生、教师发展的教育之路。

为了解决以上诸多问题，林殿石校长提出了"四个转变"——变片面追求升学率为坚持全面育人，办出特色；变"跳农门"挤"羊肠小道"为培养爱家乡、有本领的劳动者；变念、背、抄、苦学追高分为实施快乐教育、提高学生素质；变从书本到书本的死知识为注重培养能力、注重学为所用，服务张家湾。他开辟了一条思路："从爱家乡教育起步，以学习真实本领，以全面提高学生素质为中心，育有远大志向、能更好地为家乡经济建设服务的劳动者"；设定了一个育人目标：让每个学生都会"学做人，学读书，学办事，学劳动，学生活，学健美"，成为适应21世纪社会发展的"发展人"。

为了实现育人目标，学校明确了以"做主人教育"为核心的特色办学方向，实施了做主人系列教育实验方案，以校训"学本领，做主人"为中心，开展了系列专题教育活动。学校围绕学生德育、教师培养、课堂教学改革三个方面，进行教育模式的探索和实践。

在此阶段，张家湾小学关于"做主人教育"主要开展了以下实践活动。

1. 德育成系列，串珠闪异光

根据学校整体办学思路，针对农村学生普遍存在的"跳农门"问题，学校将培养目标落实到培养热爱家乡、立志建设家乡的人才上来，并从张家湾镇悠久的历史出发，挖掘家乡教育资源，以爱家乡教育为途径，引导学生树立热爱家乡、建设家乡、热爱祖国、建设祖国的志向。全校开展"六个一"活动，即读一本家乡的书，访一位优秀的共产党员，参观一处家乡的古迹，学会一种劳动技术，调查一个家庭的变迁，写一篇收获体会。一支由300名学生组成的小记者团深入农村，深入工厂，深入机关，深入家庭，进行生活、生产、历史、民情、人物、风景、古迹等十多个项目的调查，采访。学生们走遍了家乡各地，整理出采访札记700多篇、照片50多张、录音磁带10多盘。回到学校后，学生自己动手把采访到的材料加工整理，办小报、办广播、办展览、编故事，广泛宣传，使家乡的历史、发展、未来深深铭刻在每个学生的心中。

在这些活动中，学生们受到了深刻的教育。他们参观了张家湾1860年抵抗英法联军时，十二姐妹为逃避外国强盗的污辱投井自杀的遗址和在抵抗英法联军的战斗中清朝爱国将领李秉恒牺牲处。学校聘请辛亥革命通州领导人之一、烈士王治增的曾孙王增产为校外辅导员。王增产同志拿出他保存的珍贵的历史文物供学生们参观学习。孩子们听了一篇篇、一段段的史实，对帝国主义暴行义愤填膺，对张家湾人民宁死不屈的斗争精神油然而生敬意。他们眼望着累累伤痕的古城墙，眼望着屹立在大石桥上的雄狮，挥着小拳头，眼中滚着泪珠，庄严地宣读他们的集体誓言："先辈们，你们安息吧！今天的张家湾已不是100年前的张家湾，今天的中国已不是100年前的中国，我们一定要学好本领，建设家乡，保卫祖国。"

"做主人教育"实验坚持一年一个主题，先后进行了"知我张湾，爱我家乡，从小学本领，长大做主人""心中有祖国，心中有集体，心中有他人，做社会主义小主人""忆国史，明国情，看世界，做主人""学科学，爱科学，用科学，做科技小主人""知民族历史，懂民族风俗，讲民族美德，做民族大家庭小主人"等主题教育活动。这个实验以对学生的品德教育为重要内容，以开展学生活动为基本形式。例如，在张家湾镇政府举办"十年改革成果展览馆"，在通联汽车厂、铝合金厂建立"爱家乡"教育基地等，在"挖家乡河，修家乡路，种家乡田，植家乡树"的劳动活动中，组织学生学习建设家乡的本领，磨炼建设家乡的意志。

爱家乡教育使学生的情感发生了明显的变化。1990 年 9 月，在六二班的问卷调查中，34 名学生中，愿意当农民的只有 1 人，还是学困生。1991 年 6 月的调查，愿意留在农村，建设家乡的达到 27 人。

在学校举办的"知我张湾，爱我家乡"知识竞赛中，原镇长李德全同志当场命题，学生对答如流。他问一个叫穆兰的学生，"2000 年你的理想是什么？"穆兰同学说："我的理想是接您这个镇长的班。""你怎样当好这个镇长？"穆兰同学回答："我当镇长先办好两件事。一是修公路，二是办旅游。"镇长无限感慨地说："你说的这两件事正是我想办还没有办成的事。你们了解张家湾比我还全面，还深刻。2000 年的张家湾交给你们我就放心了。"

培育能持续进行自我教育的"发展人"是学校管理的出发点，也是管理的归宿。学校将教学管理分为四个层次：学校的制度管理、教师的班级管理、学生的相互管理、学生的自我管理。

第一，学校的制度管理。学校建立全面的、明确的、可行的规章制度。在制度管理中突出一个"知"字，通过下发文字材料，广播，小主人电视台、板报等各种手段，使学生对学校的规章制度达到全知、深知。知是基础，知之越深，则情之越切，主人翁责任感越强，从而坚定"做主人"的意志，为其良好的行为打好基础。

第二，教师的班级管理。教师的班级管理要突出一个"导"字，即示范导、启发导、表扬导、批评导、暗示导、典型导，教师的"导"要注意刺激学生的情感和意识，也就是激发学生内因的变化。如：学校重点抓的主题班队会都围绕"做主人教育"展开，让学生在充分明白道理的情况下，发挥主体意识，指导其做"做主人"行为，培养学生稳定的、发展的素质结构。张辛庄小学三年级是专题研究试点班，班主任王娜老师从提高学生的认识入手，以定班训、画班徽、唱班歌为手段，召开《我是集体中的一员》《闪亮的小星》等主题班会。同学们自觉维护集体利益，培养了"我是集体小主人"的观念。中心小学四（1）班中队辅导员刘希霞结合少先队雏鹰争章活动，在中队开展讲诚实话、干诚实事、做诚实人等系列活动，使该班一女生改掉了偷家里钱的坏习惯，并且把在路上拾到的 200 元钱主动交给学校，在学校帮助下找到了失主。她被评为通州区百名遵纪守法模范队员之一。

第三，学生的相互管理。学生的相互管理突出一个"促"字。管理是手段，促进自身建设是目的。为了让学生领悟"做主人"的深刻内涵，学校建立了值周班，班级值日组，他们是值日期的管理者，负责师生礼仪、纪律、卫生、宣传、升降旗等全面管理；成立了少年先锋岗、礼仪示范团、纪律督导队、卫生检查组等组织；设立了"小主人"信箱，校长在学生中选拔校长小助理，班主任在学生中选拔班主任小助理，使学生广泛地参与管理工作，在管理者与被管理者的位置交换中追求自己的价值存在。

第四，学生的自我管理。学生的自我管理突出一个"思"字，学校明确学生自我管理的任务和内容，使学生在自我管理时进行自我服务、自我约束、自我反省、自我调控、自己规范自己的行为，从而达到自我教育的目的。同时，学校成立了学生自治会，自治会领导小组成员在教师的指导下，制定各种规章制度，成立文明、守纪等各方面督导小组。全体学生从相互管理上升到自我管理、自我教育，加大了管理力度，提高了参与意识，他们在参与中学本领，在参与中"做主人"。"小主人"信箱共收到学生信件近 5000 封，给学校提建议 420 条，有多条被采纳。如：1997 年"给我们的小树穿上冬衣"的建议，就是学校接受"小主人"信箱中五十多名学生的建议开展的。

2. 红烛有目标，同向求进步

针对教师存在的问题，我们加强教师的思想建设，首先将目标放在转变教师的教育观念上。这就需要引导教师跳出学校的小圈子，把培养学生与为农村经济建设培养人才联系起来。为此，学校坚持实施"三、四、五、六"红烛工程，不断加强教师队伍建设："三敬"——敬教育之业，敬农村教育之业，敬张湾教育之业；"四尊"——尊重学生人格，尊重学生兴趣，尊重学生个性，尊重学生爱好；"五爱"——爱生活，爱工作，爱学校，爱学生，爱他人；"六树"——树立务本意识，树立质量意识，树立改革意识，树立效益意识，树立信息意识，树立竞争意识。

红烛工程教育广大教师，使他们以园丁形象、恩师形象、人梯形象、楷模形象严格要求自己，以爱育爱，蔚然成风。学校围绕红烛工程，开展了"我们学校里的年轻人""红烛同向"等演讲比赛，举办了"两史一情"和"爱国主义"知识竞赛等。通过这些活动，教师进一步增强为家乡培养建设者的责任感。

3. 教书循规律，教改共争鸣

课堂教学是学校教育的中心环节，也是"做主人教育"的主渠道。教学过程能够调动学生的积极性、主动性，培养学生的"做主人"意识，但也可能对学生造成心理压力，压制学生的"做主人"意识。因此，转变教师的教学观念，进行教学改革是十分必要的。

学校首先对教师提出四点要求：要求任课教师在教学中坚持一切事物都是发展的、必须做"发展人"的教育原则，培养学生乐观进取、自强不息、无止境追求的意志品质；要求任课教师坚持以学生为主体、学生是课堂的主人的原则，尊重学生的人格、学生的兴趣、学生的个性、学生的爱好，培养学生的独立性和自主性，使学生在自我控制、自我调节、自我评价、自我修正、自我选择中自我升华；要求任课教师坚持合作性原则，培养学生的群体意识，使学生在合作中发挥潜能，取人之长，补己之短，共同发展，享受合作学习的成就感；要求任课教师坚持主动性原则，运用各种方法和手段激发学生的情感和意志，使他们主动、生动地学习。

在对教师提出统一的要求之后，学校采取了抓典型、培养骨干，促主题教育的整体铺开的方法。代金全老师的"在语文教学中小学生主体性发展的研究"起到了龙头的作用。在他的带动下，"学本领，做主人"的教育目标在课堂教学中得到落实、课堂教学的生动事例不断涌现。[①] 张家湾小学出现了一大批教改尖兵，音乐教师潘玉红在音乐教学中大胆改革、勇于实践，形成了自己的特色，被评为通州区的骨干教师。数学教师朱凤芝、自然教师韩振伟、美术教师唐士雪、体育教师李朝斌等在各自学科教学中勇于进行教学研究与改革，形成了浓厚的课堂教学研究与改革氛围。

总之，在践行"做主人教育"办学思想以来，张家湾镇中心小学取得了农村小学教育主动为家乡经济建设服务的初步经验，教育质量也有了比较明显的提高。

---

① 林殿石. 进行"学本领，做主人"系列教育全面提高学生素质 [J]. 北京教育，1998（10）：33.

首先，学生"爱家乡做主人"意识增强了。学校并没制定关于损坏公物的惩罚性措施，可学校的花木没一棵人为的损伤，学校的玻璃没一块人为的损坏……

其次，学生有了学本领的主动性。在劳动基地，学生自学种菜，自己试验新品种。在工厂里学工，积极性特别高。新办学思路，培养了学生的创造性能力。比如，在"爱家乡"教育活动中，学生们自发地与老校友通信，请老校友来校做报告，还与老校友开展"三比三思"活动。

最后，学校办学水平也明显提高。学校连续 8 年获通州区特色学校称号。1993 年获北京市特色学校称号。1997 年获北京市小学示范校称号，2000 年又获全国德育工作先进集体称号。《中国教育报》《光明日报》、"北京电视台""北京教育台"等新闻单位对学校办学特色进行过 10 余次报道。全国七个省、市，100 多个县以及西欧、北欧、北美及联合国教科文组织来学校参观考察，对学校工作给予充分肯定。

（二）第二阶段：模式初创——明确做主人教育的基本理念，建构做主人教育的小学教育模式

我国自改革开放以来，党和国家始终把提高全民族的素质作为关系社会主义现代化建设全局的一项根本任务。重视人的思想道德素质、能力培养、个性发展、身体健康和心理健康教育。2001 年，教育部颁发了《基础教育课程改革纲要（试行）》，启动了新一轮基础教育课程改革。课程改革在全面实施素质教育中发挥了核心和关键作用，带动了基础教育观念、人才培养模式、考试评价制度、师资队伍建设、教育管理等方面的配套改革、整体推进。各地注重德育为首，育人为本，开展阳光体育，增进学生体质，加强美育熏陶，塑造高尚情操，努力促进学生全面发展。以人为本的素质教育理念日益深入人心，义务教育均衡发展的局面逐渐形成，以素质教育理念为核心的教育质量保障体系正在形成，中小学素质教育呈现出良好的发展态势。

在素质教育以及新课程改革的背景下，张家湾镇中心小学进一步发现了自己发展中的不足。就教师方面而言，出现了教师团队断层现象，这严重影响着教育事业的发展，学校本身不能形成正常的教学梯队、学术梯队，繁重的教学、科研任务，大部分落在 50 岁以上的老教师肩上，青年教师教学经验不足，思想不够稳定，教师素质有待提高，教学质量因此受到很大影响。学

校面对此问题，必须建立有效的机制，为中青年教师的发展创造条件，减轻老教师的工作负担。除此之外，学校课程特色不够鲜明，不能突显出本校鲜明的个性，在教育性、发展性等方面不具有独特的品质。特色课程代表着张家湾小学课程开发的最高水平，其建设工作迫在眉睫。

2006年林殿石校长退休后，刘卫红、杜士峰二位校长先后继任，在第一阶段的基础之上，促进"做主人教育"的发展。本着"在传承中提高，在创新中发展，在巩固中深化"的工作原则，又一代张家湾小学人围绕"教育创新、质量优良、特色鲜明"的办学目标，通过教代会研讨以"做主人求发展"为校训，坚持"致力于'做主人'教育，培养适应社会发展的'发展人'"的办学理念，不断完善"做主人教育"的思想框架与建设体系，丰富内涵，拓展外延，使这一传统的办学思想得以延续并发扬光大。

学校在"做主人教育"模式创建初期的第一步工作是明确了"做主人教育"的基本概念，形成了具有"做主人教育"特色的理念文化。经过教育实践探索，学校明确了"做主人教育"是以教师和学生为主体，以激发人的责任感和成长自觉性、主动性为核心，以培养人的综合智能、增强人的身心素质、形成良好的个性品质为目标，在适应社会发展的前提下不断提高人的自我教育能力、追求人的自我实现、为人的终身发展服务的教育。"做主人教育"突出了教师和学生两个教育主体，追求教师、学生的自觉成长和主动发展，让每一名教师和学生真正成为学校的主人，教育的主人，发展的主人，从而达到以发展的教师培养发展的学生的最终目的。

1. 构建学生文化

学校在继承第一阶段开展的爱家乡教育活动基础上，开展了更多的探究张家湾乡土之情的教学工作。同时，提出了更加明确的目标，优化途径，构建出"做主人"特征的学生文化。

面向全体学生明确提出"四主"发展目标，即：主动锻炼，形成习惯；主动做事，承担责任；主动学习，积极思辨；主动管理，自觉约束。在"做主人教育"理念指导下，学校出台了《"主体体验型"德育体系层次性实施方案》，依据其创建和发展多元学生文化，不断丰富"做主人教育"的内涵，引领学生自觉成长。

①探究家乡地域文化，激发学生的乡土之情。张家湾镇拥有灿烂的历史，

千年积淀的文化底蕴和人文精神是学校得天独厚的教育资源。通过校本课程及丰富的综合实践课程、社会大课堂等渠道，学校引领学生探究家乡历史、民俗、宗教等文化，不断丰富了学生的爱家乡教育体验。

②构建学生管理文化，实现学生自我管理。"体验角色、担承责任"是学校《"主体体验型"德育体系层次性实施方案》的主要特征。学校一直坚持以"我的校园我管理""我的班级我管理"为主旨的行为落实与考核评比制度，通过开展"主人责任我担承""担承责任六个一"等活动，不断激发学生的责任意识、参与意识及管理意识，使学生在角色体验中实现自我管理与自我教育。

③发展社团活动文化，培养学生个性品质。社团活动内容包括礼仪、学科、生活、艺术、科普、体育等多个门类。每学年初，学生根据自己的爱好与特长，选择参加自己喜爱的社团活动，配合一年一度的"小主人艺术节""小主人体育、文化节"等展示活动成果，使学生体验成功，发展志趣。

④感受仪式文化，培育学生的主人精神。庄严而隆重的集体仪式，会使全体师生产生强烈的集体荣誉感和责任感。学校高度重视"做主人教育"的礼仪规范，对升旗礼仪、大型集会礼仪、课堂礼仪、入学礼仪、入队礼仪、毕业礼仪等做了明确要求，形成了固化的规范。

⑤借鉴多元智能理论，促进学生多元发展。根据学生学习规律设计多样的教学活动，提高学生学习兴趣；借鉴多元智能理论，根据学生兴趣特点开发多种多样的课外作业，巩固学生学习成果；借鉴多元智能理论，根据学生兴趣爱好开展形式活泼的社团活动，培养学习能力；借鉴多元智能理论，改进学业评价方式和内容，让每个学生体验到成功的幸福和学习的快乐。

2. 着力创建教师文化

教师的素质对学校的教育教学有着至关重要的影响。张家湾小学建立了一支较为合理的教师队伍。在拓宽渠道、引进优秀人才的同时，加大对现有教师的培养培训力度，全面提高教师的教育教学水平和科学研究能力，提高教师应用现代教学技术的能力，注重对教师专业知识和能力的培养。在教学、科研中表现优秀的教师，成为学校教学骨干、学术带头人。

作为"做主人教育"的主体之一，教师发展是实现学生发展的先决条件。对此，学校提出了教师"六自"发展目标：自觉归属、主动作为；自觉管理、主动进言；自觉阅读、主动学习；自觉反思、主动提升；自觉强身、主动健体，自觉强心、主动调节。引领教师树立"团队就是名师、团队就是品牌"的建设理念，竭力打造具有"主人"特征的教师团队。

定期开展教师培训活动，提升教师素养。培养教师在政治思想、职业道德、理论素养、专业知识、教育教学实践、教育教学教科研等方面具有较高的素养和水平，在创新精神和实施能力方面有所提高。学校组织教师认真学习有关教育的法律法规，恪守教师职业道德，忠诚于党的教育事业。提高教师的责任感，培养教师的探索精神和能力，每一位教师都做到教书育人，为人师表。

培养教师科研能力，努力提高教学效果。教师在一定理论指导下，对教育中的现象和问题进行研究，透过表面的、零散的问题，从中找到本质的、规律性的东西，从而改进教学工作，收获高质量教育成果。同时，教科研工作能够使教师提高自我，收获教师专业发展的成果。学校教师已经结题和正在研究的市级课题 20 余项、区级课题 30 余项、校级课题 50 余项。杜士峰校长承担的市级课题《加强个别化教学，培养轻度智障学生语文学习能力的研究》，李振仓校长承担的市级课题《整合资源，提高三位一体民族团结教育实效性的研究》等十多项课题获区级以上教科研成果奖。

师徒结对已成为学校培养新教师的一种重要途径，可有效提高教育教学质量。学校充分利用优秀教育资源，全面提升教师的师德修养和业务素质，让资深教师做新进教师的引路人，使新进教师尽快进入角色，在教育教学方面步入正轨，成为学校教育教学骨干的后备力量。

截至 2018 年底，学校专职教师中具有硕士学历的教师有 23 人，占教师总数的 10%，具有本科学历的教师有 187 人，占教师总数的 81.7%，拥有高等教育学历的教师比例呈逐年上升趋势。与此同时，学校大力支持教师进修学习，帮助教师在完成工作的基础上尽可能地提高学历，拓宽学习范围。教师的基本技能也是学校的重点关注内容之一，学校每学期会针对不同专业的教师进行基本功培训和相关比赛项目；派选骨干教师对新进教师进行短期专业课程培训，有针对性地更新、拓宽专业知识，巩固专业能力，以满足课程教学教研工作需要。

学校在关注教师教育教学工作的同时，也十分关注教师的健康状况，适时组织体育活动，缓解教师们的工作压力，促进教育改革的进一步推进和人才质量的提升。

3. 以实施"主体型课堂教学体系"为核心，构建"主体型"课堂文化

围绕师生"双主体"的共同发展，结合现代教学理论和"做主人教育"理念，学校制定并逐步落实了"'主体型'课堂教学体系"，使课堂成为落实"做主人教育"的主渠道。所谓"主体型"课堂是指：以教师和学生两个主体的体现和相互作用为主要课堂动力，以学生主体自觉、主动地参与学习活动为主要表象，以充分肯定教师的主体地位，发挥教师的主导作用为质量保障，以培养学生独立思考、自主学习、主动探究意识，提升教师的专业化素养为主要目标，实现师生主动发展、共同提高的课堂教学理念和规范。它由"自主、主动、多元、合作、发展"五个核心要素构成，遵循"双主体"、以学定教、联系性、全面性、创新性等原则，以满足教师和学生在精神和心理上的慰藉与悦纳、达到教师和学生在知识和技能上的获得与增益、激发教师和学生在思维和智慧上的灵动与碰撞、呈现教师和学生在沟通和交流上的平等与尊重等四个特征的表现为评价基础，通过教师和学生两个教学主体作用的充分发挥，提高课堂教学的实效性。

4. 挖掘课程资源，丰富校本课程，构建体现学校特色的课程文化

依据《张家湾镇中心小学校本课程开发与管理实施细则》，以"做主人教育"理念为核心，深入挖掘校本资源，开发校本课程，并逐步形成了门类繁多、内容丰富、学生选择性强、与综合实践课程相融合等特点。其中《走进家乡》《尚礼·立人——小主人礼仪教材》《责任·自觉·主动——做主人教育读本》作为必修课程颇具特色。《走进家乡》立足于校本课程的开放性、实

践性、地域性的突出特点，依托张家湾镇特有的历史悠久、文化底蕴丰厚、民风民俗多样等古镇资源，与张家湾地区文化紧密结合，为学生提供了广阔的学习、实践空间；《尚礼·立人——小主人礼仪教材》与学校的"学生发展目标"紧密结合，与学生的日常生活紧密联系，注重礼仪的行为训练与习惯的养成；《责任·自觉·主动——做主人教育读本》以学校"做主人教育"思想为核心，注重行为的引导，注重"责任感、自觉性、主动性"的激发。中华文化历史悠久，文化经典更是灿若星河。经典《三字经》凝聚了先人的大智大慧，睿语哲思，感染熏陶了一代又一代的中国人，是古人留给我们的精神财富。为丰富学校的人文底蕴，启迪学生的智慧，自 2003 年开始，学校开发了以《三字经》为内容的校本课程。引导学生从易到难，从少到多，循序渐进，以点带面。学校创建校本课程《三字经》，将《三字经》根据不同的年级，拆分为 6 段进行校本课程教学，根据不同年龄段的学生特点，制定不同的学习内容和学习目标。通过对《三字经》的教学，进一步激发学生对中华经典的喜爱和理解，调动学生的学习热情。

第三节 "做主人教育"的创新发展

随着 2019 年 1 月 11 日北京市级行政中心正式迁入城市副中心，通州站在了新的起点上。2019 年 3 月 18 日，习近平总书记在学校思想政治理论课教师座谈会上指出，我们要扎根中国大地办教育，同生产劳动和社会实践相结合，加快推进教育现代化、建设教育强国、办好人民满意的教育，努力培养担当民族复兴大任的时代新人，培养德智体美劳全面发展的社会主义建设者和接班人。在此背景下，北京城市副中心的建设也对通州教育提出了新的要求。

为了更好建设城市副中心，办好人民满意的教育，张家湾镇中心小学必须紧跟时代发展，不断创新"做主人教育"模式。

在以许德胜校长为核心的学校新一届领导班子的带领下，全体教职工继承传统，开拓创新，不断致力于"做主人教育"第三阶段的教育实践。学校坚持以"致力于'做主人教育'，培养适应社会发展的'发展人'"为办学理念；以"做主人，求发展"为校训；以"均衡发展、质量一流、文化彰显、特色鲜明"为办学目标；通过优质、高效的教育教学活动，使学生成长为具有健全的人格、良好的习惯、积极的情感、高尚的品德、全面的素质和多元智能的适应社会发展的"发展人"。

为了解决学校面临的新问题，学校在继承传统的基础上，更开拓创新，全面实施"135"领航工程，推动学校特色发展，协调发展，创新发展。"135"领航工程即认准"一个航向"：以"做主人教育"为先导，引领学校特色发展；主攻"三条航线"：通过队伍文化建设、课程文化建设、环境文化建设三大航道，推动学校协调发展；借力"五大引擎"，即通过打造体验型德育、生本型智育、悦动型体育、地域型美育和服务型劳育五大品牌，助推学校创新发展。

一、认准发展航向——做主人教育

以"做主人教育"为先导，引领学校特色发展。

（一）坚定办学理念

坚持致力于"做主人教育"，培养适应社会发展的"发展人"的办学理念，集思广益、反复研讨、不断升华，提炼理念文化，积极发挥文化信仰的导向、激励、凝聚和规范功能，以文化战略统领学校发展，以文化内涵提升学校品质，以文化管理铸就学校品牌，实现学校可持续发展。

（二）完善办学体系

通过组织办学思想学习研讨与交流活动，全面总结学校"做主人教育"的成功经验，构建分类指导、统筹推进的"做主人教育"发展新格局，引领和带动学校发展，最终形成理念先进、内涵丰富、效果突出、群众认可的"做主人教育"品牌，不断提升学校整体水平。

（三）强化理念认同

通过"严实型"党建，发挥党支部战斗堡垒作用，健全组织生活，创新工作途径，充分调动全体党员干部的智慧和热情，形成共同的理想目标、精神信念、行为准则和文化追求；通过"幸福型"工会建设，构建学校团队文化，打造学校团队建设品牌，增强教师思想认同感，进一步提升团队"做主人求发展"的学校核心价值观。

二、主攻"三条航线"——队伍文化建设、课程文化建设、环境文化建设

通过队伍文化建设、课程文化建设、环境文化建设三大航道，推动学校协调发展。

（一）加强队伍文化建设，落实"人才强教工程"

学校以"团队就是名师，团队就是品牌"为指导，推进"四有干部"培养工程及"六自发展"教师培养工程，培育具有"主人"特征的干部文化、教师文化，努力造就一支德优、技精、学高、人正，富有良好主人精神与品质的干部教师队伍。

1. 拓宽建设途径，健全发展机制，形成具有"四有干部"特征的干部文化

四有干部，激发自觉。通过推进有德讲忠信、有情重人本、有识思进取、有为创佳绩的"四有干部"培养工程，养成高站位决策、低重心运行、首遇制管理、近距离服务的工作习惯，培养忍辱负重的胸襟、独当一面的能力、协调有序的方法、开拓创新的精神，最终达到促进学校发展的目的。

十种意识，固本培根。建立干部学习交流制度，促进全体干部自觉学习、自觉反思、主动提升，培养干部的"十种意识"：责任意识、到位意识、全局意识、保密意识、合作意识、公平意识、听课意识、学习意识、宣传意识、创新意识；分层次、有重点、多形式地进行干部培训，引领干部不断更新管理理念，提高管理技能，提升自身专业素养。

五项原则，造就中坚。按照德才兼备、注重实绩、群众公认、科学选拔、竞争择优的原则，做好青年干部及后备干部的培养工作，从思想品德、专业能力、个人修养、心理品质等方面的提升着手，发展性引领与帮教，加强系统性跟踪与指导。注重搭设实践平台，拓宽培养途径，通过个体研修、主观培训、岗位磨炼等培养方法，造就一批有思路、有主见、有措施、有效果的青年干部队伍，助其成为学校发展的中坚力量。

2. 打造学习型团队，提高工作品位，构建以"六自发展"为特征的教师文化

六自发展，文化立人。以教师的"自觉归属、主动作为；自觉管理、主动进言；自觉阅读、主动学习；自觉反思、主动提升；自觉强身、主动健体；自觉强心、主动调节"六自发展为目标，以激发和提升教师的责任感、成长自觉性和发展主动性为核心，形成具有"做主人教育"特征的教师文化。

团队学习，共谋发展。启动教师读书工程，倡导教师笔耕，提倡教师撰写教学随感、听课随感、教学反思日记、教学案例；建设各类学习型社团组织，为教师创造更多更好的学习机会，形成全员学习、全程学习、团队学习的氛围；践行终身学习理念，学习工作化，工作学习化，提高学习、实践、创新三个能力，普通话水平全面达标，深化教师文化建设的研究与探索，打造团结、共进、和谐、向上的教师团队。

典型带动，分层推进。以"品牌教师"认定、名教师工作室带动骨干教师队伍建设，充分发挥现有各级骨干教师的示范作用，形成带动全员发展的核心力量；实施《"12369"青蓝工程青年教师培养方案》，构建分层校本培训、研修一体的专业培训体系，通过师德建设、评价奖励、活动促进、榜样激励等方式，加强骨干教师梯队建设。经过 5 年时间，学校培养了品牌教师 5 人，市级骨干教师 1 人，区级骨干教师 20 余人，校级骨干教师 40 人。品牌教师、骨干教师、优秀班主任总数达到 70 多人，超过专任教师总数的三分之一，带动学校教师队伍整体素质的提高，全面造就了一支学习型、专业化的教师团队。

（二）完善课程文化体系，助力学生全面发展

学校以培养有中国底蕴和世界眼光的发展人为目标，不断完善课程体系，大力推进国家课程的校本化和校本课程的特色化研究；不断提升校本课程品质，形成科学合理具有学校特色的课程结构，全面构建并形成以"做主人教育"为灵魂的课程文化，助力学生全面发展。

1. 制定学校三级课程改革实施方案

与学校"做主人教育"工作相结合，对课程编排、实践主体进行总体规划和设计，以课题研究为抓手，调动教师开发与实施课程的积极性，强化课题研究的有效指导和过程管理，促进学校课程建设蓬勃发展，满足学生多元

发展需求。

2. 继续完善校本课程体系建设

从主人知、主人行两大系列着手整理现有校本课程，开发所需校本课程。校本课程的开发及实施与学科实践活动紧密结合，打通校本课程与国家课程的界限，使国家课程成为校本课程的必要前提和基础，校本课程成为国家课程的有效延伸和补充。在课程文化的培植中，以多元的活动课程，多元的评价体系，打开学生发展的空间，促进学生个性发展，提高教师课程建设能力，促进校本课程的纵深发展。

3. 探索国家课程校本化实施途径

结合英语走班制实验，逐步推行语数学科走班制、自选教师走班制；"十三五"末争取达到中高年级学生一生一课表，探索国家课程校本化实施的有效方法与途径。

4. 积极开发基于互联网＋的校本课程

打造精品课程，提升课程影响力；利用网络平台，开发幕课资源，努力形成师生互相选择的"书院式"课程教学方式。

（三）提高环境文化建设质量，创设良好育人氛围

加强"二主环境"工程建设，整体规划，分项实施，逐步完善，按照校园建设营造整体美、校史展室营造历史美、网络建设体现现代美的思路，全力打造文化校园、平安校园、数字校园，使学校环境文化成为教育师生的有效载体，使育人环境得到全面优化。

1. 认真落实"学校基础设施建设工程

围绕"做主人教育"办学特色，突出责任、自觉、主动的核心理念，使学校的各个角落都呈现出"主人文化"的特征；鼓励并倡导各个完全小学挖掘、扩张自身的发展优势，依托特色项目，借助各方力量努力完成基础建设改造任务，推动校际发展高位均衡。

2. 推进教育智能化应用，提升现代化管理水平

抓住建设智慧城市契机，制定数字化校园建设方案，力争率先推广平板教室、电子书包的应用，完善网络学习和交流的平台，使学生通过数字平台可以在家温习课程，阅读书籍，推进学校教育智能化发展；打造行政管理、教育科研、教务管理、资源共享于一体的数字校园，提升现代化管理水平。

3. 在学校设置体现核心价值观、"做主人教育"要求的人文景观

在建设温馨教室的基础上，推动特色理念引领下的班级文化建设，做到位置低一点、内容简单点、图文醒目点、色彩活泼点，实现教育性、实用性、互动性有机统一，体现对教育主体的尊重，为师生发展服务。

4. 优化社会环境，健全全面育人机制

利用创建全国文明区、未成年人思想道德先进区契机，发挥学校主导作用，整合家庭教育和社会教育资源，不断完善"三结合"教育网络，实现学校教育、家庭教育和社会教育的有机结合，为学生健康成长提供良好的社会环境。

三、借力"五大引擎"——体验型德育、生本型智育、悦动型体育、地域型美育和服务型劳育

（一）体验型德育

1. 体验型德育的含义

在《现代汉语词典》中，"体验"指：通过实践来认识周围的事物；亲身经历。在英文中，experience 作为名词用时是"经验"的意思，作为动词用时有两种意思：参与或经历；情感上或审美上受到感染。因此，不管作名词用还是动词用，"经验"或"体验"其词源都是相同的。由此，我们可知"体验"是个体通过亲身经历来获得对事物的认识，是"对认识的一种升华和超越"。[1]

"德育"有广义和狭义之分。广义是指对社会成员在政治、思想与道德等方面有目的、有计划地实施影响的活动，包括社会德育、社区德育、学校德育和家庭德育等方面。狭义是专指学校德育。学校德育是指教育者对受教育者施加思想、政治和道德等方面实施有计划、有系统地的影响，在被教育者的认识与体验的共同作用，从而形成一定的社会与阶级所需要的品德的教育活动。[2]

体验型德育是学校通过组织和引导少年儿童在亲身实践中，把做人做事

---

[1] 李广超，曾钦泉. 体验型德育：个体道德发展的有效途径 [J]. 教育导刊，2013（09）：58.

[2] 陈泳茵. 小学体验型德育的实践探索与思考——以广州市 J 小学为例 [D]. 广州大学，2007：5—6.

的基本道理内化为健康的道德素质及心理品格，转化为良好的行为习惯的过程，是一个道德认知的过程、道德情感升华的过程、道德实践的过程和人的社会化过程，是在以实践中的不同层次的认识发展、行为体验为明显特征的德育教育。

在认识体验型德育这个理念时，必须认识到以下两点：

首先，体验型德育是面向社会、面向生活的。在施行德育中，受教育者听到或看到的容易忘，但是却能很好地记住生活中的亲身体验，对亲身体验有很大的兴趣、需求和感悟，并主动内化为自身的德性认识。因此，教育者要减少甚至杜绝"填充"式的手段，而多采用生活化的体验方式，引导学生培养健康的思想，调整其心理品德层次，提升学生个人品格，实现自身道德的丰富和规范。

其次，体验型德育是一种自内而外的自我教育的过程。受教育者的品德内化不是强迫实现的，而是需要通过营造良好的德育环境，注重受教育者个体和群体的锻炼和学习需要，留意受教育者的情感和理想，为受教育者的理想实现、人生选择、能力的挖掘和锻炼等构筑平台，达到个人品格的塑造、修正和完善发展。为了达到这样的德育目标，教育者不仅要强化学生在经历活生生的道德实例情景时的体验感悟，更要锻炼其面对类似事件、行为时对道德拥有正确分析甄别的能力，做到自觉遵从行为规范，让学生吸收并构建道德规范，促进个人的品行、德行的成长。

在体验型德育中，教育者要适时引导受教育者不只是充当学习德育知识的主角，更要尊重和鼓励个体的生活实践，让他们成为德育行为的主角。在塑造学生品格的时候，要考虑生活品质的提升，强化对美好生活的感悟，让学生不仅懂得道德还要热衷道德、践行道德，不断向上，同时社会各方也要不断创造条件让学生参加体验型德育活动，促使学生传承、丰富和发展道德。

学校为培养学生初步具有爱家乡、爱祖国、爱人民的思想感情和良好品德；培养学生遵守社会主义公德和文明习惯；促进学生养成努力学习、艰苦朴素、孝敬父母、关心集体、文明守纪、自律自护的良好品德；培养自理、自强、团结协作，辨别美丑的能力，成为德智体美全面发展的学生，经集体研究制定了"做主人教育"主体体验型德育体系，本体系从小主人道德习惯养成行动——引领学生做文明守纪的小主人，发展学生自尊自律、自主管理的行为习惯；小主人身心素质提升行动——引领学生做健康向上的小主人，发展学生良好稳定的身体素质和心理品质；小主人红色理念教育行动——引领学生做家乡的小主人，发展学生知家乡、爱家乡、建设祖国的思想意识；小主人爱心成长行动——引领学生做和谐家庭的小主人，发展学生知礼讲孝、礼貌待客的良好品性四个方面入手，提炼出具有学校低、中、高年级特点的少年儿童应当具有的责任意识和应该养成的良好行为习惯，从贴近学生的日常生活细节入手，以班级学校生活、家庭社会教育活动为载体，通过进入设定的实践和情境中去体验的形式，达到使教育内容触动少年儿童的心灵，进入少年儿童的内心，最终外化为少年儿童的实际行动的目标，从而为少年儿童的发展奠定基础。

2. 体验型德育的实施原则

（1）科学性原则

在德育目标和内容制定的过程中，不仅要尊重德育工作自身的规律，使其具有明显的层次性，而且特别要尊重学生身心发展的规律，尊重学生年级特点，注重知、情、意、行的发展过程，学校的体验型德育突出了学生年级的低、中、高年级段衔接，突出了学生的实践与体验，强调学生内在品质与外表行为的和谐统一。

（2）主体性原则

学生在学校生活的全过程始终处于主体地位，要充分发挥学生对自己发展的自觉意识和能动作用。在德育内容的制定上，要注重学生的自我参与，自我教育，自我发展，力求与学生的学习和生活紧密联系起来，使学生经历由自然人到社会人的转变，使其自觉地完成由他律到自律的教育过程。

（3）尊重合作原则

所谓尊重合作是指教育者对受教育者产生的体验不批评、不否定，两者之间互相倾听。教师应尊重小学生独特的看法，不苛求他们的回答结果，而更应重视师生共同切磋的过程，由于这个过程是学生思维和道德认识彼此影响、彼此碰撞的过程。每个人都更喜欢被肯定和尊重，这能带来积极的效果。这些被尊重、肯定的体验，对于学生的成长发展来讲是如甘露一般的元素，有助于其体验的深刻和个人的成长。反之，如果教师给学生更多的是消极的体验，那对学生的发展将会成为毁灭性的因素。因此，在开展体验型德育中，每一种给学生带来消极的体验，教育者都应该要避免。同时，也要明确，教师应该摒弃高高在上、高学生一等的姿势，不仅仅是泛泛而谈的尊重，也不仅仅是认可学生某一方面的作用，而要从心底里尊重和认可学生的主体性地位，释放激励的力量。

（4）信任关怀原则

体验的深入、德育的养成，需要教师的信任和关怀。学生在信任的氛围里，加速自身对事物的体验。由于有了更多的亲身经历、情感顿悟、人生感悟，德育的情感也将水到渠成。教师在开展体验型德育的过程中，要赋予学生更多的信任和自由，促使学生积极、主动地学习。这些对学生的包容、呵护，减少了学生在学习、创新中的担忧，鼓励其天赋的有效表达，让其接触到最真切的情景，构筑成自己人生的体验。值得注意的是，教师的这种关怀应该是一直无私和无微不至的，而不是施舍，应该让学生感觉到自然而不是带有压迫感的。

（5）引导推动原则

在开展体验型德育时，教师可根据实际对体验进行创设、引导、推动。教师应当巧妙地运用学生的生活经验，引导学生投入到主角身份，多参与生活实践，思考、总结经验，提升自我。学生只有通过自己的生活经验，才能使正确的观念在头脑和行动中贯彻落实。教师应该成为学生品德学习过程中的指导者，创设平台，营造环境，让学生有机会参与不同的体验，积累更多生活技能和经验，让学生往教师期待的方向成长。

3."体验型德育"的内容

在"做主人教育"理念指导下，学校依据《"主体体验型"德育体系层次性实施方案》开展各项体验性德育活动。我们以"四个引领"（引领学生做文明守纪的小主人、引领学生做健康向上的小主人、引领学生做家乡的小主人、引领学生做和谐家庭的小主人）为主要内容，继续深化"创建学生管理文化、学生社团文化、仪式教育文化、特色地域文化"，不断丰富深化"做主人教育"的文化内涵，打造学校特色德育文化。

（1）优化德育体系

①理论指导

结合学校实际，将《中小学德育工作指南》《中小学生守则》与学校主体体验型德育体系实施方案有机结合，完善《张家湾镇中心小学"主体体验型"德育体系层次性实施方案》，明晰阶段活动要求，研讨推进体系工作落实办法，挖掘整理活动经验，普及推广体验型活动范例，多种办法夯实不同学段的德育内容和要求，增强主人的自觉性和主动性。

②组织保障

第一，学校党支部积极发挥政治核心作用，一名支委专门负责学校德育工作，着力开展严实型党支部创建，形成学校—家庭—社会共同参与的立体德育网络，完善各项德育工作制度，健全德育工作机制。

第二，我们采取层级管理双线合作运行工作法，通过中心校—完小—年级段—班主任—学生以及中心校少先总队—完小少先大队—中队—小队—队员的组织序列，总体运转过程采取分级分层管理，学校、少先大队统一部署、中小队落实细节的办法。其中，学校要采用全员参与、集中辅导、正面引导等切实可行的工作方法，争取社会和家长的支持与配合，保证教师参与到育人工程中来；大队的中心任务就是制定计划、明确任务、分解目标，及时进行引导和评价；班主任、辅导员的主要任务是指导学生干部和队员制定、执行和反思计划，班级、中小队要分层分级落实小主人责任目标、体验活动，保证全员参与，落实方案时鼓励创新，提高实效，全面育人。

第二，学校加强各项条件保障，将德育工作经费纳入经费年度预算，提供道德讲堂、少先队活动室、心理咨询室等德育工作场所、设施建设，促进其作用的发挥。

③方法科学

主体体验型德育模式是开启德育教育之门的钥匙，学校常见的教育方法包括：

模拟法：通过学生个体或者群体通过观察、学习人物或者了解事件，在一定的情境中以他人的身份他人的视角参与体验，对人物或者事件进行模仿的方法。如职业角色模仿、生活角色模仿等。

情境法：根据教育内容，通过情与境的创设使学生从中受到教育和熏陶的方法。

矫正法：面对复杂的生活，孩子的体验往往出现和教育者的希望相反的结果，通过矫正帮助学生在实践中获得正确的认知的方法。

追随法：通过选择学生身边具有典型性、可学性、可亲性的人物为榜样，让学生自主追随榜样的教育方法。

随机法：捕捉发现教育契机的方法，即兴引导学生参与体验，带有一定偶然性的教育方法。

换位法：将心比心行动互换，让体验者在实情实景中体验某一角色的实际生活。

考察法：通过多种形式组织学生到大自然、到社会生活中进行考察体验的教育方法。

操作法：让学生用实际操作的方法发展自己的能力，从而培养自信心、体验我能行的教育方法。

（2）固化特色活动

①夯实重点，活动育"主人"

学校充分利用和发掘身边的教育资源，围绕"四个引领"，面向全体学生，体现自律、自信、自立、自尊个性发展需要，广泛深入地开展"做主人教育"活动，构建并完善学校、家庭、社会三位一体的工作网络，深入打造"做主人教育"品牌。

首先，引领学生做文明守纪的小主人，发展学生自尊自律、自主管理的行为习惯。

第一，深化完善学生管理文化，通过学代会、少代会等自主管理委员会，实现学生自我管理。重点健全和完善少先队组织，建好用好队室、红领巾广播站、微信平台等阵地，做到实用、常用、坚持用，实现常态化运行。每学期制定少先队工作计划，定期召开会议，对队干部进行培训，定期召开少代会，充分发挥少先队等学生组织作用，积极开展学生自我管理，引导学生主动参与学校管理，完成提案撰写、换届选举、组织活动等工作。第二，体验角色、担承责任是学校《"主体体验型"德育体系层次性实施方案》的主要特征。多年来，学校一直坚持以我的校园我管理、我的班级我管理为主旨的行为落实与考核评比制度，学校、班级设置责任岗位、明确岗位职责，一人一岗，佩戴岗位责任牌，责任落实到人，充分体现学生的自主管理；建立小主人礼仪岗、志愿者管理岗、班级管理岗等服务岗位。通过开展"我的校园我管理、我的班级我管理"童谣征集和传唱活动、"学校小主人"评选和"卓越班级"评选等活动，不断激发学生的责任意识、参与意识及管理意识，使学生在角色体验中实现自我管理与自我教育，引领学生做文明守纪的小主人。

其次，引领学生做健康向上的小主人，发展学生良好稳定的心理品质。

为拓宽学习渠道，发挥艺术的渗透性、陶冶性和感染性，学校大力发展社团文化，激发学生主动参与。学生社团是学校学生课外生活的一种群众组织。我们结合学校实际，成立了包括小主人合唱团、舞蹈社团、小画虫画社、柳芽文学社、阳光体育社团、小主人礼宾团、武术社团、鼓韵社团、彩绘葫芦社团、围棋社团等众多学生活动社团。社团活动包括美德类、学科类、生活类、艺术类、科普类、体育类等内容。每学年初，学生根据自己的爱好与特长，选择自己喜爱的社团活动，配合一年一度的小主人艺术节、小主人体育节、小主人文化节等展示活动成果，引领学生做健康向上的小主人。并通过课外活动一小时项目的落实与开展，不断丰富学生的课外生活，提高艺术审美素养。

再次，引领学生做家乡的小主人，培育学生知家乡、爱家乡、建家乡的思想意识。

坐落在大运河源头的京东明珠张家湾拥有灿烂的历史，千年积淀的文化底蕴和人文精神是学校得天独厚的教育资源。多年来，学校通过校本课程以及丰富的综合实践课程、社会大课堂等渠道，宣传家乡历史文化、民俗文化、宗教文化等，形成学校的爱家乡教育特色活动，不断丰富学生的爱家乡教育体验，引领学生做家乡的小主人。2018年，结合通州区创城工作的进一步深入，学校开展了"小主人服务家乡"系列活动。3月，学校组织学生清扫红领巾卫生街，走进志愿服务基地；4月，各校走进自己学校的社会实践基地：上店小学走进村图书馆，帮助村民整理图书、打扫卫生；张家湾镇中心小学师生代表走进村里的老年活动中心，为那里的老人打扫环境卫生，观看他们的门球表演。一系列活动的开展大大激发了学生知家乡、爱家乡、建家乡的思想感情，同时得到了社区、社会的一致认可和好评。

通州张家湾是一座漕运古镇，也是历史名镇。学校充分利用镇域内北京大运河森林公园、通州区博物馆、大运河艺术馆、张家湾镇博物馆、皇木厂村史馆、张家湾镇中心小学校史馆等教育基地，组织学生参观学习，了解古镇春秋、漕运历史。更重要的是，为了教育广大学生更好地传承和弘扬中华民族优秀文化,学校在全体师生中开展了传承运河文化,培育民族精神的活动。根据学校和学生实际,深入开展"读运河史、传运河艺、做运河娃"主题教育活动,让学生游运河、书运河、画运河、拍运河、舞运河、写运河、讲运河,做运河文化讲解员、宣传员,对学生进行运河文化教育,培育学生做家乡主人的核心素养。学校还以小主人社团、民族文化社团等为基础,深化拓展运河沿岸民间花会、民族工艺、民族体育、民族舞蹈等活动项目,利用每年举办的小主人文化节、体育节、科技节、艺术节、读书节,集中展示运河文化教育的各方面成果。

最后,引领学生做和谐家庭的小主人,发展学生知礼讲孝的良好品性。

学校分年级、分层次开展向家长献爱心活动,使学生逐步学会做家务,懂得感恩,为父母分担家事,提高自理能力,为营造和谐的家庭与家教氛围服务;开展家庭礼仪教育活动,使学生学会待客、做客之道,提升文明素养。每月确立向家长献爱心的主题:3月,结合三八妇女节开展;4月,"我为家庭献一抹绿"绿植栽培活动;5月,"我做妈妈的小助手";6月,家长伴读成果展。

②彰显亮点,文化育主人

亮点一:学校社团活动展风采。

本阶段,学校遵循"做主人教育"思想,以学生社团活动为基础,学生文化节、艺术节活动为载体,以小主人艺术社团建设为特色,不断完善运行机制,通过扎实有效的教育工作,努力形成分层次、多形式、全方位的文化育人教育体系,让全体学生在艺术教育活动中受教育、长才干、促发展,通过特色艺术活动滋养学生精神世界。

在"做主人教育"思想的实践中,学校及下辖的完小都形成了本校的特色项目,如中国鼓、太极拳、武术、安塞腰鼓、健美操、军体拳、竹竿舞、跳皮筋、小主人团体操等,学校组织了小主人文化艺术社团,由各完全小学品牌艺术项目为主体组建,并在服装道具师资力量等方面实现共享交流,小主人艺术团的建设促进了学校艺术活动的开展,活动有层次,有精品,上档次。

亮点二:仪式文化教育诲人心。

学校通过系统的仪式文化教育,培育学生主人精神。庄严而隆重的集体仪式，会使全体师生产生强烈的集体荣誉感和责任感。学校高度重视"做主人教育"的礼仪规范，对升旗礼仪、大型集会礼仪、课堂礼仪、入学礼仪、入队礼仪、毕业礼仪等做了明确要求，形成了固化的规范。例如升旗礼仪，我们要求每班设立"小小国旗班"，除常规程序外，安排全校师生集体高唱校歌、集体诵读《主人辞》。在一次次庄严的仪式进程中，"做主人教育"的全新理念注入学校师生的脑海，全体师生的责任感与集体荣誉感也在随之增强。通过入队礼对学生进行爱学校、爱少先队、爱祖国的教育。通过毕业礼学生们懂得了感恩，怀揣梦想步入中学的大门，他们相约成为国家的栋梁后再回母校谢师恩。通过观摩活动，固化学校的入队礼和毕业礼，学生家长也都应邀参加了活动，见证孩子的成长。

亮点三：校本课程体系秀特色。

学校根据学生发展需要和各级主管部门要求开设了相应的地方课程，并且纳入学校的课程管理体系；积极主动地开发和实施校本课程，以此深化学校文化内涵和办学特色，校本课程增加了《我说我秀》《我形我塑》《优秀传统文化》等，基本生成了《主人知》《主人行》两大系列所构成的《知行主人》校本课程体系。这些校本课程都包括课程纲要（方案）目标、内容、实施形式、课时分配与安排、评价等，基本做到科学实用。学校要求每位学生每学年至少能参与两门校本课程或地方课程的学习，将地方课程、校本课程实施情况纳入教师评价并对课程的实施情况进行阶段性评估和调整。校本课程的开发目标既体现了社会主义核心价值观、中国学生核心素养的要求，又结合学生的实际需求，充分体现学校特色，为培养全面发展的青少年奠定坚实的基础。

亮点四：创新班会育人见实效。

微班会是一种时长在20分钟以内的小型主题班会课。微班会彰显了"微"和"班会"的双体功能，它以"微"充分利用学生的注意，以"课"充分彰显教师的主导，促进了教育理念的渗透，实现了课堂的翻转。微班会与常规主题班会目标一样，但与传统班会形式相比，微班会是传统班会的浓缩与升华，既具备了班会课的许多共性东西，同时又由于切入点小、主题鲜明、目标明确、内容短小、互动性强，彰显了自身微、细、精、近、活、效等特点。学校近几年十分重视微班会的开展，教师结合具体班级学生的个体和个性等特点，以学生需求为基础出发点，微言大义，唤起他们的情感需求。

③强化基础，管理育"主人"

在开展体验型德育文化活动中，学校采用了"八抓八促"的工作方法。

一抓组织管理系统，促进德育工作的顺利进行。首先，学校成立了由校长、德育副校长、少先队大队辅导员、思想品德课教师和班主任代表参加的德育工作领导小组，形成党、政、工、团、队齐抓共管的格局，具体负责制定中心校德育工作计划，负责检查、督导中心小学及完小德育工作，进行德育专题的研究与改革，指导开展系列教育活动。其次，班主任、辅导员队伍素质的高低，在一定条件下决定了学生素质的高低，从而也能影响学校办学水平。在新的形势、新的环境、新的要求下，学校制定了《张家湾中心小学班主任队伍建设意见》《辅导员队伍建设意见》，通过校本教研等形式培养有研究、有思想、有创造、有开拓精神的班主任。每学期，学校都开展"温馨教室"评比，提升班主任对班级文化的重视程度，教师和学生一起为营造良好的班级文化氛围出谋划策，在良好的班级文化的熏陶和感染下，学生渐渐养成良好的行为习惯及人际关系。每年我们都开展优秀班主任表彰活动，邀请优秀班主任从班级评价、班级管理、书香班级、温馨教室创建等方面做经验分享，通过发现典型、扶植典型、宣传典型、表彰典型的工作思路，提高全体教师职业道德和教育教学水平。最后，学校加强各项条件保障，将德育工作经费纳入经费年度预算，提供道德讲堂、少先队活动室、心理咨询室等德育工作场所、设施建设，促进其作用的发挥。

二抓安全教育，促学生健康成长。学生的安全是重中之重，所以我们在德育教育中极为重视安全教育。学校利用广播、电视、电子屏、黑板报、悬挂横幅、张贴标语等宣传工具及举行主题班会、讲座、安全征文与知识竞赛等形式开展丰富多彩的安全教育。每月都要开展"安全伴我成长"主题教育活动，充分利用晨夕会、综合实践活动课、学科渗透等途径，通过讲解、演示和训练，对学生开展安全预防教育，使学生接受比较系统的防溺水、防交通事故、防触电、防食物中毒、防病、防体育运动伤害、防火、防盗、防震、防骗、防煤气中毒等安全知识和技能教育。学校定期举行安全演练，包括512防震演练、119消防演练、交通安全疏散、反恐应急演练等，每次演练学校制订翔实的活动方案，将安全演练内容绘制流程图，指导和帮助师生有效完成演练，并及时进行活动总结，有效提高师生的防范意识和应对能力。在节假日、寒暑假、重要的安全教育节点，学校会下发致家长的一封信，或者通过张家湾镇中心小学微信公众号，向每位学生家长（监护人）宣传安全知识，提醒注意事项，增强家长安全意识和监护人的责任意识。

三抓心理健康教育，促学生快乐成长。为培养身心健康、乐观向上的小主人，为孩子幸福一生奠基。学校严格落实《中小学健康教育指导纲要》，通过学科教学和晨夕会、校会、升旗仪式、专题讲座、墙报、板报等多种宣传教育形式开展健康教育。以"打造悦动校园，培育健康主人"为主题，利用每年5·20学生营养日、6·6爱眼日等卫生宣传日，围绕中小学生"防近视、控肥胖"主题，组织健康教育宣传活动。开学初上好健康教育第一课，倡导"每天锻炼1小时，身心悦动促成长"等健康生活理念，指导学生掌握健康技能，提高自我保健的能力。通过家长学校、学校微信公众号、家庭健康作业等多种形式，积极开展"防近视、控肥胖"学生健康知识宣传活动，向学生传授爱眼护眼、控制肥胖及慢病、营养膳食、体育锻炼等方面的知识和技能，提高学生的健康知识知晓率。健康不仅仅指身体健康，也指心理健康。学校将心理健康教育纳入德育体系，并按计划实施，学校设有"心灵氧吧""阳光小屋"心理咨询室和团体辅导教室，配备了兼职心理健康教育教师，通过个体辅导、团体辅导、定期开展心理辅导活动，常年开展心理日记评选。以"心生活""健康小报"等形式宣传心理知识，促进学生心理健康。

四抓校园文化建设，促环境育人。校园文化建设是学校实施素质教育的重要组成部分，是学生成长成才的需要，更是推进学校和谐发展的重要载体。学校以"四园"创建为抓手，积极为学生创设和谐、快乐的"做主人"教育环境。创以歌怡情的歌声校园。我们组建了小主人合唱团，为学生提供展示平台，教师合唱团也已组建完成。创以舞（武）健身的舞（武）韵校园。我们利用课间活动、课余活动时间开展学生自主选择参与的小主人团体操、魅力健身舞、中华传统武术、传统民间花会等特色活动，让健美健体的舞姿充满校园伴随学生的生活与休闲，继而形成学校课间韵律、健美操系列成果。创建以文修身的书香校园。我们举办小主人文化交流月系列活动，其中包括：书画展示周、朗诵周、"走进学校"周、"六一庆祝"周，使校园书声琅琅、墨香阵阵。创以景育人的人文校园。学校校园景观（综合实践宣教路、小主人活动馆陶情园）等校园人文景观无不体现出高雅的文化艺术氛围，营造了美的校园环境，进一步强化了环境的育人功能。

五抓"三结合"教育，促学生管理。学校从健全学校、家庭、社会三结合的工作领导小组，组建家长委员会、社会实践大课堂等组织机构出发，引领三结合教育工作，培养学生做家庭小主人、社会小主人。主要做法包括：一是开办家长委员会，有计划、按步骤对所有家长进行培训；二是每学年召开两次家长会，让班主任与家长进行有针对性的交流；三是领导和教师经常进行家访；四是开设意见箱，开通热线电话和校园网，广泛与家长交流；五是通过家校联系卡、心桥小报等多种形式同家长建立联系，互相沟通，形成教育合力，加强双管效果。

六抓劳动教育，促学生全面发展。学校严格贯彻《关于加强中小学劳动教育的意见》，将劳动教育纳入学校德育工作计划。在3月学雷锋月、五一劳动节、9月10日教师节、寒暑假等节假日，学校面向全体学生开展与劳动教育有关的活动，安排适量的劳动家庭作业，增强学生的劳动意识及生活生存技能，培养吃苦耐劳的意志品质。

七抓法治教育，促学生公民意识的建立。学校将法治教育与德育课程紧密结合，依据相关课程标准，《道德与法治》《品德与社会》等多学科协同开展法治教育，每学年聘请法制宣传员，组织"遵规守纪""法律进校园，争做守法小公民"等培训活动，使遵法学法守法用法成为学生的自觉行动。学校制定有《预防校园欺凌工作实施方案》，并通过"法律进校园，争做守法小公民"法律知识培训、"拒绝校园欺凌，共建和谐校园"主题培训，让学生明确应对校园欺凌的正确方式，增强自我保护意识，争做知法守法、文明礼貌的好少年，营造包容、理解、尊重的校园文化氛围。

八抓民族团结教育，促各民族学生和谐共生。学校认真贯彻落实《"做主人教育"主体体验型德育层次性实施方案》，传承家乡地域文化，引领学生做知爱家乡的小主人，以切实可行的措施持续开展民族团结教育。首先，在落实课程、聚焦课堂的基础之上，学校积极开发校本课程，先后编著了《走进家乡》《民族节日》《民族音乐》《民族体育》《民族服饰》《民族住宅》等多种校本教材。各个学校依据年级特点，在尊重学生的认知水平和身心发展规律的前提下，选用教材，开设课程，有重点、分层次、有针对性地进行学习、教育活动。其次，学校以小主人社团为载体，传承民族文化艺术。社团包括小车会、高跷、运河秧歌、空竹、武术、中国鼓、安塞腰鼓、霸王鞭、剪纸、民族工艺品制作等多个项目。为确保活动质量，每个社团有活动计划、有指导教师、有固定的时间与场地、有活动记录、有效果评价。同时，在每学年进行的文化节、艺术节上进行成果交流和展示。三年间，学校的武术社团两获通州区中小学生武术比赛团体第一名、一次第二名；鼓韵社团获得北京市艺术节民族打击乐一等奖，北京市首届中小学民族艺术展演活动一等奖，并在市中小学民族运动会、区传统文化艺术节上进行演出。再次，依托社会大课堂与社会实践工作平台，学校积极开展"六个一"活动，即读一本民族书籍、讲一位民族英雄人物故事、参观一处民族风情古迹、学会一项民族艺术技能、调查一个民族家庭的变化、做一件对民族和谐有益的事，提高学生对民族团结教育的认知，激发学生的民族情感。现在，学校每学期举行一次的"走进清真寺""民族社区公益服务""民族团结教育手抄报评比"等实践活动已经形成了传统。最后，学校十分重视民族传统体育项目的开展，夹包、凌球、踢花毽、推铁环等民族传统体育项目在学生中基本普及；三所民族小学成立了民族体育运动专项训练队，日常训练有计划、有跟踪。

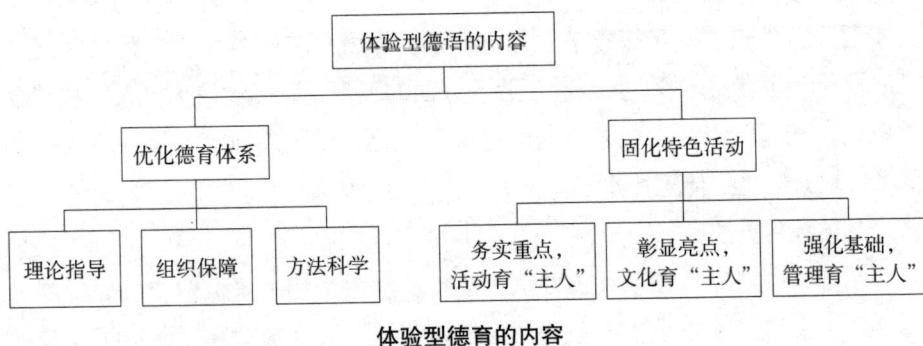

体验型德育的内容

4. 体验型德育的评价

（1）背景与现状分析

背景：现在各学校都注重学生行为习惯的养成教育，在德育、少先队工作方面都有着积极探索。鉴于少先队员多数为独生子女，家长重智轻德是较为普遍的情况，进一步加强日常行为习惯养成教育，促进学生身心健康发展，很有必要。

现状分析：理论方面，在心理学、教育学等领域，有瑞士学者皮亚杰提出的儿童道德认知发展理论，柯尔伯格的儿童道德认知发展理论，班杜拉和西亚斯的社会学习理论，重点研究了儿童道德行为的训练和发展问题。实践方面美国更加注重自然教育，引导孩子自我成长。

我国心理学界也有一些学者关注儿童教育研究。如早期的陈鹤琴，近期潘菽和朱智贤等人对儿童心理的研究等。这些研究基本侧重于儿童道德发展和形成的一般理论研究方面，对儿童道德发展和形成过程中"行"的研究比较少。而知情意行是一个统一的整体和过程，前三者最终都要落实在"行"上。目前，我国一些专家从行为习惯入手研究少年儿童德育，产生了较大影响。

（2）评价方法的选择

根据小学生质量综合评价工作的要求，我们充分发挥评价的诊断功能、预测功能、反馈与调控功能，从学校、教师、学生三个维度对学生进行多元的素质评价，做到评价主体的多样性，评价方法的科学性，评价结果的客观性，评价过程的动态性。注重参与，注重过程，注重体验，促进学校、教师、学生的可持续发展。

近几年学校进一步探索学生评价体系，涉及所有学科所有教师、客观公正地评价学生在德、智、体、美、劳各方面的表现，以"学校小主人"和"卓越班级在升起"为评价载体，全面完善和深化"做主人教育"引领下的德育体系，提升学生个体道德水平。

具体评价方法：

结合学生实际，创新评价办法。学校从学生个体和班级两个层面开展过程性评价。以"学校小主人"和"卓越班集体"为评价载体，制定了相应的评价方案。针对学生个人，学校根据学生年龄特点，制定了张家湾镇中心小学低、中、高年级小主人"体验角色、担承责任"目标分解表及张家湾镇中心小学小主人评价表，激励学生不断进步。为促进班级整体进步，学校制定了班级德育评价体系。

力求全员参与，拓宽评价途径。学校围绕"全面发展、个性成长"这一目标，把班主任、任课教师、家长等纳入评价主体之中，将常规管理、校本课程、课堂教学、主题教育等与学生密切相关的教育教学活动作为评价载体，实施全面评价，并纳入学生的综合素质评价当中。

（3）评价的作用

①班级的德育目标按照学校的德育标准来衡量可以达到预期效果，这样也便于对比和考核德育工作有无落到班级管理的日常中去。

②经过体验型德育教育后，学生的思想意识较原来有进步，行为上朝着更好的方向发展。通过测评学生提高了自我意识，正确地认识了自己。

③体验型德育实践活动对于提高学生的实践能力和创新能力的培养具有重要意义。有利于班级各项实践活动客观、公正、全面的评价，有利于德育实践活动的顺利开展，有利于提高老师和学生的积极性，有利于学生的实践和创新能力的培养。

④德育评价除了有督促、评估的作用外，还有一个重要功能，即调控功能。教师根据德育评价的信息分析出实际德育工作中存在的问题，从而指导后续的德育工作。

主体体验型德育体系的实施使体验角色、担承责任、激发情感、提升操守成为学校德育活动的主旋律，在丰富多彩的体验活动中，学生的思想道德素质不断得到提高。各校各班联系实际，将德育体验融合到学生学习、生活、守纪、文明等各个方面，呈现出良好的校风班风学风，在丰富多彩的体验活动中，涌现出了一大批优秀的小主人，涌现出许多鲜活的教育经验。

"做主人教育"主体体验型德育是探索实践的过程，是不断发展的过程，是受教育者的社会化过程，在大德育观的引领下，我们全校师生将进一步统一认识，积极行动，对学生施加有目的、有计划、有组织、有系统、有层次的教育，创造性地开展工作，做主人，育主人，培养学生良好习惯，奠定学生终生发展的基础，共同创建和谐文明、蓬勃向上的一流名校。

（二）生本型智育

1. 生本型智育的含义

智育亦称"智力教育"，即教育者有目的、有计划地向学生传授知识、技能和发展学生智力的教育活动，是全面发展教育的重要组成部分。我国学校智育的根本任务是使学生掌握为现代化服务的实际本领。主要包括三个方面：向学生传授知识，知识包括基础知识和专业知识，按照学生的学习程序，首先要学好基础知识，才能学好专业知识；向学生传授技能，如读、写、算的技能及实验技能、运动技能、生产技能等；发展学生智力，包括感知观察能力、思维能力、记忆能力等。智育的基本内容体现在各门学科中，包括自然知识、社会知识、思维知识和操作技能、智力技能与技巧等。

所谓"生本"，简单地说，即以学生为本。生本型智育就是以学生为本的教育，主张学生才是教育教学过程中学习的主体，强调学生的主动性和参与性。生本型智育强调的是学生自己的体验与感悟，以教育教学过程中的学生为基础，以学生在教育生活中的发展为特点。其主要特点是学生是整体性的，一个人的一生是连贯的、多层次、多方面的整合，是不可分割的整体；生命也是具有独特性的，每个人的生命都是独一无二的，是他人替代不了的；生命是具有可能性的，在一个人的一生中一切皆有可能，人的生命不可被决定，人的一生是不断发展生成的，不断地超越自我，完善自我的过程。学校所秉持的生本型智育理念是指：在智力教育过程中，学生是学习的真正主体。学生是学习的经历者，同时是学习的最大资源；学生是学习内容的接收者，同时也是学习过程的设计者，学习结果的评价者；学生主动地向书本学习，向他人学习，向社会学习，向自己学习。经历学习的艰辛，感悟成长的快乐。教师作为学生学习的合作者、组织者，任务不是"教"，而是组织学生"学"，服务学生"学"。在智力教育过程中，学生一直体现在积极、主动、核心的位置上，教师一直处在配合、引导、非主要位置上。生本型智育真正实现了学生的主体性。

2. 生本型智育的特点

（1）尊重学生

生本型智育强调重视学生独立的人格。对学生的尊重是生本型智育的本质和基本原则，其关键是全面了解学生，了解学生的性格特征和认知特点。从内部了解学生，是使我们认识学生应该被尊重的理由；从外部了解学生，是了解学生所处的地位。

尊重学生就是先要认识到每个学生都是学习的主体，即使是学习成绩很差的学生也希望自己能得到教师的关注，得到同等的对待，并从他喜欢的事情开始学习。无论学生做什么，他都有一定的建构基础，学生活动本就是学习活动的一部分，哪怕这部分是不系统的。尊重学生的前提是相信自己的学生有构建知识的能力。

尊重学生就是要相信每个学生都是发展过程中的人，都蕴含着发展的潜能，而教师就是在时间、空间上给予他们鼓励，相信他们终究会获得充分的知识。教师在面对学生时要注意自己的语言、表情、肢体动作以及态度，不要让负面情绪伤害学生的自尊心与自信心。

（2）一切为了学生发展

生本型智育的价值观是一切为了学生的发展，为了学生的一切。学生是教学活动的出发点和归宿。生本型智育就是对学生学习主体地位有一个明确的认知，把握好学生的地位，注重学生的个人发展，把一切为了学生作为价值取向。教育改革中呈现的一系列问题，表面来看是传统观念和传统教学方法的局限与弊端，但是从根源上来看，是在教育以学生为主体问题上的不明确。教育是一个灵活多变的活动，对教育实践者来说，教育的主体并不是容易把握的。在教育发展史上，曾经出现过许多教育忽视学生主体地位的案例，他们提倡知识本位、教师本位，从而大大影响了教学效果与质量。因此，一切为了学生是生本型智育的前提，也是深化教育改革的必然需求。

（3）全面依靠学生

生本型智育的行为观是全面依靠学生。全面依靠学生不等同于不要教师，也不表示教师是陪衬。在生本型智育中教师是组织者、引导者的角色。新的教学观指出，学生在教育过程中不仅仅是教育的接受者、承受者。相反，学生也是教学过程中的参与者，也是生产自己知识的劳动者。长期以来，学生在教育教学过程中被看作是教育的对象，其作为教学过程中主体地位很难在教育活动中得到重视。

随着素质教育的深入展开，教师在课堂上鼓励学生积极发言，调动学生参与的积极性。虽然这一系列的做法起到了一定的效果，但是这些做法起到多大程度的效果，则还是值得怀疑的。在学生本质上仍处于被动地位的传统的以教师为本的教育体系中，如果不改善传统课程的核心，只是在教育课程表面做些微小的变动，让学生真正成为教学过程中学习主体的目的就很难实现。

学生个体作为资源，表现为学习能力和拥有的知识基础两个方面。学生是学习的动力资源。事实上学生是有学习天性的，这种天性表现在学生愿意积极主动地学习自己感兴趣的内容。因此，教师在课堂教学中要利用学生学习的兴趣和天性，注意教学应结合学生的生活，让教学内容来源于生活，并高于生活，从而推动教学。

（4）促进学生可持续发展

生本型智育的评价观是积极促进学生可持续发展，我们认为评价的本质意义就是促进学生发展。这种对评价功能的全新看法与传统评价注重甄别与选拔不同。这种新型评价的标准是多元，多角度的，而不是单纯着眼于某一单方面。而且，新型评价更关注的是学生学习的过程。评价主体也多元化，如教师评价、同学评价、家长评价、学生自评等。这种评价有利于全面地认识学生，发现学生身上的优势与不足。与此同时，教师在评价过程中更加重视学生在实践探索方面的评价，促进学生养成独立自主的学习习惯，转变传统的学习方式。

3. 生本型智育的实施原则

（1）以生为本原则

生本型智育应该遵循的首要原则就是以生为本。这里的以生为本的意思是以学生为本、以生命为本、以生长为本，是要求课堂中应该处处时时考虑学生的实际情况和实际需要，从学生角度出发设计学习内容，从学生角度出发设计传递知识的方式，从学生的角度出发设计评价学习的方式。以生命为本，是要求课堂中要把学生当成一个个鲜活的生命体，关注每一个生命的独特以及脆弱，从生命的角度出发考虑适合学生需要的学习内容和方式。以生长为本，是要求课堂把学生正确看待成一个个未成形的树苗，他们仍需要在阳光雨露的滋养下成长，他们对知识、对社会的鉴别力仍处于逐渐明了的阶段，需要在学习辅导者即教师的帮助下成长，并且所选择的知识和方式都应该是符合学生生长需要的。

（2）以学定教原则

教学中，我们要本着以学定教的原则。学生要求在前，教师要求在后，体现学生的主体地位；教师要成为指导者、服务者、参与者，实现教为学服务。在课堂教学评价中，也要坚持以学生为主，从学生的学习情况、发展状况评价教师的课堂教学。

（3）面向全体原则

面向全体原则指教师在教学设计、组织教学过程中要面向全体学生。由于家庭、社会、先天遗传及学生主观努力等各种因素的制约，学生之间存在着差异性。通过因材施教、分层递进、个别指导等方式，使学生各得其所、各展其长、各成其才，师、生的基本素质在协调互动中共同提高。

（4）共同成长原则

在生本型智育中，因为有互联网移动终端作为学习工具，师生们每天都会接收大量来自网络的新兴词汇、实时信息。教师不再是课堂上知识的绝对拥有者，教师和学生一样，都必须不断吸纳新内容扩充自己的内存。并且，即使每天都关注着新生事物的发展，每个人接收的信息也不尽相同，学生在一些方面比教师知道得多的情况已经不足为奇，教师理应在这种情况下虚心向学生讨教，师生双方相互分享资源、交换意见，共同成长。

（5）重视过程、及时评价原则

在生本型智育中，教师应该重视学生学习的过程而非特定的学习结果，重视学生在学习中遇到问题、解决问题的过程，在过程中评价学生该阶段的学习成果，及时给出反馈意见和建议，这样才能帮助学生在下一阶段的学习能更加顺利地进行。此外，重视过程性评价也是新课标的要求之一，学习的过程最能体现学生的知识获取的每一步，了解学生在学习中遇到的挫折或收获的喜悦，这比单单看冷冰冰的结果更符合现代社会要求的"人味儿"。

4. 生本型智育的内容

（1）教学理念，加强以学生为本的观念

教师是课堂的组织者、管理者和引导者，课堂教学能否做到以学生为本的关键在于教师。教师对教学内容的加工、对教学目标的设定、对教学环节的设计、对教学方法的选择、对学生学习成绩的考核和评定的方式，直接决定了学生的学习方式和收获。因此，学校在"做主人教育"的教育模式下，通过多种方式，强化教师以学生为本的教学理念，让教师牢固树立以学生为本的观念，让教师紧紧围绕着为了学生的发展和成长来组织教学活动，让教师充分相信并尊重学生，充分发挥学生在教学过程中的主体作用，调动学生的学习积极性、主动性，培养学生的自主学习习惯和能力，激发学生的潜力，让不同能力层次和不同特点的学生都能得到个性化的发展。

①启动教师读书工程，倡导教师笔耕，提倡教师撰写教学随感、听课感、教学反思日记、教学案例。

②通过学习型社团组织，如师徒工作坊、学习沙龙，为教师创造更多更好的学习机会，形成全员学习、全程学习、团队学习的氛围。

③定期开展专家讲座，强化以学生为本的教学理念，帮助教师树立以学生为本的观念。

④通过跨校考察学习，借鉴优秀经验。

⑤开展专家教师、骨干教师观摩课、青年教师评优课、学科评优课等，让教师了解并学习优秀教育教学案例。

（2）构建"知行主人"课程体系，达成生本型智育

课程与教学是"做主人教育"模式达成的主渠道。现代社会呼唤课堂向以学生为本、促进学生生命健康发展的方向转型。在课程建设方面，学校积极尝试以生本型智育为核心理念，进行课程开发，全面检视已有课程，对国家课程进行合理调试，同时建设具有校本特色的校订课程，以支撑国家课程，弥补国家课程的不足，在整理的基础上形成生本型智育的学校课程框架：

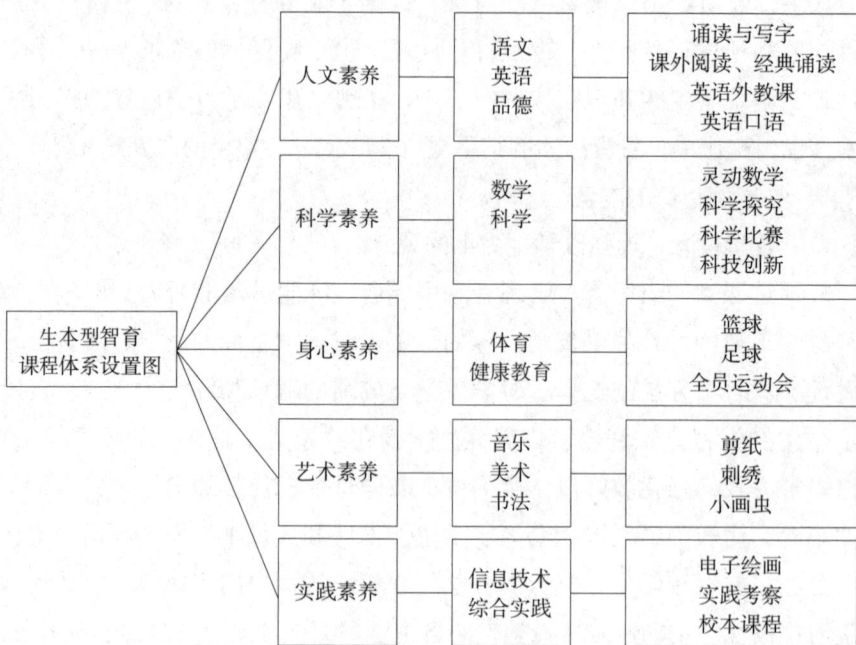

生本型智育课程体系设置图	人文素养	语文 英语 品德	诵读与写字 课外阅读、经典诵读 英语外教课 英语口语
	科学素养	数学 科学	灵动数学 科学探究 科学比赛 科技创新
	身心素养	体育 健康教育	篮球 足球 全员运动会
	艺术素养	音乐 美术 书法	剪纸 刺绣 小画虫
	实践素养	信息技术 综合实践	电子绘画 实践考察 校本课程

生本型智育学校课程框架

生本型智育课程体系的设置依据学校"做主人教育"理念，强调以学生

为本，旨在培养学生的人文素养、科学素养、身心素养、艺术素养和实践素养，让学生在学习中"做主人，求发展"。学校生本型课程体系的构建是从学校长远发展出发，充分考量学校现有的学生发展需求，立足学校育人目标，并结合宏观教育目标，在课程管理体制不变的情况下因地制宜地运作，从而凸显学校"做主人"的育人理念。

（3）提升课堂教学品质，践行主体型课堂教学。

"做主人教育"旨在培养适应社会发展的发展人，强调教育对人的发展的积极促进作用；追求对教育主体的一种深层次的影响；帮助受教育者形成一种成熟稳定的内在发展意识和能力；以便在今后的社会生活中占据主动，能够使个体实现健康长期发展。着眼于这个培养目标，激发人的责任感、自觉性和主动性就成为学校"做主人教育"的核心内容。

"做主人教育"源于"自我教育"，是学校结合时代发展对人的要求和学校发展现状提出的特色办学思想，有着深刻而又积极的现实意义。课堂教学是学校工作的核心，是实现学校社会价值的第一渠道，也是体现学校特色建设的主要平台。"自我教育"反映在教学上，强调学生的自主学习，强调教师的自主发展，强调教师和学生两个主体在教学过程中主体性的充分体现，通过双主体的相互作用提高课堂教学的实际效能。

最新的教育研究证明，在教学过程中教师和学生都是主体，基于此种认识提出的双主体理论已经得到了充分的认可。这个研究成果为学校的做主人办学思想提供了又一个有力的理念支撑，主体型课堂体系就是学校运用双主体理论结合学校的办学思想和育人目标提出的，是学校支撑办学思想的五大实施体系之一，对学校的发展和特色建设有着非常积极的意义。

在以上认识的驱动下，基于学校的实际情况，也源于课程改革进一步发展与变革给我们带来的挑战，源于社会发展对于人的责任感、自觉性和主动性及个性发展的要求，学校对主体型课堂教学模式进行了积极探索，也在各类评优课和教学设计中取得了一定成绩，但是主体型课堂教学模式一直还处在探索阶段，未构建成型。为了使学校办学品质上一个新的台阶，突出学校的办学特色，学校提出：在过去实践、探索的基础上，进一步整体构建、完善主体型课堂教学体系，努力形成自己高质量的、符合做主人办学思想要求的教学特色。

①主体型课堂教学体系的定义

"主体"在哲学上指"有认识和实践能力的人"。"型"即"模型""规范"的意思。主体型课堂教学是指：以教师和学生两个主体在课堂的教与学过程中不同层面的体现和相互作用为主要课堂动力；以学生主体自觉、主动地参与学习活动为主要表象；以充分肯定教师的主体地位，发挥教师的主导作用为质量保障；以培养学生独立思考、自主学习、主动探究意识，提升教师的专业化素养为主要目标；实现师生主动发展、共同提高的课堂教学理念和规范。

主体型课堂教学体系是指：关于主体型课堂教学的理论、原则、构成要素、特征、课堂教学基本模式、教学模式的解读、评价标准及操作方法等一系列相关元素构成的思想和行为框架。

②主体型课堂教学理论基础

教学系统论认为，教学是一种特殊的系统，在这个系统中，教师、学生和课程等形成了人与人、人与物之间的特殊结构，既不同于自然界和机器的"物、物"结构，也不同于政治等社会活动中的"人、人"结构，更不同于生产等社会活动中"人、物"结构。在万事万物之中，人是最具有变化性的。作为教学要素中的教师和学生，均是最具有变化性的。所以，教师和学生应该是教学系统中的双主体，教学活动的最优化，应当是教授（教师的活动）最优化与学习（学生的活动）最优化的有机统一，是充分发挥教师、学生双主体能动性的过程。

交往教学论认为，教学是师生之间有目的的交往活动，是共在的主体之间的相互作用、相互交流、相互沟通、相互理解，反映了人与人之间的互为主体关系。在交往中，每个人都是主体，都是彼此间相互关系的创造者，并且都把与自己有关的其他交往者的主动性、自觉性，作为对话、理解和沟通的前提条件，换言之，交往意味着交往双方均为具有独立人格的自由主体。

从文化生态的观点来看，教育过程是师生关系形成和建立的动态过程。在教育、在学校、在教室这个"文化生态"中，让每个人都能感受到自立的尊严，感受到独特存在的价值，感受到心灵成长的愉悦，这在很大程度上取决于师生关系的品质。而理想的师生关系应该是民主、平等、合作、双向的，并非有任何倾斜。

以主体教育理论为主的现代教育理论认为，从多方面、多角度整体发展学生的主体性，提升他们的主体意识及发展水平，应强调尊重学生的主体权利、主体地位和主体人格，强调师生互动、民主、和谐，充分激活学生主体的积极参与。

合作学习理论认为，在教学中要营造平等、民主的教学氛围，通过师生的互动交流，充分挖掘学生学习潜能，实现教师与学生的和谐统一，促进师生素质的全面提高。

③主体型课堂教学的核心要素

主体型课堂教学希望借助教师和学生两个主体的体现和相互作用提高教学的效能，追求一种主体内在的发展过程，因此需要以下五个要素关键词来体现主体型课堂教学的价值。

自主：自主学习是主体型课堂的核心要素，是一种主动的、构建性的学习过程，是实现有意义学习的最佳方式。教师的自主发展和调控是保证教学质量长期稳定提高的先决条件。因此，倡导师生在课堂教学中的自主意识是构建主体型课堂的必要条件。

主动：体现为师生在教、学过程中的积极状态。从根本上说，学生是学习的主体，其积极主动的学习态度，是学习效果的重要决定因素。因此，教师在课堂上应该利用一切手段调动和保护学生思维、实践、创新的积极性，使学生的主体意识、主体精神得到培养。同时，教师也应积极发挥自身的主动性、创造性，充分发挥自身的魅力、学科知识的魅力，在创设融洽宽松的课堂氛围上下功夫，在情景引入、教学组织、指导、评价学生等教学环节上下功夫，使主动成为贯穿整个主体型课堂的常规要素。

合作：合作学习是一种有效的学习方式，对学生的学习和发展具有明显地促进作用；有助于学生学会分享和尊重；有助于增强学生的人际交往能力和社会责任感；是"做主人教育"的一个有效途径。积极的师生合作、生生合作、师师合作都是提高主体型课堂质量的基本手段，是构成主体型课堂的主要元素。

多元：承认学生的多元差异，尊重学生的多元需要，选择多元的教学手段，是现代教学观的要求，也是主体型课堂倡导的教学观念。教师也存在着不同的个性差异，反映在教学过程中就是不同的教学风格，主体型课堂鼓励不同的教学风格的呈现，鼓励教师发挥自己的优势，多元整合教学资源，提高教学实效性，这也是主体型课堂的一个基本要素。

发展：师生的发展是课堂教学的最终目标，也是教学行为的价值所在。主体型课堂就要始终关注师生发展，体现出师生发展的过程和轨迹，同时发展也是评价主体型课堂质量的核心要素。

④主体型课堂的呈现特征

第一点：满足教师和学生在精神和心理上的慰藉与悦纳。

第二点：达到教师与学生在知识与技能上的获得与增益。

第三点：激发教师与学生在思维和智慧上的灵动与碰撞。

第四点：呈现教师与学生在沟通和交流上的平等与尊重。

⑤主体型课堂教学流程

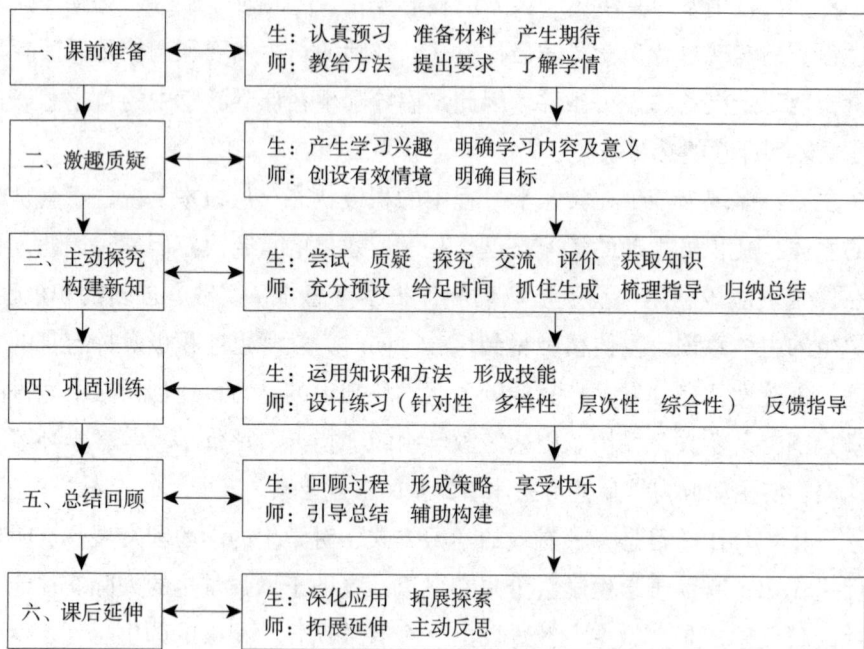

一、课前准备	⟷	生：认真预习　准备材料　产生期待 师：教给方法　提出要求　了解学情
二、激趣质疑	⟷	生：产生学习兴趣　明确学习内容及意义 师：创设有效情境　明确目标
三、主动探究 构建新知	⟷	生：尝试　质疑　探究　交流　评价　获取知识 师：充分预设　给足时间　抓住生成　梳理指导　归纳总结
四、巩固训练	⟷	生：运用知识和方法　形成技能 师：设计练习（针对性　多样性　层次性　综合性）　反馈指导
五、总结回顾	⟷	生：回顾过程　形成策略　享受快乐 师：引导总结　辅助构建
六、课后延伸	⟷	生：深化应用　拓展探索 师：拓展延伸　主动反思

主体型课堂教学流程

⑥主体型课堂教学流程内涵解读

教学环节	任务		内涵解读
课前准备	学生	认真预习 准备材料 产生期待	认真进行预习，运用多种方法和途径（自己独立完成、资料查找等），准备好上课材料（学具、相关资料等），并能在课前准备中发现疑问、产生对进一步学习的期待，达到预习的效果。
	教师	教给方法 提出要求 了解学情	各科教师应根据不同年级的学生教给预习方法，分层次提出具体要求，及时进行预习的检查和指导，以帮助学生养成良好的预习习惯；可采取调查，问卷，前测等方法，了解学生原有知识，能力等情况，以便更好地进行充分的教学预设，做好教学设计。
激趣质疑	学生	产生学习兴趣 明确学习内容及意义	学生在预习基础上带着原有知识储备，带着问题，在教师创设的有效情境中，产生学习的欲望和兴趣；期待解决学习的问题，明确学习的内容和价值。
	教师	创设有效情境 明确目标	要创设来源于学生生活、与学习内容密切相关、接近学生最近发展区、能为学生学习提供帮助的恰当情境，有效激发学生的学习兴趣，并能通过生动、简洁、激励性的语言明确学习目标，激起学生的探究欲望。
主动探究构建新知	学生	尝试质疑探究交流 评价，获取知识	学生在学习的过程中，在独立思考的基础上通过积极尝试、交流、探究等多种学习方式进行学习，并在学习中主动质疑，进一步探讨问题和知识，在互动中进行有效评价，敢于提出不同的见解，主动获取知识，习得方法。
	教师	充分预设给足时间抓住生成梳理指导归纳总结	教师要对教学过程、学生认知中可能出现的问题进行充分预设，尽最大努力对学生学习过程中的问题提供多种解决方法，便于进行及时调控。在学生尝试解决问题的过程中，教师要做好引导者的角色，不轻易打断、中止学习过程，要给足学生动手操作的时间，并在学生探究过程中及时抓住课堂生成的状况与时机，进行调控引导，本着多激励、多肯定的态度，对待学生出现的问题，帮助学生梳理知识，对知识进行归纳总结，初步形成知识网络，明确知识之间的联系及关键所在。

教学环节		任务	内涵解读
巩固训练	学生	运用知识和方法，形成技能	能够主动运用所学方法解决问题，挑战不同层次难度的练习，举一反三。在不断地练习积累中逐步掌握方法、开阔思维、提高思维能力，形成技能。
	教师	设计练习（针对性多样性层次性综合性）反馈指导	要注意设计有针对性的训练内容、多样化的练习形式，调动学生的积极性，使学生积极投入练习当中。同时针对学生差异，设计有层次性、综合性的练习，为全体学生提供发展的空间。在反馈指导时，及时发现问题，做到个别问题个别指导，普遍问题集中指导，不同的学生给予不同的指导。通过教师与学生、学生与学生的互动，达到共同提高、整体发展的目的。
总结回顾	学生	回顾过程形成策略享受快乐	主动回顾、交流知识的学习过程，梳理学习方法，形成学习策略，体验、享受学有所得的快乐，产生对后续学习的信心。
	教师	引导总结	引导学生对知识的学习过程进行归纳，总结在知识、能力、情感等方面的收获与体会，明确学习方法与策略，不断完善知识建构，和学生分享学习的快乐。
课后延伸	学生	深化应用	主动应用、质疑，带着问题出课堂，激起学生对进一步学习的期待与渴望，并尝试解决。
	教师	拓展延伸主动反思	设计拓展延伸性的问题、作业、探究的内容等，激起学生再次学习的欲望，将课上学习延伸到课下。主动反思课堂教学的得与失，写好反思总结，为进一步完善教学做积淀。形成自我的教学方式、风格和经验。

⑦主体型课堂教学实施制度

为进一步完善学校主体型课堂教学体系，形成学校教学特色，发挥主体型课堂教学对提高教学质量的促进作用，学校研究并制定如下制度。

全体教师在学科教学中要积极落实主体型教学体系，重视教师、学生双主体作用的发挥，着力体现出"做主人教育"的核心价值。

教师在备课时，要充分重视学情分析、注重课前调研，准确把握知识的前后联系及新知的生长点，确定教学的重难点，设计教学的主要流程，从而充分发挥教师的主体作用。

在教学准备环节，要重视学生预习、准备工作的指导。调动学生的学习主动性，激发学生的求知欲和学习兴趣。

在教学过程中，教师要重视学习情境的创设，在真实的情境中体现学习的价值，从而实现真正有意义的学习。

在构建新知的环节，教师要改变过分关注教学结果的意识，注重学习的过程，使学生在体验、猜想、探究、思考、讨论、交流、合作的过程中构建知识体系，加深对不同学科的理解，从而真正学会思考问题，解决问题，培养良好的学习习惯、思维习惯，提高各学科的素养。

在教学过程中，要发挥学生的主体性，重视学生自学能力的培养，学生可以自己学会的，要让学生通过搜集信息、提出问题、独立解决问题等方式掌握必要的知识和技能。重视对学生合作、探究意识的培养，学生能够自主探究，教师就要放手让学生主动探究。在认知的关键点上，教师要给予有力的支持，从而充分激发学生自主学习、实践的意识与能力。

注重创设生动、鲜活的课堂氛围；积极建立民主、平等、尊重、融洽的师生关系；满足师生精神与心理的悦纳与慰藉；使课堂成为有效促进师生发展的亮丽舞台。

重视教学中评价的激励作用，不断激发学生自主学习的愿望，提高学生自主学习的能力，培养学生在学习上的责任心、自觉性和主动性。

设计有层次，针对性强，形式多样的课后练习、课后延伸活动，充分发挥学生学习的自主性、积极性、创造性。使学生动手、动脑，乐学、乐做。

注重以主体型课堂教学的四个特征来反思自己的教学，不断追求师生主体意识、创新精神、实践能力的发展与提高，最终实现教育教学质量的全面提高。

5. 生本型智育的评价机制

以学生为本的课堂教学评价要求把学生作为学校教育和管理的根本，把学生的切身利益放在学校改革和发展的首位，从学生的立场和角度出发去开展工作，从而促进学生全面、主动、有个性的可持续发展。通过对全校各级领导、教师、家长、学生的访谈，我们将学生关于生本型智育评价分成三个二级指标，包括学习成绩、学习过程、学习策略与能力，其下设有 11 个三级指标。

学生生本型智育评价指标

二级指标	三级指标	低年级	中年级	高年级
学习成绩	各科质量检测成绩	参照质量检测成绩		
	各科期中、期末考试成绩	参照各科期中、期末考试成绩		
	学科特长	参照学生学科竞赛获奖证书		
学习过程	课堂发言	愿意回答教师所提的问题	能够积极举手主动回答	经常主动回答问题，偶尔能对他人意见提出反驳
	作业	按时认真完成作业，及时订正	按时独立完成作业的基础上，遇到困难能寻求帮助	在按时认真独立完成作业的基础上，主动学习，制定作业计划
	学习参与	能在教师的带领下参加学习活动	能积极主动参加学习活动	能带领同学一起进行学习活动
学习策略与能力	学习策略	能根据教师给出的学习策略获得知识	在教师提供的多种方式中，选择合适的学习策略进行学习	偶尔能运用一些学习策略帮助自己有效学习
	思维能力	上课认真听讲，积极思考"是什么"	上课认真听讲，积极思考"为什么"	上课认真听讲，能偶尔有批判性思考
	合作能力	根据教师的分组完成合作任务	能够服从组内的分工，分享自己的发现，对团队做出贡献	能主动寻求合作，主动承担合作任务，对团队做出贡献
	表达能力	愿意表达自己的想法	语言表达完整	表达具有逻辑性
	探究能力	能理解探究问题，在教师的指导下收集活动相关的信息，进行简单的操作活动	能处理收集的信息，并设计简单的探究方案，进行操作活动	能根据制定的设计方案，对方案和结果做出合理的解释

在评价中，我们采用过程性评价与终结性评价相结合、定量评价与定性

评价相结合两种方法。

（1）过程性评价与终结性评价相结合

过程性评价指对正在进行的教育活动作出的价值判断，其特点是通过及时揭示问题、及时反馈以促进工作的改进。学校对于过程的评价集中在学习过程和学习策略与能力形成上，以反馈调控和改进完善为主要目的。通过诊断教学方案、计划、过程、进展情况和存在问题，并及时反馈，改进、调控、校正，以达到提高教学质量的目的。

终结性评价指对评价对象在一定时期内的全面状况所进行的价值判断，对学习成果做总体分析，提供描述性信息，关心对效率的陈述，并强调自身的效果。

（2）定量评价与定性评价相结合

量化评价主要运用统计与测量的方法，对被评价的资料信息进行数字化处理；质性评价主要是在描述的基础上进行评判，通常表现为书面的鉴定或评语。

（三）悦动型体育

1. 悦动型体育的内涵

体育有狭义和广义之分。狭义的体育即身体教育，是通过身体活动，增强体质，传授锻炼身体的知识、技能、技术，培养道德和意志品质的，有目的、有计划的教育过程。它是教育的组成部分，是培养全面发展的人的一个重要方面。

广义的体育是指以身体练习为基本手段，以增强体质，促进人的全面发展，丰富社会文化生活和促进精神文明建设为目的的一种有意识、有组织的社会活动。它是社会总文化的一部分，其发展受一定社会的政治和经济制约，也为一定社会的政治和经济服务。它也是体育文化的一个组成部分，是根据人生理、心理发展规律，以专门性的身体活动为基本手段，增强体质，发展人体运动能力，提高人们生活质量的一种有目的、有价值的社会活动。

"做主人教育"旨在培养适应社会发展的发展人，强调教育对人的发展的积极促进作用；追求对教育主体的一种深层次的影响；帮助受教育者形成一种成熟稳定的内在发展意识和能力；以便在今后的社会生活中占据主动，能够使个体实现健康长期发展。着眼于这个培养目标，激发人的责任感、自觉性和主动性就成为学校"做主人教育"的核心内容。悦动型体育是"做主人教育"重要的组成部分,"悦"指健康愉悦的情感体验,学生在学校举办的各种各样有目的、有计划、有组织的体育活动中内心体验到愉悦、积极、奋进等情感体验。学生可以因兴趣而"悦"、因体验而"悦"、因自主而"悦"、因比赛而"悦","悦"是学生自觉主动参与体育健身活动的内驱力。"动"指身体的运动,包括肢体动作技巧、身体运动机能、内心活动体验等方面,是学生体育活动的外在表现和成果。因"悦"而"动",因"动"而"悦","悦"与"动"相生相存,互为促进。因此,悦动型体育即是一条以体育课程为核心,以各种体育活动为重要依托,以学生体育社团为辅助手段,通过学生喜闻乐见的形式,帮助学生培育健康体魄,锻炼坚强意志,培养君子人格的育人途径。悦动型体育是实现学校培养具有中华底蕴、世界眼光、强健体魄、健全人格,适应社会发展的发展人这个育人目标的重要保障。它具有全员参与、活动丰富、互动性强、趣味活泼、便于开展、赏心悦目等重要特点。

2. 悦动型体育的实施原则

(1)科学性原则

开展悦动型体育活动设计之前,学校认真进行调查研究工作,全面、准确地了解每位学生的身心发展状况;结合学生的身心发展规律及国家对体育工作的要求对学生的身心发展方向及水平进行预测,做到科学、正确;根据学生情况开展体育课程建设、体育活动设计、体育社团及兴趣活动开发,做到方案齐全,相互独立,实施步骤清晰、有度;对体育活动的组织者、参与者都要求做到责任明确,要求具体;对各项体育活动的开展情况做到了解清晰,调控得当,反馈及时。

(2)主体性原则

所谓主体性原则,一般来说就是承认、重视并坚持主体在实践和认识活动中的地位和作用的原则。在悦动型体育中推行主体性原则就是指:学生在体育活动的全过程中始终处于主体地位,无论体育课程、课外活动、体育社团、体育比赛,还是其他相关活动,都充分发挥其自觉意识和能动作用。在活动内容的制定上,注重学生的自我参与、自我教育、自我发展,力求与学生的学习和生活紧密联系起来,使学生经历由自然人到社会人的转变过程。

（3）愉悦性原则

悦动型体育的重要特征是学生的身心愉悦性，愉悦性原则是悦动型体育的核心原则。悦动型体育不仅注重学生身体素质的发展，更加重视学生心理、意志品质及创造性等全面发展。在开展悦动型体育活动时，要让学生体验到快乐与成功，就要摆脱程式化，创造出多样化的体育活动。同时，对体育成果的判定也要体现出学生的主体性。

（4）实效性原则

悦动型体育要根据小学生的年龄特点，遵循小学生身心发展规律，采用具体形象化的方式对学生进行体育教育，注重开展丰富多彩的体育活动，强化实践环节，在各类体育活动过程中，发展学生智力、体力、审美能力，讲求知行统一，突出体育教育实效。

3. 悦动型体育的主要内容

悦动型体育涵盖学校体育工作的全部内容，并适度扩展到校外体育活动。其主要内容包括：体育课堂教学、特色体育活动和体育社团活动。

（1）悦动型体育课堂教学

体育课堂教学是按国家体育课程计划和课程标准进行的有目的和有组织的教育过程。体育课堂教学由教师和学生共同参与，其任务是向学生传授体育知识、技术与技能，增强其体质，培养其道德、意志、品质等。它是学校"做主人教育"实现的基本形式，是体育目标的实施途径之一。悦动型体育课堂教学以学校的"主体型课堂教学"理念为指导，致力于加大体育课程改革力度，勇于创新教育教学内容，积极探索体育与品德、语文、社会、艺术等学科课程的融通，促进体育与德育、智育、美育有机融合。要求体育教师要做好备课、上课和评价等教学环节，保证课堂教学的有效实施，科学安排体育课的运动负荷，切实增强学生的体能，教会学生运动恢复与保护，努力提高体育课堂教学质量；按照个体差异和年龄特点，开发学生喜爱的运动项目，着力培养学生运动兴趣和技能，帮助学生养成终身体育锻炼的习惯。课堂教学是学校悦动型体育得以实现的核心路径。

（2）开展特色体育活动

学校的特色体育活动包括："小篮球，大梦想"——篮球特色活动；足球特色活动；民族体育特色活动；全员运动会（体育节）特色活动；自编课间操活动；阳光体育特色活动；等等。

①"小篮球，大梦想"——篮球特色活动

"小篮球"项目是中国篮协重点推广的少年儿童社会体育项目，是指使用小型篮球、球场及栏架，用专门制定符合12岁及以下少年儿童身心发展规律的比赛规则来开展青少年篮球运动。该项目为更多喜爱篮球的少年儿童们参与篮球运动提供了机会，让孩子们体验到玩篮球的快乐。

2017年11月20日，"小篮球，大梦想"——中国篮协小篮球发展计划暨小篮球联赛启动仪式在北京市通州区张家湾镇中心小学正式拉开帷幕。

国家体育总局副局长李颖川同志，青少司副司长王雷同志，中国篮协主席姚明同志，中国篮协秘书长白喜林同志，通州区教委副主任袁静华同志等领导出席了开幕式，全国各省的篮协代表、篮球推广大使、学校代表150多人与会。

从此，张家湾镇中心小学的篮球运动水平被进一步激发出来，男女篮球队多次夺得区级比赛冠军，在市级比赛中也取得了较好的成绩。篮球运动成为学校悦动型体育课堂教学的重要内容。

②小足球特色活动

学校以以球辅德、以球健体、以球促智为宗旨，积极培养乐学、励志、创造的特色足球文化。通过开展校园足球活动，丰富悦动型体育的内容，在全校学生中普及足球知识和技能，形成有特色的学校足球文化。

悦动型体育的足球特色活动要求：认真开展以足球为中心的体育教学活动，全面提高学生的身体机能，发展学生各方面素质；形成人人会踢足球、班班拥有足球队、年年举行足球赛的局面。同时，积极开展足球特色教育的科研实践活动，办出张家湾学校的风格，走出一条具有学校特色的足球教育新路。以此提升学校办学品位，成为通州地区知名的足球特色学校。

为此，各完小、各教学班在体育教学中渗透足球意识、开展足球教育。足球教育以游戏为主，包括运球、传球、射门攻擂赛、绕杆比赛、四对四比赛、五人制足球比赛等，既有一定的技能训练或竞技对抗的内容，又能帮助每个学生在其中找到适合自己参与的项目，树立积极参加足球活动的自觉意识。在中、高年段安排一定课时的足球教学内容，不断总结经验，培养骨干，为全校普及校园足球运动打好基础。经过几年努力，学校已经成为通州区具有一定影响力的足球特色学校，获得了区体委颁发的"足球特色校"标牌。

③民族体育特色活动

中国 55 个少数民族都有自己传统的体育活动形式。这些活动大多与民族经济活动（如蒙古族的那达慕、侗族的三月三）、民俗活动（朝鲜族春节的秋千、踏板）和青年男女爱情婚姻（如哈萨克族的叼羊）等有关，受到本民族的热爱。我国十分重视少数民族体育的发展，多次举办民族运动会，这些活动已成为象征民族大团结的盛会。有许多少数民族体育项目经过整理加工已成为各民族广泛开展的活动。而中国传统民族体育项目，如武术、太极拳等，则是融合了包括汉族在内的整个中华民族特有的体育形式和特点，在不断地发掘、整理中走向世界，越来越成为世界各国人民健身、防卫和体育竞赛的有益活动。

学校下辖的张家湾村、张家湾镇、枣林庄三所完小都是民族校，中心小学也有很多少数民族学生，给开展民族特色体育活动奠定了学生基础。学校是北京市民族团结先进校，开展民族团结教育是我们的重要工作之一。开展民族特色体育活动是进行民族团结教育、增进各民族之间了解的一条可行之路。学校一直重视民族特色体育项目的传承与开展，主要项目有以下几种：

毽球运动，这是侗族、苗族、水族同胞喜爱的体育项目，由手毽演变而来，比赛场地长 11.88 米，宽 6.1 米，中间以球网相隔，类似于羽毛球场地，比赛技法以踢、触为主，可用头、脚及身体接球，但不能用手臂触球。比赛采取三局两胜制，得分方必须是发球方（第三局采取每球得分制），以先得 15 分者为胜一局。

板鞋竞速，由多名运动员一起将足套在同一双板鞋上，在田径场上进行的比赛，以在同等的距离内所用时间多少决定成绩名次。目前正式的比赛项目包括：男女 60 米、男女 100 米和男女 2×100 米混合接力五个项目。板鞋竞速是少数民族中较为盛行的民族传统体育项目。

推铁环，半个世纪前在北京市盛行的备受各族儿童喜爱的游戏项目，经过加工整理于 1995 年列为北京市民族运动会竞赛项目。比赛的实质是比速度，一是直线前进的竞速，二是通过各种障碍的竞速，还有 4 人合作的接力赛。

武术，是由踢、打、摔、拿、击、刺等构成的攻防格斗技术，按照一定的运动规律组成套路和对抗两种方式。其特点一是"击"，二是"舞"。主要分为拳术、器械、对练、集体表演和攻防五个类型。

拔河运动，在我国有着悠久的历史和广泛的群众基础，最初是由劳动人民创造的一种游戏方式，通常在盛大的节日或祭祀时举行，以此表达对丰收和美好生活的祝愿和憧憬。随着时间的推移，它已从自发的民间游戏行为逐步发展成为比较成熟的集健身性、娱乐性、竞技性、观赏性于一体的广大人民群众喜闻乐见的体育项目。2012 年由北京市体育局作为全民健身推广项目正式落户北京。

随着各项民族体育运动的开展，学校在民运会上的成绩也不断提高，多次夺得区民运会总分第一名的好成绩。

④全员运动会（体育节）特色项目

近年来，在全国各地的中小学里掀起了召开全员运动会的热潮。由于教育性、全员性、趣味性和锻炼性等特点，这种全新的运动会受到一线学校师生的热烈欢迎。

全员运动会的深刻价值是通过体育进行教育。全员运动会极具礼仪和文化内涵，从"入场门"和"退场门"的设计到打破年级界线的"纵向分组"，从同学们进退场的"动如脱兔"到此消彼长的"比赛分数"的实时展示，从伴随着整个比赛的音乐设计到近似严苛的比赛执法与"罚分的宣布"都具有深刻的教育意义和精神感召力。在全员运动会中，教育是不可违拗的原则，所有活动都设计得具有强烈的教育性和正能量引导性，所有奖惩手段都贯穿着遵守规则、团结友爱、不怕苦不怕累的教育。全员运动会无时无刻不秉承着全国学校体育联盟（教学改革）的口号：文明精神、野蛮体魄，静若处子、动如脱兔，内外兼修、文武双全，独善其身、兼济天下。

投包入筐、旋风跑、寻找足迹、50 米名次跑、"毛毛虫"、穿山越岭开火车、冲过封锁线、推大球、夺冠高手、三向大拔河、40×100 米大接力等引人入胜的比赛，因覆盖面广、参与者众、趣味性强，具有良好的锻炼效果和深远的教育意义而备受学校、学生、家长欢迎。

⑤课间自编操比赛特色项目

学校为了严格落实每天锻炼一小时的要求，在体育方面开展了丰富多彩的活动，其中课间操活动是学生在校期间锻炼身体的良好时机。课间操活动有利于增强学生的免疫力，发展学生的各项机能，从而达到强身健体的目的。

学校长期开展自编操创编和表演比赛，涌现出很多优秀自编操作品。如绳操、旗操、圈操、球操、交通指挥操、拳操等，参加市区各种表演并获得了很好的名次。

⑥积极开展"阳光体育"活动

阳光体育对学校的要求是：开展阳光体育运动，保证学生每个学习日有一小时锻炼时间，严格执行国家课时规定，开足上好体育课，提高体育课教学质量。阳光体育对学生个人的要求：每天锻炼一小时，达到《国家学生体质健康标准》及格等级以上，至少掌握2项运动技能，形成良好的锻炼习惯。阳光体育内容包括：学生体育社团和体育俱乐部建设、开展学生体育竞赛、课外文体活动、大课间体育活动、创建快乐体育园地、冬季长跑活动等。

（3）"悦动"体育社团活动

"悦动"体育社团活动包括：围棋社团、健美操社团、拉丁舞社团、武术社团、大鼓社团、腰鼓社团、水鼓社团、霸王鞭社团、竹竿舞社团、鼓号队、太极拳社团等数十个体育社团。

学校根据实际情况，本着"活动应丰富多彩，富有吸引力；充分发挥学生的积极性主动性；课堂教学和课外活动互相配合，互相促进；符合学生的年龄特征，照顾学生的兴趣和特长；因地、因校制宜"的五大原则，组织了上述几十个学生体育社团。

4. 悦动型体育的评价

体育与健康评价是促进学生全面发展的重要手段。悦动型体育所确立的评价体系，是在《义务教育体育与健康课程标准（2011年版）》的基础上，根据学校的教学实际建立起来的。

（1）评价方案的评价目的与指标选择

①评价的目的

了解学生的体质与健康的情况，体育知识与技能的掌握程度，体育锻炼的兴趣及参与情况，同时考查学生在体育活动中形成的意志品质等相关情况，为制定下一步悦动型体育活动计划做好准备。

判断学生在体质与健康方面存在的不足及原因，以便改进教学。

发现学生的体育潜能，为学生提供展示自己能力、水平和个性的机会，鼓励和促进学生进步与发展。

②评价方案的指标选择及权重分配

依据学校悦动型体育阶段的划分和教学目标的分解，根据评价方案的目的，将评价指标确定为体能、知识与技能、态度与参与、情谊与合作四个指标及其子系统。在评价方案的设计中，我们依据评价的目的和个性指标在整体中的不同位置确定重置了权重分配，体能0.4，知识与技能0.4，态度与参与0.1，情意与合作0.1。通过这四项指标的评价，能够了解学生体育情感态度的基本状况和学生体育技术技能的学习程度，并从效果标准角度去考查学生在体育教学中掌握体育基本知识、基本技术的数量与质量；从效率标准的角度考查学生在规定的学习时间内，体育课出勤、学习兴趣表现、情绪调节能力和合作与交往以及体育技术、技能的掌握等方面是否达到了应有的水平。

评价方案中的权重具有重要的作用，首先是反映了各指标间客观存在的不平衡，揭示了指标间价值上的差异，这样的分配既符合指标体系中各项指标的权重比例，又与学校悦动型体育育人目标密切相关。本评价方案的指标选择，坚持健康第一的思想，并尽量保持了与《学生体质健康标准（试行方案）》的一致性，力求通过对学生健康状况的检测，了解体育对学生产生的影响。其次，在运动参与、体育兴趣、情绪调节、合作与交流等诸多情感方面产生可观测的行为表现，这些行为表现会对学生体育习惯养成、终身体育意识产生深刻的影响。本评价方案不仅关注了对学生体育学习中的技术技能的评价，还突出了对情感态度指标的评价，增加了知识认知指标，使评价内容越来越全面。

（2）评价方案的评价方法选择与应用

本评价方案根据课标的基本要求，结合学校悦动型体育的育人目标和教学实际，运用多样的评价方法，全面综合地评价学生的体育总体情况。

①相对评价与绝对评价相结合

相对评价是一种比较的过程，其特点是根据评价对象的整体状态确定的，其标准只适用于所选定的评价对象的集合。评价方案中，对学生情感态度的评价采用相对评价的方法，以学生在评价标准范围内行为发生率进行相互间的比较，这种评价方法的适应性强，应用面广，无论班级的整体状况如何，都可以进行比较，都能评出个体在集体中的相对位置，有利于激发评价对象的竞争意识；同时，用建立在对学生群体测评基础之上的标准进行评价，能发现其个别差异，使教师对学生的个体予以关注，并在教学中区别对待。

评价方案中的技术技能的评价采用绝对评价方法，以学生完成技术技能动作的正确性和规范性，即技术技能的质量与所定目标进行对照。这种评价无论是学生处于哪种学习水平，均可以同体育技术的规范技术标准予以对照。绝对评价的标准比较客观，在准确的评价之后，每位学生可以明确自己的实际水平及与客观标准的差距，有利于创设一种积极向上的氛围。

②个体内差异评价法

个体内差异评价法是把被评价指标体系中各项评价结果的过去和现在进行比较，或者是一项指标内部的各因素的若干侧面相比较。在评价方案中非常重视学生的个体差异和进步幅度，教师将每学期结束时的测试结果、学生在该学期体育素养各方面的进步幅度（进步成绩＝期末成绩－学初成绩），还可以对学生在情感态度指标方面的行为表现进行前后比较，观察其发展变化的程度。

对于技术技能掌握程度或达标成绩进行比较，考察其所长或所短，特别是对于学生体质健康状况的个体内差异比较，如身高、体重、心肺功能的变化方面，会使学生在锻炼的有效性上产生信心。这种评价方法照顾到个体差异，评价过程不会给评价者造成压力，个体内差异评价法与相对评价法结合使用能取得更为积极的效果。

③定性评价与定量评价相结合

评价方案中对体能、知识与技能指标主要采用定量评价的方法（等级制评价、分数评价相结合），对态度与参与、情谊与合作指标主要采用定性评价的方法（评语式评价）。

（3）学生体育学习评价的工具

①评价指标评价标准及权重分配。评价方案对评价指标内容及权重的分配，权重比例是根据本方案的评价目的和研究小组的意见设置，指标类别、权重等设置清晰、明确，体育教师能够较好地理解与应用。

②学生悦动型体育行为（态度与参与、情谊与合作）小组记录表。此表可以用于教师评价和学生自评和互评，但其在总分计算中分别赋予不同的权重，学生评价的成分可以随学生年龄增长逐渐增加。

③学生体育成绩个人评价表。将学生体质健康测试成绩、评价得分进行

综合统计，以计算学生的最后量化得分或等级评分。

（4）评价方案的操作程序

①对学生的悦动型体育活动过程进行评价的记录表，用于每次活动对学生的态度与参与、情意与合作进行记录与评价，水平一阶段是由体育教师操作，水平二、水平三可由小组长（或者体育小骨干）操作，评价本组同学的参与行为表现。

②知识与技能的评价。运动技能的评定分数主要由体育教师每学期选择的内容进行评定，一般为2~3项，学校是篮球特色校，篮球技能属于必考内容；知识与技能综合评分=各单项评定分数之和/测试项目总数。

③学生悦动型体育成绩个人评价表，评定方法主要根据《国家学生体质健康标准》测试学生各项体能的成绩，并给予相应的评分。

④"评语"一栏应该用简练的语言对学生进行总结性评价，并给予明确的学习指导。

⑤总分=（体能综合评价 × 权重）+（知识与技能综合评价 × 权重）+（态度与参与综合评分 × 权重）+（情意与合作综合评分 × 权重），所有权重之和为100%。

⑥等级主要根据总分成绩给出，可以根据具体情况确定和调整优、良、合格、不合格所对应的总分分值，确定等级评定标准。

（四）地域型美育

1. 地域型美育的含义

地域的形成主要有三个因素：一是本土的地域环境、自然条件、季节气候；二是历史遗风、先辈祖训及生活方式；三是民俗礼仪、风土人情。我国幅员辽阔、历史悠久，各地由于不同的地理位置和历史状况的特殊性，形成了不同的地域文化特征。因此，我们可利用当地地区、历史、文化等条件形成独特的地域型美育。

所谓"美育"即培养学生健康的审美观，发展学生鉴赏美和创造美的能力的教育。美育可以使我们具有美的理想、美的情操、美的品格和美的素养，因此美育也称审美教育或美感教育。美育要通过自然界和社会生活中美好事物来体现。每一个地方都有自己独特的民俗文化和历史故事，地域文化能够给一个地方带来其独特的韵味，横向的地域差别和纵向的传统元素相结合，给我们的小学美术教育课程设计提供了取之不尽的素材和灵感源泉。所谓地域型美育是指：张家湾镇中心小学结合张家湾镇的漕运古镇特点，及其丰富的历史和文化特色，结合学校的"做主人教育"办学理念，根据学生实际需求对学生进行的审美教育。为体现地域型美育，在学校的课程体系中，艺术课程始终扮演着一个重要的角色，在促进学生的综合素养发展中有着不可替代的作用。地域型美育将地域型课程引入美术教育中，为学生的实际获得注入新鲜的血液。融合了当地文化魅力的美术课程，也成为提升地域形象的文化交流的平台，学生在进行美术技法学习的同时也可以领略当地特有文化，了解更多的历史文脉。

2. 地域型美育的原则

美术课程具有人文性质，是学校进行美育的主要途径，是九年义务教育阶段全体学生必修的艺术课程，在实施素质教育的过程中具有不可替代的作用。《义务教育美术课程标准》中突出了课程资源的重要性，指明了我们可以利用的多种课程资源。标准中也提出要广泛利用校外的各种课程资源，其中就包括当地文物资源。我们以小学美术新课标为指导，坚持以"教为主导，学为主体"的教学原则，使学生在美术学习的过程中形成基本的美术素养。学校地域型美育的研究与实施，具体坚持了以下几个原则。

（1）艺术性原则

首先，艺术性原则体现在地域型美育要引导学生参与张家湾文化的传承和交流。张家湾镇中心小学通过对地域型美术课程的研究和实践，帮助学生积极参与张家湾文化的传承，并为张家湾文化的发展做出自己的贡献。

其次，艺术性原则体现在地域型美育要陶冶学生的情操，提高学生的审美能力。学校通过实施地域型美育增强学生对自然、对生活以及对自己家乡的热爱和责任感，并培养他们尊重和保护地域文化，以及创造美好生活的愿望与能力。

再次，艺术性原则体现在地域型美育要发展学生的感知能力和形象思维能力。地域型美育，让学生更多地接触实际事物和具体环境，更加有利于发展学生的感知能力，从而为创作思维提供丰富的素材，从而提高学生的综合思维水平。

最后，艺术性原则体现在地域型美育要形成学生的创新精神和技术意识。

创新精神是社会成员最重要的心理品质。地域型美育为学生提供了适宜的学习环境。通过结合张家湾地域特色，设置美术课程内容，培养学生的创造精神，这对学生的未来工作和生活都会有着积极的影响。

（2）主体性原则

通过地域型美育使学生形成基本的美术素养。美术课程应适应素质教育的要求，面向全体学生，以学生发展为本，培养学生的人文精神和审美能力，为促进学生健全人格的形成，促进他们全面发展奠定良好的基础。因此，地域型美育课程设计会结合张家湾地区的文化特色选择基础的、有利于学生发展的美术课程内容。

通过地域型美育激发学生学习美术的兴趣。兴趣是最好的老师，我们充分利用张家湾地域文化，使其与美术课程内容紧紧联系在一起，使学生从身边的事物中领悟美术的独特价值。

学生通过具有本土特色的美术学习，能够从中培养他们对张家湾地域文化的热情，同时，培养他们对祖国优秀美术传统的热爱。

通过地域型美育培养学生的创新精神和解决问题的能力，通过一系列的美术实践课程和探究学习，引导学生在具体的情景中探究与发现，发展学生综合实践能力，充分发挥每一位学生的主体性和创造性。

（3）地方性原则

地域型美育要以传承本土文化、开发校本课程为载体，整合地域资源，丰富地域美术课程内容，打造张家湾小学特色，充分实践"做主人教育"的办学理念。张家湾小学地域型美育创造的源泉便是本土的历史、文化、风俗和环境等资源。因此，我们要立足本土，脚踏实地地彰显张家湾特色，扩大张家湾美术教育的影响力。但是张家湾地域型美育不是孤立的一个界域，而是以此为发展点，打好美术教育基础，与其他地域或是国家、世界相连接，不断向外发展。

3. 地域型美育的内容

在现今全球化的教育环境下，形成有地域特色的文化体系越来越重要。因此学校积极开发本土的文化资源，发扬本土文化的优点，充分利用独特的地域条件，对张家湾文化进行充分地挖掘和利用，从而建设有地域文化特色的地方小学美术教育课程。

如今的张家湾以萧太后河为界分为北部张家湾村以及南部张家湾镇，存留了很多古迹。张家湾村南口两侧有张家湾城址，明嘉靖四十三年（1564）为保卫北京、保护运河而创建，如今只剩下南垣残段，1995年被公布为北京文物保护单位；村南口萧太后运粮河故道上，有一座三券平面石桥，明万历三十三年（1605）由木桥改建，两侧护栏望柱头雕狮，各具情态，栏板内外浮雕宝瓶，为北京地区独见；南口内十里街西侧有花枝巷，其中部南侧曾有曹雪芹家当铺，如今，当铺门市台基尚存；花枝巷西部北侧有小花枝巷，曹雪芹家染坊曾设在巷口西侧，一口曹家井尚在；村中西侧元代建有广福寺（今张家湾镇民族小学校处），寺中铁佛数尊，明初被徐达所率讨元军拉倒弃于寺前塘中，后塘淤为平地，铁佛尚埋原处（今张家湾镇民族小学操场）；村东有元郭守敬所开通惠河故道，今名玉带河，河上尚保存明代所建两座独券石桥，一名东门桥，在原城东门外，一称虹桥，在原城东便门外；村西南有大片苇塘，是大运河北端码头——客船码头遗迹；张家湾镇十里街东侧，曾有曹雪芹家所开盐店，尚有几间旧房遗存；镇之十字街西南侧有小关帝庙一座，俗称葫芦庙。因布局平面形似葫芦故名，《红楼梦》第一回中所写葫芦庙之生活源泉即此；镇西口南侧有清真寺一座，明建清修，礼拜殿勾连搭四券，圆形嵌山窗六处，其窗棂木制为阿拉伯文，每窗一字，即"仁、义、礼、智、信、孝"八字，为世界独有，年久失修朽烂，今重修时未复；皇木场位于萧太后河的河口，因此在新村建设中，出土了大批元代缸胎鸡腿瓶、稀有金属冶炼小坩埚及龙泉印花瓷片等文物；由于明永乐年间建设北京，木材砖石所用浩繁，多由大运河自南方运至此处存储，因此村内还留有当时管理木厂的官吏所植的一株大树，村南部出土了当时用于建设北京的巨大花斑石；由于古代皇木厂村是有名的盐厂，所以新村施工中还出土了世界最大的称盐石权等文物。路边随意摆放的巨石大多半人高，上面隐约可以辨出一些孔洞和石纹。村中一棵古槐，虽已数百岁，仍然亭亭如盖、生生不息。

以张家湾美术资源作为校本课程开发、教学研究与实践操作的出发点，把新的课程观下课程资源实践的理念转变为理论依据，从挖掘美术本土文化为抓手，设计单元化的研究型学习活动并展开教学，在实践的过程中开发出以张家湾地域文化为内容的美术校本课程，充分展示张家湾本土美术资源的教育价值。本地美术资源贴近学生生活实际，在耳闻目染中，学生印象较深，在互动的交流中能引起强烈的共鸣。让学生在亲近本土资源"美"的交流中，增强审美情感体验，加强对家乡的了解和热爱。这样，既激活了课堂，又弥补了教材中地方乡土性的缺憾，从而进一步丰富学生的审美情感。

结合本土特色资源，学校设计并开始实施了具有学科特色的古镇美术课程，如：参观毛猴、风筝等非遗项目基地，跟非遗传承人学习制作毛猴、风筝；参观漕运码头、萧太后河、张家湾镇博物馆；观赏高跷会、小车会，尝试踩高跷等。

（1）地域型美育课堂教学

教师全面深入地研究新课标，掌握教学总体要求和各年级具体要求，明确教学重点、难点，结合地域特点，统筹安排教学内容。如教师利用地域自然文化，结合课本讲授《画古树》一课。

讲授过程中学生主动探索、研究张家湾镇皇木厂的历史文化，初步了解皇木厂独特魅力——运河、岩石和老槐树；学生用线描、摄影等手段，从不同角度表现皇木厂的独特风貌；实践结束后学生用文化小报总结这次活动，并抒发自己的感受。通过实地考察、图片欣赏、资料查询等方法，培养学生合作探究的能力；运用绘画，摄影以及演示、故事讲述、文化小报等形式，进行综合探究活动。

探究皇木厂，学生充分感受到了张家湾的历史文化，激发出对张家湾的热爱之情。实践活动使得教学方式更加开放，教师能充分地、创造性地使用教材以及当地的自然资源，加强了资源意识。开放的教学方式，给教师带来了更广阔的教学视角，进一步确立了正确的教学观、教育观。学生学习知识的获取、学习技能的培养、学习素质的提高，无不是在实践中得以实现的。

学生通过参观、体验、欣赏、绘画等实践活动，理解了家乡的历史文化，体会到了家乡的自然美。通过美术课堂教学，学生学会了欣赏与写生的方法，感受到大自然的真正魅力，知道了人人都具有发现美、表现美的意识与能力，增强了自信心。

（2）地域型美育课程建设

利用"张家湾通运古桥文化"开发美术校本课程。教师结合学生生活经验和学习兴趣，将小学一年级到五年级划分为三个学段，第一学段是一、二年级，第二学段是三、四年级，第三学段是五年级，分别确定了学习主题：了解与欣赏古桥、画画与做做桥、设计与创作桥。

在第一学段的了解与欣赏古桥中共设计了如下几个活动：欣赏与讨论、网上考察、分组总结、交流等活动；在第二学段的画画与做做桥中设计如下几个活动：实地考察古桥、鉴赏交流古桥、画画古桥、做做古桥等；在第三学段的设计与创作桥中设计如下几个活动：如何保护古桥、废旧材料利用、写出对家乡古桥的感想等等活动。整体活动设计见下图：

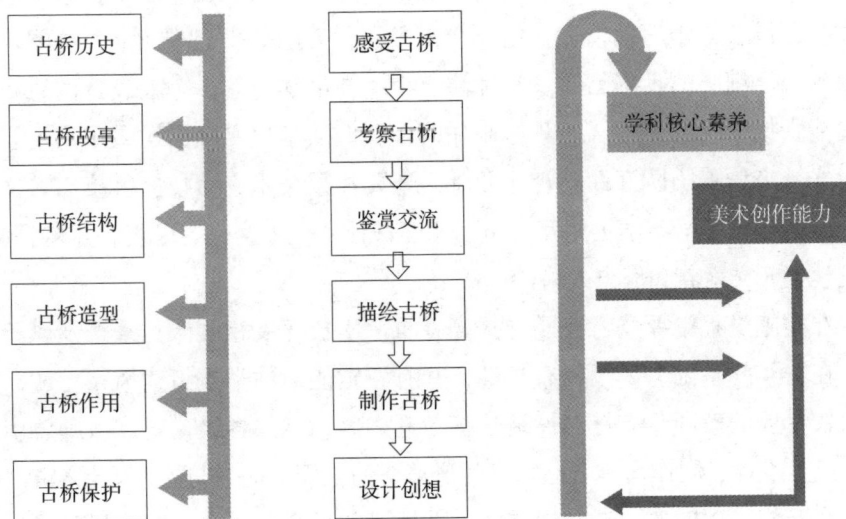

"张家湾通运古桥文化"活动设计

从上图看出：中间部分的感受、考察、鉴赏、描绘、制作、设计创想等可以理解为"课程——实践活动"，左侧有关古桥的历史、故事、造型、结构、作用、保护方法等可以理解为"古桥文化—知识",右侧是各种能力的提升,可以理解为"学生—学科核心素养",三者有着紧密的联系。

（3）"小画虫"社团开展地域文化活动

"拥抱春天,放飞梦想"风筝主题实践活动。风筝课程是一门综合性课程,存在一定难度。教师经常组织学生开展风筝放飞活动,能让他们感到成功的喜悦。活动要重过程,而非结果。布鲁姆在其《教育评价》中说过:"教育之所以把综合看作是重要的,还因为它总伴随着创造者的自豪、他们对创造能力的意识,以及他们在创造一些独特事物的过程中产生的交流感,特别是当学生们感到他们是用属于自己的想法和资料做了恰当工作时,更是如此。"所以,教师把活动的主动权还给学生,让学生在一系列活动中发现问题,解决问题,体验和感受生活,发展观察能力、操作能力、合作意识和创新能力,充分体现了学校"做主人"教育理念。

风筝课程是一项实践性很强的课程,学生必须自己动手动脑,进行扎制、裱糊、绘画、放飞等一系列实践,才能掌握知识,形成技能,发展特长。活动一定要准备好有关的材料工具,保证活动顺利开展。在教学中,教师积极为学生创设合作学习的情境,指导交流方法,鼓励学生迎难而上,能够培养学生耐心、细心的良好品质。教师注意个体与群体协作,个人设计的风筝及图案能张扬学生的个性。在具体制作时,我们从学生实际出发采用小组互助的模式,来培养团队互助精神。此外,还要注重美术、劳技、科技与人文的融合,在活动中培养学生相互学习、相互谦让、互助合作、取长补短的精神,注重学生人文素养和健全人格的形成。

在实施过程中要坚持普及与提高并重。学校开展相关课程来普及风筝活动,在普及的基础上,吸收有兴趣,并有一定能力的学生组建风筝社团,配备比较专业的教师,有针对性地选择活动内容,参加各级比赛。教师要引导社团成员设计、制作出有自己特色的风筝,使他们的能力与兴趣得到提高。

在实施过程中要注意知识与能力兼顾。如果只是简单地制作风筝,课堂则变成了劳技课。在教学中可随机穿插风筝的发展史、对风筝的科学探究等相关知识。风筝工艺的学习应从单纯的技能、技巧层面提高到美术文化层面,创设一定的文化情境,丰富文化内涵,弘扬和培育民族精神,加深学生对艺术的社会作用的认识,树立正确的文化价值观。

　　风筝题材来源于生活，又带着浓厚的乡土气息，集多种内容为一体、可塑性极大。风筝的制作可简可繁，工艺可精可简。风筝创新是所有风筝作者追求的目标，所以教师对学生的制作工艺不要做过高要求，要把重点放在对学生的创新意识的培养上。

　　（4）开展校园文化特色活动：四季印象之冬

　　四季印象之冬活动让学生在实践学习中发现美，学生通过小组合作完成任务单、分享交流，整体感知冬日生活之美，随后利用平板电脑自主探究并分享冬日校园的美，最后以三种不同形式进行艺术创作。此活动既尊重了学生的个性化审美需求，也丰富了很多创作语言，激发学生主动参与及创作的欲望。最终，学生创作的作品呈现出丰富多彩的艺术面貌。

　　4. 地域型美育的评价

　　（1）评价原则

　　激发学生兴趣。活动评价要注意学生的兴趣和发展需要。在活动实施过程中，学生通过上网、查阅书籍等收集资料的方法，通过参加美术活动，掌握一些技能技巧。评价机制以发展性评价、形成性评价为主，对完成或基本完成所规定的学习任务，都应给予充分肯定，对一些艺术创作特别优秀，或有所创新的学生应给予特别鼓励，把激发学生的兴趣作为学生学习评价的一个内容。

　　学生积极参与。活动在评价上应注意学生的全面发展，把学生的参与作为评价的内容。活动从最初搜集资料到参与学习，自由表现创作，学生兴趣盎然，参与积极性极高。在这种全新的课堂中，形成自主学习、自主探究的课程学习气氛。

　　注意学生的情感体验。学生的全面发展包括三个层面：知识技能；方法过程；情感、态度和价值观。在我们的活动中，我们不仅要关注学生的知识、能力等是不是得到了发展，更重要的还要问一问这发展是怎么来的。学生们在获得知识和能力的同时得到的情感体验如何。

　　评价既是一个手段，也是学生主动学习的一个过程，评价主体应当包括学生本人、教师、家长及其他有关人员。评价方式应灵活多样，可以采用作品展示、撰写心得体会、专题活动、作品评定、常规管理等形式。评价内容包括学习态度与学习习惯，工艺技巧的学习与应用，操作实践能力及学习成果反馈等。

（2）评价内容

①精品展览：开展多种形式的校内学生和教师作品展览，加强宣传，对学生进行鼓励。

②采用等级制记录学生作品学习创作情况。教师、同学、家长参与评价。

③作品集：学生作品照片、活动照片、荣誉证书等。

（五）服务型劳育

2015 年，教育部等三部门联合发布《关于加强中小学劳动教育的意见》，提出"要充分发挥劳动综合育人功能，以劳树德、以劳增智、以劳强体、以劳育美、以劳创新，促进学生德智体美劳全面发展"。2017 年，教育部颁布《中小学德育工作指南》，提出"在学校日常运行中渗透劳动教育。将校外劳动纳入学校的教育教学计划，小学、初中、高中每个学段都要安排一定时间的农业生产、工业体验、商业和服务业实习等劳动实践"。习近平总书记在 2018 年 9 月召开的全国教育大会上又对加强劳动教育做出重要论述。为贯彻教育部文件精神，学校着力开展劳动教育。

1. 服务型劳育的内涵

劳动，现代汉语词典的解释是：人类创造物质或精神财富的活动。恩格斯说道："劳动创造了人本身。"劳动是人类社会生存和发展的基础，传统上把劳动分为体力劳动和脑力劳动。在现实生活中，很多少年儿童缺乏体力劳动。所以学校的服务型劳育中所说的劳动主要指体力劳动，包括服务性劳动和简单的生产性劳动。

劳动教育是使学生树立正确的劳动观点和劳动态度，热爱劳动和劳动人民，养成劳动习惯的教育，是人德智体美劳全面发展的主要内容之一。

如今很多孩子都是独生子女，被父母看成掌上明珠，在家享受"小皇帝""小公主"般的待遇，有些家长更是事无巨细，完全一手包办孩子生活起居，生活中很少给孩子亲自动手劳动的机会，更不要提孩子帮家人扫地、烧菜、洗衣服等。因此，从小培养孩子的自理能力，提高孩子综合素质，帮助孩子走向独立尤为重要。同时，劳动意识是当代中国学生发展核心素养的一个不可或缺的素养，它是一个学生全面发展、全人成长的必要条件和必然要求。《小学生守则》中第三条守则就是"勤劳笃行乐于奉献。自己事自己做，主动分担家务，参与劳动实践，热心志愿服务"。所以，学校决定开展服务型劳育，即学校根据党的教育方针和学校的育人目标，通过组织学生参加自理劳动（服务自我）、家务劳动（服务家庭）、义务劳动（服务学校和社会），使学生认识到劳动光荣，热爱劳动，学习劳动技能，养成劳动习惯；培养热爱劳动人民的思想感情和勤劳俭朴、珍惜劳动成果的高贵品德。

　　2. 服务型劳育的实施原则

　　（1）实践性原则

　　劳动特别是体力劳动离不开劳动者的亲身实践。学校开展服务型劳育始终关注学生的实际操作。根据学生的年龄特点和学校的实际情况最大限度地为学生提供亲身实践的时间和空间，让学生经历劳动过程，体验劳动的艰辛与快乐，享受劳动成果。

　　（2）服务性原则

　　服务型劳育主张学生参加自理劳动（服务自我）、家务劳动（服务家庭）、义务劳动（服务学校和社会），从服务自己出发，达到服务他人的目标；在享受服务和服务他人的同时，体验劳动的快乐。

　　（3）切近性原则

　　劳动教育切忌搞运动、创高产，必须脚踏实地，从身边做起，从小事做起。因此，学校的服务型劳育遵循切近原则，从身边做起，从学生自己洗手洗脸做起，让学生感受到劳动的快乐，从而爱上劳动。

　　（4）安全性原则

　　学校服务型劳育虽然遵循切近性原则，开展的是适合学生的活动，但许多活动都会涉及使用工具，以及运用水、火、电等，如果操作不注意就有可能造成事故。因此，教师必须时刻把学生的安全放在首位，不允许有一点疏忽。

　　（5）开放性原则

　　服务型劳育具有综合性、实践性的特点，因此，不能把劳动内容局限在某几项内容当中，必须保持开放性。根据学生实际情况生成的内容更具有教育性。因此，学校的服务型劳育一直保持开放的状态不对学习内容进行硬性规定，教师根据学生情况和自己的特长设计教学内容，开展劳动教育。

3. 服务型劳育的主要内容

服务型劳育是"做主人教育"的重要组成部分。学校开展了劳动教育为主的特色教学活动，主要包括以下内容。

（1）自我服务劳动

学校从新生开始开展劳动教育。自我服务劳动是学校劳动教育的重要内容之一。从一年级开始直到六年级毕业，我们根据学生的年龄特点，循序渐进地开展各种自我服务活动。

我们把自我服务教育分成三个阶段，每个阶段安排不同的教育内容。低年级阶段主要包括：洗手、洗脸、刷牙，剪指甲、穿衣服、系鞋带，洗小物件，削铅笔、包书皮、整理书包等。中年级主要包括：洗头、洗澡，洗小件衣服，使用针线钉纽扣，整理学习用品等。高年级自我服务活动包括：叠衣服、洗大件衣服，有序放置物品、整理自己的房间，能分辨生熟、鉴别变质食品等等。

自我服务劳动教育让学生逐渐学会自我管理、自我要求，形成自我认知，掌握了立足于社会的本领。

（2）家庭服务劳动

在开展自我服务劳动的同时，学校根据年级特点对学生进行家庭服务劳动教育。学生在劳动中体验到父母、家长在家庭中承担的艰辛责任，感受到养育之恩。

学校开展的家庭服务劳动教育也分为低、中、高三个阶段，每个阶段分配不同的内容。低年级主要内容包括：铺床、叠被，摆放桌凳、刷洗碗筷等。中年级主要内容包括：择菜、洗菜，淘米、盛饭，使用简单电器等。高年级主要内容包括：整理、打扫房间，做简单的饭菜，辨别食物生熟，鉴别变质食品等。

家庭服务劳动让学生进一步体会到家庭的温暖，体会到为家庭做贡献的幸福感，为自己是如此幸福和谐家庭的一员而骄傲，打破了学生以自我为中心的小圈子，为今后更好地融入社会打下了坚实的基础。

（3）公益服务劳动

学校把班级劳动、校内劳动归于社会公益服务劳动范畴，根据班级和学校实际情况安排不同的劳动内容。

低年级公益服务劳动教育的内容有：擦黑板、扫地、摆放桌椅、开关门窗等。中年级：楼道卫生、卫生区环境，楼道、校门、操场等处的纪律监督、礼仪督导等。高年级：校园环境卫生，纪律、礼仪管理，公开阅读区域的管理与维护，红领巾卫生街及社区公益活动等。

社会公益服务劳动让学生接触到更广泛的人际交流，更复杂的问题情境。学生在活动中体验到为民服务的艰辛与快乐，也体验到社会的复杂样貌，为学生成为适应社会发展的发展人奠定基础。

（4）简单生产劳动

生产劳动是学生进入社会的必备技能，对学生的成长有着重要作用。学校通过各项特色活动对学生进行简单的生产劳动教育。

小小种植园。中心校及下辖各完小因地制宜地开辟一小块地方让学生体验种植、管理、丰收的全过程。学生种植萝卜、白菜、豆角、西红柿等，在翻土、施肥、浇水、采摘各个环节都能体验到劳动的艰辛，最后收获了丰收的喜悦。

养花。每年3月，学生在教师的带领下翻地、平整土地、造型。有的班将土地造成长方形、有的造成心形、有的造成梯形、有的造成圆形。4月，播种、拔草。5月到7月，养绿护绿，浇水，捉虫，制作花草知识牌、环保提示牌等，将实践活动与宣传结合起来。学生认真观察、不断思考，完成学科实践任务单上的内容。他们种植、养植、护植、说植、绣植、写植，身处于绿意葱茏的花木中，浸润于花木知识的学习中，在耳濡目染、潜移默化中陶冶情操、净化心灵、提升境界，从而达到环境育人的目的。

科学种养殖。学校结合科学课，开展科学种养殖活动。彩色的柿子椒、迷彩的西红柿、不用泡水里的荷花、精巧的向日葵等各种盆栽植物吸引着孩子们的好奇心，也打开了孩子们的求知欲。他们体验了劳动快乐，收获了丰富的知识。除了种植，孩子们也非常喜爱养殖，养蚕是他们非常喜爱的一项活动。他们采桑叶喂蚕，看着白白胖胖的蚕宝宝吐丝、作茧，再到破茧而出，变成蚕蛾，交配产卵，爱心和耐心被大大地激发出来。这是书本知识很难达到的效果。

一米园地。随着城市化进程的推进，学校的校园用地越来越紧张，可用来种植的面积不断收缩。获知学校要开展一米园地种植活动后，宾宝公司向我们捐赠了木箱和第一批种子。我们采取认领的方式，喜爱种植的师生争先认领一块地（一只木箱）种植自己喜欢的花草和蔬菜。我们还给每一只木箱起了一个名字，这样学生们谈论起来兴趣就更足了。

职业体验馆体验活动。每学年我们都会组织全校学生到蓝天城职业体验馆参观体验。虽然每次只有一天的时间，但学生对自己喜爱的或者好奇的职业有了初步的了解和体验，对劳动和劳动者也有了清晰的理解。简单的生产劳动让学生体验到了劳动的艰辛与快乐，从心里产生了热爱劳动、热爱劳动人民的思想感情。

4. 服务型劳育的评价

（1）评价指标的选择与确定

依据小学生应掌握的劳动技能评价指标，服务型劳育评价主要从自理劳动、家务劳动、义务劳动三个方面展开；依据学生年龄特点和能力情况来确定相应的评价指标，低年级主要安排一些力所能及的自我服务劳动。通过自我服务劳动和其他劳动项目的训练和实践，使学生认识到劳动光荣，初步培养学生爱劳动的观念，争做爱劳动的好孩子。中年级除继续安排自我服务劳动以外，主要安排家务劳动、义务劳动、简单的生产劳动。这些劳动项目的教学和实践使学生进一步认识到劳动光荣，培养出关心集体、爱护公物的品德，基本上做到了自己的事情自己做，家庭的事情主动做，集体的事情积极做。高年级除继续安排家务劳动、义务劳动外，主要安排简单的生产劳动。在参加劳动的过程中，学生初步认识到劳动创造社会财富，劳动没有高低贵贱之分，培养出正确的劳动观念，良好的劳动习惯，初步树立了质量观念和环境保护意识。

（2）评价方法确定与实施

服务型劳育采用劳动技能星级评定的方法，根据学生完成劳动技能评价内容，进行家长评定、自评互评、教师评定，每周评定一次，低年级由教师进行综合评定登统，中高年级由小组长进行综合评定登统，教师再进行全班综合评定登统。评价要做到公平、公正，恰当、合理，评价能提高学生劳动技能，提高劳动技术教学质量。

根据学生的星级评定结果分析学生哪些劳动技能完成得不是很好，找到原因，帮助学生更好地掌握劳动技能。当学生劳动技能评定为一颗星时，说明学生对该技能掌握得不是很好或不能自觉主动地去完成此项劳动，教师要从学生思想认识上、技能的学习上具体地加以指导，使学生端正学习劳动技能的态度，并通过具体实践掌握劳动技能。

（六）"五大引擎"相互独立，又为一体

体验型德育、生本型智育、悦动型体育、地域型美育和服务型劳育是学校实施"做主人教育"的"五大引擎"，五者相互独立，又为一体。

五大引擎各有侧重，各有其育人作用。体验型德育位于五大引擎之首，旨在增强学生的品德教育，使之成为有大爱、大德、大情怀的人；生本型智育践行以学生为本的教育理念，培养求真理、悟道理、明事理的人；悦动型体育则是为了增强学生体质、健全学生人格、锤炼学生意志。地域型美育则是以美育人、以文化人，从而提高学生审美和人文素养。服务型劳育旨在培养学生劳动技能，使学生热爱劳动及劳动人民并养成劳动习惯。

同时，"做主人教育"的五大引擎也是互为补充和互为依靠的，是实行素质教育的基本要求。习近平总书记在全国教育大会上提出了"要努力构建德智体美劳全面培养的教育体系，形成更高水平的人才培养体系"的目标，这就要求我们学校要以新时代教育发展为根本依据，在"做主人教育"中坚持培养全面发展的发展人，而一个合格的发展人必须同时具备德、智、体、美、劳相关的优秀品质。德育活动非常广泛，它既可以在智育活动中进行，也可以在体育、美育和劳育中实现，而智育活动同样也能提高学生的审美和人文素养。

因此，体验型德育、生本型智育、悦动型体育、地域型美育和服务型劳育作为学校"做主人教育"的五大引擎，既相互独立，又为一体。

第四节　"做主人教育"的成果

张家湾镇中心小学"做主人教育"模式实行30多年来，从构思、初创到完善，再到创新发展，愈发成熟，与此同时，学校每一名学生和教师都受益匪浅。

一、对学生的影响

"做主人教育"模式的实行，最大的受益者是学生，学生在各类实践活动中充分调动自身因素，从而得到综合的锻炼。他们在文化基础、自主发展、社会参与等三个方面有了质的提升，愈发朝着"全面发展的人"努力。

1. 学生文化基础的提升

（1）人文知识的增加和人文情怀的培养

综合学习拓宽并加深了学生的知识面。主体型课堂让张家湾学生成为课堂的主人。他们主动参与、主动探究、主动协作，迅速地获取知识。在学科实践活动中，他们一方面享受乐趣，一方面通过听、说、读、看、做，潜移默化地吸收着丰富的知识。他们踊跃地参与一年一度的"主人杯"等竞赛活动，充分发挥主观能动性，主动学习，提升自己。

更重要的是，学生在这些有意义的活动中，不仅获取了基础文化知识，还提升了精神境界，陶冶了人文情怀。最典型的是，学生们受到了国学经典的浸润。学校开设多种国学课程，如《三字经》《弟子规》《论语》《孟子》《唐诗三百首》，学生在"正字正音—正义正读—正心正行"三步六正中，汲取丰富的营养和精神力量。国学经典，润物无声，这些孝、悌、忠、信、礼、义、廉、耻等优秀传统不仅有助于启迪学生的心灵，还可以提升学生的人文素养。

（2）科学精神的培养

学贵有疑，小疑则小进，大疑则大进。质疑，最能调动学生读书、思索、答问的积极性，发展学生的批判质疑能力，真正使学生成为学习的主人。

学校的主体型课堂教学将课堂交给学生，为学生营造了一种宽阔的环境，给予学生充分的表现机会，在课堂上，学生敢于质疑，敢于提问。

学校学生质疑能力的培养不仅仅局限于课堂，更重要的是通过各种学科实践活动激发学生的质疑意识。

综合实践活动以活动为主要开展形式，强调学生的亲身经历，要求学生积极参与到各项活动中去，在调查、考察、实验、探究、设计、操作、制作、服务等一系列活动中发现和解决问题，体验和感受生活，发展实践能力和创新精神。在实践活动中，学生会通过一些有针对性的问题情境，产生怀疑意识。如：在调查采访中，有的学生会非常顺利地完成任务，而有的学生会屡遭挫折。后者就会主动地质疑产生这一结果的原因，从而改进自己的方案与行为方式等，最终提高调查采访的能力。出现这种情况时，教师要引导学生多问几个为什么，及时反思，谦虚请教，在寻求解决活动顺利实施方法中无形激发学生的质疑意识。

敢于质疑是敢于探究的基础，学生在提出问题后，会想方设法地解决问题。无论在课堂学习还是具体实践活动中，学生自主分组、协调合作、充分探究。

2. 学生自主发展能力的提升

（1）学会学习

①学习兴趣的提升

著名心理学家皮亚杰指出："所有智力方面的工作都是要依赖于兴趣。"人们常说，兴趣是孩子最好的老师，它能够引导孩子主动研究与探索新事物。单纯的知识灌输通常会让学生失去对知识学习的兴趣，特别对于小学阶段的学生，单一的教学模式、传统的教学方法往往忽视了学习兴趣对学生学习发展的重要作用。

学校通过开展各种教学活动来丰富学生的课堂学习，还以形式多样的课外活动来充实学生的课外生活。这些活动强调了学生的主体参与性，活动以学生的实践为主，以学生实践兴趣、实践能力为主要前提加以开展。这些形式各异的实践活动能够令学生保持较高的兴趣，激发学生的好奇心、求知欲，让学生在学习过程中始终保持长久的学习热情，能够主动去探索、挖掘知识的奥秘。

②学习动机的提升

"学习动机是激励并维持学生朝向某一目的的学习行为的动力倾向。"[①]它是维持和推动学生进行学习活动的内部力量，是由学生的学习需要引起的。而这种需要则是社会和教育在学生头脑中的反映。从现代心理学的角度来看，学习动机与学习有着密不可分的关系，动机可以作为方式促进学习，而所学知识反过来又可以增强学习动机。因此，学习过程本身便可成为学生的学习动机。目标的设立和对成功的满足感都是学生学习动机形成的重要原因。尤

---

① 陈琦，刘儒德. 当代教育心理学 [M]. 北京：北京师范大学出版社，2007：211.

其对小学生而言，适当难度的学习目标有利于提升学生学习的积极性。在各类实践活动开展之前，教师通常会根据学生年龄特征，结合学校教学资源和校本课程资源，提出切合实际的教学目标，让学生在经过一定努力后，较好地完成基础学习、实验操作和作品制作的任务，逐步积累成功的经验，从而不断增强学习动机。同时，学生通过各学科实践活动学到了丰富的知识，并灵活运用所学知识解决实际生活中的问题，品尝了学习之乐趣，分享了成功之喜悦。

（2）健康生活

①道德品质的提升

良好的道德品质是学生身心得以健康发展的有利保障，随着我国经济的不断发展，东西文化交流日益加深，价值的多元化表现得越来越明显。当学生发现在学校品德课上学习到的内容与真实的社会情境发生价值取向的冲突时，常常会失去判断的能力。所以，要通过学校教育提升学生的道德品质，但是仅仅依靠教师在课堂上的说教是远远达不到效果的。要让道德规范真正内化为学生自己的东西，就要不断激发学生对道德的思考，用两难问题给学生思考选择的机会，从而提升学生的道德品质。

真实的体验实践对于培养学生的道德认知、道德情感、道德意志、道德行为都具有重要的价值和作用。学生道德知识的增长离不开具体的实践活动，当学生在实践活动中看到某些道德现象，面对一些道德选择时，就不能按照在书本上学到的道德认识去简单地认为道德或不道德的现象和行为，而是要根据已经学到的知识去进行道德判断，并且投入到行为中。他们在实践中会接触到各种类型的情景，在这些情景中的亲身体验会激发出个体的思想道德情感，如同情心、责任心、正义感、憎恶等情感，这些情感有助于学生感悟和认同个体已经有的道德认知。学生们在实践中不断经受考验，抵住各种诱惑和困难，充分地锻炼了自身的毅力和意志。

②身心健康的发展

"体者，载知识之车寓道德之所也。"身心健康是个体实现人生价值的前提和保证，尤其对于身心处于成长阶段的中小学生来说更是如此。他们的身心健康不仅是其正常生活学习的需要，也关系到祖国未来发展的命运。健康的个体不仅需要强壮的身体，还包括健康的心理。

与课堂教学相比，学校开展的各类实践教育对中小学生的身体健康更加有利。实践活动要求学生走出教室，身体力行，参与多种多样的活动，获得知识。如学校的文艺表演、参观访问等活动。学生们在付出脑力劳动的同时，还需要亲自到不同的活动场所，实实在在地做一些体力劳动，参与活动的每一个环节，将相对静止的学习状态变为运动的状态。运动有利于青少年的身体健康和发育成长，能够提高免疫力和抗病能力，使人体保持积极饱满的精神状态。因此，这些实践活动促进了学校学生的全面发展。

"做主人教育"实践活动也促进学生心理健康发展。心理健康是指人能够以和谐安宁的态度与周遭的人或事友好、均衡的交往和发展，从而丰富自身的内心世界。它有两层意思：一是有平和的心理状态和健全的人格，可以客观认识自己、评价自己；二是不断追求正确的人生目标，积极进取，对未来充满希望和信心。

在实践活动中，学生面对的大部分问题是实际的问题，这需要他们运用所学知识来加以解决，在过程中提高他们的观察能力、分析能力、解决能力等。他们也在复杂多样的实践活动中不断发现自己的优缺点，并反思、调整，发扬优点，矫正缺点，发挥主动性、创造性与积极性，培养积极、乐观、自信的心理素质，从而逐渐完善自我人格。

③人际交往能力的提升

"做主人"教育活动尽力搭建学生人际交往的平台，为他们提供人际交往实践的机会，学生在各类实践体验中学会了基本的人际交往技巧，而且通过锻炼，能够自觉主动地参与人际交往的学生越来越多，很多学生能把交往当作一件乐事，而且，学校开展的实践活动倡导以小组活动的形式进行。在小组活动中，小组成员之间具有更多和更深层次的交往，如情感的交流、思想的交流、方法的交流、问题的讨论等。这样学生开阔眼界，丰富知识，拓展思维，形成灵活机智的听说能力、应变能力和待人处事能力，自然而然地培养了其人际交往的能力，形成了正确的人际交往观。

3. 学生社会参与能力的提高

（1）责任担当

责任心是一个人对群体共同活动、行为规范以及自身所承担的任务的自觉态度，它不仅作为一种极其重要的非智力因素，影响儿童的学习与智力开发，也是一个人日后能够立足社会、获得事业成功和家庭幸福的至关重要的人格品质。

成长中的小学生是教育的主体和自我发展的主体，培养责任心应从培养他们的自我责任心做起。为此，学校建立了值周班，班级值日组，他们是值日期的管理者，负责师生生活、礼仪、纪律、卫生、宣传、升降旗等管理工作。学校还成立了少年先锋岗、礼仪示范组、纪律督导组、卫生检查组等组织，设立了"小主人信箱""小主人广播站"。班主任在学生中选取班主任小助理，使学生广泛地参与班级管理工作。这样，学生在管理者和被管理者的位置交换中培养了自身的责任感。

学生仅仅对自己负责是远远不够的，还要学会对家庭负责、对集体负责、对社会负责。为此，我们从学生生活、社会现实出发设计实践活动，并让学生深入体验，以培养他们的集体责任感、社会责任感等。

首先，学校以节日为契机，培养学生的家庭责任感。如每年三八妇女节让学生为母亲做一件事（洗头、洗脚）让母亲开心；9月10日教师节给老师一声祝福；10月1日国庆节向祖国母亲道一声祝福；1月1日元旦向亲人表示新年祝福；等等。

其次，在班集体活动中培养学生的集体荣誉感。班级活动、班级评比都能激发学生的集体荣誉感。在学校举办的全员趣味运动会中，每个学生都为了班级荣誉积极踊跃地参加比赛。

最后，学校积极开展社区活动，例如，垃圾分类教育、社区街道清扫活动、为贫困山区捐书籍等。在这些活动中，学生的社会责任感孕育而生。

（2）实践创新

社会的发展迫切需要教育的改革，社会不再需要纸上谈兵的人才，迫切需求的是具有较强实践操作能力的新型人才。创新动机的产生是以实践活动为前提，在具备了强烈的好奇心和探索精神的基础上得以逐步发展的。而创新思维的发展则需要反复的实践活动加入强化与锻炼，思维方式的转变不是一蹴而就的，是需要在不断的实践活动中进行不断的发展的。

学生在德育活动和学科实践活动中发现问题，提出问题，解决问题，在不断地探索中产生了与众不同的观点和看法，从而形成了求异思维，萌发了创新意识，在动手操作后提高了自己的创新操作能力。

例如，学生在第四届北京市小学生绿色创新能力挑战赛活动中，在杨国艳老师的指导下，发挥创新意识，结合废旧物循环利用的原理，利用 PVC 塑料管、吸管、废旧矿泉水瓶等设计出了"秒声'废物宝贝'创意乐器"，他们还在这些创意乐器上雕刻、彩绘，以展现造型美、意境美、艺术美。他们的奇思妙想实现了"变废为宝"的目标。

二、对老师的影响

1. 教师教学观念的转变

在教学过程中，教师要发挥组织者、引导者、合作者的角色作用，转变教学方式，促进学生的发展；学生要树立做主人意识，化被动学习为主动学习。

多年教育经验使我们深切体会到，教师教学观念的转变与学生成绩提高、能力增长、品德提升等方面并不矛盾。只要真正从学生的角度去思考，从方式方法去探究合理有效的教育之道，反而会使学生各取所需，各展其长，从而有效地促进学生智商、情商的双重发展。以学生为本，关注差异，不但符合个性化教育的要求，也符合新课改的理念，并且具有教学实践的现实可行性。教师利用差异可以增加课堂活力，促进学生发展。而充满生机和活力的课堂可以提高教学效率。课堂教学的生机和活力可能源于教师精湛的教学艺术，可能源于学生对教学活动的积极主动的参与，也可能源于引人入胜的教学内容，而学生丰富的差异性、独特性也是它的重要动力之源。

"做主人教育"要求我们教师与学生在课堂上的关系是"共享"关系。"共享"的过程就是对话的过程，师生的心灵彼此敞开，并随时接纳对方的心灵。"对话"是双方共同在场、互相吸引、互相包容、共同参与以至共同分享。共享过程体现了师生之间的信息交流，真正实现了师生互动。师生互相影响、互相补充、互相促进，最终共同进步。

教师在教学实践中转变教育观念，促进教法改革。教师由辛勤的园丁转变为学习途中的导游，传统的教学方式主要是以教师的讲授为主，这种方式往往出现"教"大于"学"，片面地强调知识与技能，忽视了学生的主体性和自主性，不利于学生学科素养的培养。而今，教师对教学的关注点由成绩的高低好坏向多方面转变，从多方面关注学生，如关注课堂师生关系、关注学生主体性的发挥、关注学生个性的发展等。

2. 教师教学方式的转变

"做主人教育"要求教师转变教学方式，采用多样化的教学策略，充分调动学生参与教学的积极性。教师由原来的课堂主角变为学习的引导者。

"做主人教育"要求师生积极互动，共同发展，优化教学过程，提高教学质量。在教学过程中，教师创造学习情境，激发学生参与学习的兴趣。如，师生互动，联系实际，发现问题，解决问题；运用探究式、合作式学习方式，创造条件，最大限度地让学生参与实验活动；运用讨论式、辩论式的学习方式，培养学生的创新意识。教师把课堂交给学生，把"教师讲授"转变为"引导学习"，把教师的"解疑答惑"转变为学生的"主动探索"，把"运用知识"转变为"解决实际问题"等。

3. 对教师专业发展的影响

1972 年 5 月，联合国教科文组织国际教育委员会在《学会生存——教育世界的今天和明天》中提出了"唯有全面的终身教育才能够培养完善的人"的观点。对教师而言，终身教育具有非常重要的意义。终身教育贯穿于整个人生，是人自发的、主动的、持续的教育过程。学校"做主人教育"恰好对教师的终身教育有着正面积极的影响，促进教师的自发性学习，从而切实增强继续教育的实效性，提高教师的专业水平。教师专业的发展，是教师在专业素质方面不断成长和追求成熟的过程，是指教师个体的、内在的专业性或专业水平的提高，是教师健全人格和实践性智慧的成长过程。教师的专业发展是一个终身学习、不断解决问题的过程，是教师职业理想、职业道德、教育实践能力和教育经验等不断成熟、不断提升的过程。"做主人教育"要求教师应树立终身学习的意识，主动吸取新知识，不断提高自身专业素养。"做主人教育"要求教师向研究型教师方向发展，要求教师主动参与教学的探究和反思，实现专业素质的持续发展和个性的全面提升。实施"做主人教育"理念以来，学校逐渐形成了一个适合教师专业发展、开放交流的体系，实现了教育教学与教师的学习进修、岗位培训与自主自愿学习之间的平衡统一。

30 年来，学校的教育教学研究能力不断增强。在历次区级教科研课题评审中，学校都有课题被批准立项为区级规划课题。学校申报的区级课题没有一项不能按时结题，目前正在进行的 10 余项市级课题全部进展良好。自 2013

年起，学校连续多次被评为市级科研先进校。至今为止，学校结集教师论文集三册，干部论文集一册，林殿石校长论著一册，校本教材 20 余册，张玉海老师编著《生肖牛》一册。这些作品展示了学校教师的研究成果，同时证明了学校教师的研究水平。

三、对学校的影响

1. 推动学校教改

30 年的"做主人教育"实践让学校的育人目标越来越清晰，从最开始模糊的"发展人"概念，到现在"具有中国底蕴、世界眼光、健康体魄、健全人格的适应未来社会发展的'发展人'"，有了清晰的定位。学校课程改革全部围绕育人目标展开，并取得了一定成果。

（1）重新梳理"知行主人"校本课程体系

目前学校共有中心校和完小两级校本课程共计 30 余门，初步形成了"主人知、主人行"为表征的"知行主人"校本课程体系。

学校校本课程建设目标：

①转变学生的思维方式，使学生会多角度看待事物、看待人我，养成辩证的思维习惯。

②使学生在各类校本课程中，通过多角度观察、想象、比较等，激发学生的创新意识，培养学生的创新习惯，逐步提高创新能力。

③培养学生拥有健康的心态，学会尊重、学会理解、学会自主、学会合作，提高学生的综合素质。

④有效落实学校"做主人教育"办学思想，逐步形成学校做主人特色课程体系。

⑤提升干部教师的专业化水平。经过近 20 年努力，校本课程基本满足现阶段学校学生的需求。

（2）形成相对稳定的以主体型课堂教学为特征的课堂教学模式。

主体型课堂呈现出的特征包括：满足教师和学生在精神和心理上的慰藉与悦纳；达到教师与学生在知识与技能上的获得与增益；激发教师与学生在思维和智慧上的灵动与碰撞；呈现教师与学生在沟通和交流上的平等与尊重。

随着课堂教学研究的不断深入，学校取得了一系列喜人成绩。在通州区教委举办的"春华杯""秋实杯""启慧杯""民族杯"等大型课堂竞赛中,学校均取得了良好成绩,是全区捧杯最多的学校之一。

（3）学生学习方式的变革也是学校课改的重要成果

学科实践活动成为学生学习的主要方式。我们将学科实践活动定义为:"学科实践活动是综合实践活动的重要组成部分;学科实践活动以学科内容为主（也可以跨学科内容整合）;学科实践活动课程要突出学科性、实践性、探究性和开放性;避免单纯的实践操作和技能操练,避免以知识训练为主的活动。"我们提出的学科实践活动概念,综合了活动课程与学科课程的优势,试图通过活动课程完善学科课程的不足,通过学科课程体现实践活动课程所包含的实践性、自主性、创新性、趣味性等特色。整合学科或跨越学科界限的实践活动,让学生在真实的生活情境中获得各种切身体验和解决现实问题的能力,让学生既收获了知识与技能,又发展了核心素养,落实立德树人的根本任务。

在"做主人教育"理念的支持下,新课改取得了一定的成绩,学校多次被评为区级课改先进学校。

2. 提升学校办学综合实力

"做主人教育"实施30年来,为张家湾镇中心小学带来了巨大变化,学校从一所默默无闻的农村小学一跃成为通州区名校,先后荣获了北京市示范学校、北京市人民满意的学校、北京市标兵校、通州区示范学校、通州区标兵校等荣誉称号。2016年,学校举行百年校庆活动,与会的区委区教委领导、区内各校领导、社会贤达、著名校友以及在学校工作过的历届领导老师、学生家长等二百多人欢聚一堂,共同庆祝这一历史时刻。大家一致认为,张家湾镇中心小学不愧为百年老校,100年来为通州区乃至全中国培养了数以万计的建设者、保卫者、领导者,为祖国做出了巨大贡献。

学校影响力更加显著。随着办学水平的不断增高,学校的影响也力不断提升,每年都有若干支国内外参观访问团到校访问学习,如澳大利亚教育参访团、山东天桥访问团、云南耿马代表团、河北宁晋学习团等。电视、广播、报刊、网络,每年都有对学校的精彩报道。学校刘秀东、张玉海、王瑞赢等教师到全国多地送课送教,让各地师生体验到学校良好的课堂教学风格,为通州区乃至北京市争得了荣誉。

学校环境更加利于学生成长。30 年来，中心校及各完小办学环境得到极大改善。各校均建有计算机教室、美术教室、音乐教室、图书室、心理咨询室，中心校斥资建设了知理厅、悦动馆、图书走廊等。各校校园文化特色鲜明，如枣林庄小学的军旅文化、张家湾镇小学的民族文化、张家湾村小学的鼓韵文化、上店小学的国学文化，在全区完小建设中成绩斐然。中心校更是以国学文化、运河文化为核心着力打造校园环境，让每一面墙都有教育意义，校园环境优美舒适，校园氛围开放自然。

3. 学校文化逐步成熟

学校办学理念更加明确。20 世纪 90 年代，学校提出了"四个转变一条思路"的办学理念，开创了农村小学提出办学理念的先河，也确定了学校 30 年的发展方向，初步形成了"做主人教育"的学校文化特色。30 年中，学校坚持贯彻"做主人教育"理念，不断加深"做主人教育"文化特色。"做主人教育"标识已经遍布校园，深入到每一代学生心中，在镇域内、区域内产生了一定影响。学生、教师乃至家长的主人意识也随之不断提升。从爱家乡教育起步，学校"做主人教育"顽强生长，在德智体美各方面形成相对鲜明、比较固定的传统特色，学校文化软实力得到认可。从物质文化建设，如校园的整体布局、具体楼层的设计，到精神文化建设，如学生的行为举止、教师的精神面貌、制度建设和课题研究，无不渗透、浸润着"做主人教育"的精神内涵和外在表达。

学校特色更加鲜明亮丽。办学特色是一所学校积极进取的个性表现，"做主人教育"办学特色使张家湾镇中心小学与域内其他类似学校区别开来。学校坚定"做主人教育"办学理念，从不随波逐流，致力于培养具有"中国底蕴，世界眼光，健康体魄，健全人格"的适应未来社会发展的"发展人"的育人目标，逐步形成了自觉主动、和谐向上、文明互助的稳定的校风；打造了"三敬""四尊""五爱""六树"的教风；培育了乐、勤、思、辩、问的学风，构建了体验型德育、生本型智育、悦动型体育、地域型美育、服务型劳育的育人体系。张家湾镇中心小学在"做主人教育"模式建设路上越走越坚定，取得了令人瞩目的成绩。

第五节　反思和展望

张家湾镇中心小学"做主人教育"模式实施 30 年来取得了巨大成绩，但还存在着一些明显的不足。主要表现在以下几个方面：

1."做主人教育"模式尚需进一步完善。学校现在的"做主人教育"依靠"135"领航工程实施并推进，但是在实施过程中，学校、家庭、社会的三结合教育的作用发挥不够充分，因此，学校的"做主人教育"模式还需进一步的完善和提升。

2.适应未来教育发展时间和空间设计依然不足。我们的"做主人教育"体系是学校目前发展阶段的产物，受师生能力及思想水平及现有软硬件所限，无法突破今天的时空限制。有必要突破当前束缚、适应未来时空上做更深入的探索。

3.对教师教学方式、学生学习方式的思考还不够深入，有必要根据信息化社会背景做进一步优化。

由此可见，我们的"做主人教育"体系面临又一个发展阶段。

第一，继续坚持和不断完善"做主人教育"体系。

"做主人教育"的持续研究为学校带来巨大变化，证明实施"做主人教育"是学校的正确抉择。因此，我们必须坚持"做主人教育"并持续发展。对于未来，我们信心百倍，"做主人教育"一定会迎来全面发展。

学校将深化"做主人教育"模式，为回答"为谁培养人""培养什么人""怎样培养人"的问题做出更明确、具体、全面地探索。在育人目标的指导下，学校课程建设需要更具特色，主人知、主人行的构架还需进一步融合，实践性课程、单元主题课程、项目学习逐步贯穿所有学科。在国家课程导引下，校本课程更加丰富多彩，满足不同学生的成长需求。同时特殊教育、融合教育得到发展。学校在继续推进"135"领航工程的基础上，构建更加牢固的学校、家庭、社会三结合教育支柱，形成一个新的"145""做主人教育"模式，即以"做主人教育"为航向，引领学校特色发展；以队伍文化建设、课程文化建设、环境文化建设、三结合文化建设为四大航线，推动学校协调发展；通过打造体验型德育、生本型智育、悦动型体育、地域型美育和服务型劳育五大引擎，助推学校创新发展。

第二，学校育人功能的创新性提升学生、影响学生、带动家长、波及社区，使育人功能最大化。学校的软硬件设施向社区适度开放，学校创造的精神价值直接作用到社区群众，引领潮流，移风易俗。"做主人教育"帮助社区群众认识到自己是社区的主人，是国家的主人，从而帮助他们树立主人精神，担承公民责任，为祖国做出贡献。

第三，学校育人环境和教学方式将发生巨大变化。

学校育人环境建设良好，硬件建设飞速发展，真正实现了每一面墙都会说话。仿真教师随处可见，它可以根据学生的学习发展数据和当前活动，以学生喜闻乐见的方式，如游戏，和孩子们一起学习。学生不需随身携带任何电子设备，就能在校园内随时随地接触并使用云教育平台。体育、音乐、美术、书法等课业学习设备极大地满足了学生需求。

随之而来的是学校的教学方式会发生根本性变化。教师教学水平极大提升，完全满足学生的学业要求。教师备课、讲课离不开互联网的支持，他们为每个学生设计了不同的教法，学生学习权利得以最大限度地实现。

总之，"做主人教育"将成为本地区的办学榜样。"做主人教育"模式的实施将极大提升教师、学生、家长和社会对学校办学的综合满意度，从而真正办成一所人民满意的学校，切实完成立德树人的根本目标。

第二章 实践探索篇

第一节 体验型德育案例

"体验型德育"模式的探索

—— 以"探寻改革开放之路，寻找'红领巾'足迹"实践活动为例

张立娜 李 丹

一、体验型德育的含义

首先，体验型德育是学校通过组织和引导少年儿童在亲身实践中，把做人做事的基本道理内化为健康的道德素质及心理品格，转化为良好的行为习惯的过程，是一个道德认知的过程、道德情感升华的过程、道德实践的过程和人的社会化过程，是在以实践中的不同层次的认识发展、行为体验为明显特征的德育教育。

其次，体验型德育是一种自内而外的自我教育的过程。学生的品德内化不是强迫实现的，而是需要通过营造良好的德育环境，注重学生个体和群体的锻炼和学习需要，留意学生的情感和理想，为学生的理想实现、人生选择、能力的挖掘和锻炼等构筑平台，达到个人品格的塑造、修正和完善发展。为了达到这样的德育目标，教师不仅要强化学生在经历活生生的道德实例情景时的体验感悟，更要锻炼其面对类似事件、行为时对道德拥有正确分析甄别的能力，做到自觉遵从行为规范，让学生吸收并构建道德规范，促进个人品行、德行的成长。

传统的德育通常是照本宣科的书本教育，德育内容陈旧、空泛。学生无法选择自己喜欢的德育内容来进行学习和获取新知。而体验型德育恰恰注

重了德育内容与生活、与自然、与学生的内心世界相联系，因此设计的体验方案更加容易切合学生的心灵呼唤，更能激发学生的学习兴趣。兴趣是最好的老师，基于此的体验型德育，一定是深入人心的。德育的最终目标是培养一个人的道德品性。而道德品性的习得是道德知识内化为道德行为的渐进过程，这个过程，就是体验。因为有了体验，才有感知，也才能把外在的知识、经验内化于心，内化于行。例如，教育学生要爱护环境卫生、不乱丢果皮纸屑。就可以创造机会让每个人争当"环保卫士"、争当"卫生管理员"，有了这些"角色"的体验，学生一定会了解保护环境卫生的重要性，才能在日后监督和审视自己的一言一行。又如，教育学生要关爱父母、为父母做力所能及的事情，相信只有当学生做过家务才能真真切切地明白父母的坚信和不易，也才能设身处地地体会父母干劳动时的情愫，从而自觉自愿地为父母分担家务。

学校为培养学生初步具有爱家乡、爱祖国、爱人民的思想感情和良好品德；培养学生遵守社会主义公德和文明习惯；促进学生养成努力学习、艰苦朴素、孝敬父母、关心集体、文明守纪、自律自护的良好品德；培养自理、自强、团结协作，辨别美丑的能力，成为德智体美全面发展的学生，经集体研究制定了"做主人教育"主体体验型德育体系，从贴近学生的日常生活入手，以班级学校生活、家庭社会教育活动为载体，用进入设定的实践和情境中去体验的形式，使教育内容触动少年儿童的心灵，进入少年儿童的内心，最终外化为少年儿童的实际行动的目标，从而为少年儿童的发展奠定基础。

二、以实践活动为载体，践行体验型德育理念

体验型德育模式是一种使用体验的方式、方法和理念进行道德教育的模式，旨在德育活动中，通过学生的亲身体验，将知情意行相统一，内化道德规范，自觉形成良好行为习惯。在小学德育工作中，把小学生基本道德品质作为德育工作的出发点和突破点，通过一系列体验活动和实践活动，引导和启发学生形成正确的认知，并在活动中通过自己的体验、体会、感悟去理解道德认知，进而将这种理论意义上的认知内化成一种自己的信念、信条，在以后的生活和学习中，外化成一种符合规范的道德行为。

为使学生深入了解中国共产党的光荣历史和丰功伟绩，了解祖国改革开

放的历史，感知中国的崛起，更好地理解、践行社会主义核心价值观，学校少先队以"探寻改革开放之路，寻找'红领巾'足迹"为主题，组织学生开展调查实践活动。

在前期的准备中，我们对部分年级的学生进行了"改革开放我知道"问卷小调查，结果发现，一部分学生对改革开放了解一些，但并不是很透彻，大部分学生对于改革开放的了解为零！于是，在辅导过程中，我们主要以小队的形式组织学生搜集整理资料、调查采访、参与活动，在探究和实践中了解改革开放的历史，了解40年来学校和家乡的变化，寻找"红领巾"的足迹。

（一）学生已有知识的内化离不开体验

在情景的创设下，学生转化为"小研究员"的角色，穿越到改革开放的年代，身临特殊的情境中，激发体验着内心的道德感悟，形成道德开悟，引发道德深层面的体验和思考，在此过程中有机地与道德需要相融合，最终作出与之相应的行为。只有通过体验才能入心，才能外化于心，内化于行。

在人的成长过程中，体验的价值是不容小觑的。人的一生中，需要持续学习、充电，再在日常生活中把这些习得的知识和经验付诸实践，通过体验来完成知行合一。我们常说"知行合一"，体验正是践行"知行合一"的关键所在。

改革小队的学生们在网络上搜集改革开放相关知识后发现，只有解放生产力，调整和改革生产关系来适应生产力的发展，社会才能进步，人民的生活才能日益美好，而这些都只能通过改革来改变。

经过改革制度、创新生产力，改革小队成员发现，祖国发生了前所未有的改变，人民的日子变好了，不再食不果腹，衣服也不再单调呆板，有些家庭甚至吃上了细粮……

改革开放40年来，祖国取得了确立"一个中心、两个基本点"基本路线、邓小平访美、港澳回归、神舟五号进入太空、一带一路新战略等重大成就。在本次调查体验中学生们知道，只有社会主义才能救中国，只有改革开放才能发展中国。通过深入的探究和讨论，学生们感受到了改革给祖国和人民带来的美好景象。

学生黄智慧介绍改革开放 40 年来的重大成就

开放小队的学生们以深圳市为例,介绍了开放为祖国带来的变化。深圳被称为中国对外开放的窗口,于 1978 年被设立为经济特区。从此中国的大门向世界敞开,内地和海外开始有了频繁的联系,从而使深圳等一些内地沿海城市迅速崛起,经济飞速发展,一幢幢高楼拔地而起,羊肠小道变成了宽阔的柏油马路……衣食住行,方方面面,从温饱到小康,中国人民终于富起来了。

学生们了解到,至此,中国从沿海向内地形成经济特区—沿海开放城市—沿海经济开放区—内地,一个全方位、多层次、宽领域的对外开放格局。

通过多种渠道的了解,学生们赞叹祖国 40 年来的艰苦奋斗、顽强拼搏,充分了解了中国力量。学生们知道,只有社会主义才能救中国,只有改革开放才能发展中国。没有改革开放,就没有日益美好的今天。

(二)学生的内心情愫离不开体验

美国心理学家霍夫曼的研究揭示:情感是认知加工过程的促动力量,在不同的情境中,情感会对认知加工起不同的作用;通过这些情景"身临其境",呼唤学生已有的知识和经验,激发内心情感,与相应的道德要求相结合,作出应该的道德行为,知行合一。

学生们就"改革开放 40 年我身边的变化"展开了激烈讨论,最后一致认为改革开放给我们的家乡带来了巨大改变。于是,我们再次组织学生对家乡、校园进行一次全面深入地考察,通过走访调查,让学生们在对改革开放有了基本认识、直观印象之后,与改革开放的伟大成果进行"亲密接触"。

1. 改革开放——家乡

学生侯国宇：我爷爷说，以前没有交通工具，稍远的地方都要走上一天，出门特别不方便，现在坐地铁，公交车一两个小时就到了，而且随时都能去国外，真是太方便啦。

学生刘嘉懿：我奶奶说，以前的冬天都是干柴煤炭取暖，柴火潮湿点不着，屋子里就会乌烟瘴气，严重都会导致煤炭中毒，现在改成天然气取暖，真是既方便又安全。

学生胡紫硕：我奶奶说以前通讯不发达，只能写信沟通，有时候一封信要一个月以后才能送到对方手中。现在有了手机，有了电脑，一个电话就能联系到，见不到的亲人只要通过视频就能见面，真是解决了很大的问题。

其他学生：家乡高楼大厦平地起；从小小的通县变成城市副中心；衣食住行从票证到手机支付；从自行车到小汽车；不用出门就能买到世界各地的产品……随着时代的变革，我们的生活水平日益提高。

2. 改革开放——学校

学生们来到校史馆，在校史馆讲解员的带领和讲解下，学生们了解到百年老校的发展历程：从寺庙学堂到教学楼；从小粉笔到多媒体；从小空地到橡胶大操场；从同学之间学习到与外国友人的交流接触……学生们都在感叹：无论是家乡还是校园，都有着翻天覆地的变化，我们的祖国越来越强大了。

学生在校史馆内拍摄的学校遗址照片，从寺庙学堂—平房—教学楼

学生们在李校长和讲解员的带领下参观校史馆，了解校园变化

（三）学生道德意念的获得离不开体验

意念是支撑我们坚定地去实现目标的情感依托。亲身经历的事情，印象最为深刻。亲身经历的体验，意念才能十足。通过情景创设所进行的体验越是深刻、深入，由此形成的道德意念就越坚不可摧，进而所作出的道德判断才更为执着和持久。

在前期搜集整理、调查采访的基础上，活动有了进一步延伸。学生们参与实践活动，巩固此次活动成果。

1. "改革成果我来画"，开展漫画创作

通过探寻改革开放之路，学生把所见、所闻、所知，以改革开放40年来的重要事件为主线进行漫画创作，包含人物形象、场景事物，形象化地展示了祖国改革开放40年来的伟大成果。当一幅幅作品展示在宣传橱窗时，学生们纷纷表示为祖国取得的成就感到骄傲和自豪，同时，也激励着自己珍惜现在的生活，努力学习，为实现伟大复兴的中国梦贡献自己的力量。

2. "改革成果我来晒"，寻找照片背后的红领巾足迹。

学生们搜集老照片，将自身的校园生活与爸爸妈妈的童年时期做对比，寻找照片背后的红领巾足迹。

学生张思怡与爸爸时隔 20 年的"红领巾相遇"

简陋的操场、朴素的着装，看着一张张黑白照片与彩色照片的对比，让人感动的是，虽然岁月流逝，但鲜艳的红领巾一直在星星火炬的照耀下，爱党、爱祖国的精神也一直在一代代的学生中传递着。

3. "祖国发展我延续"，争做新时代好学生

活动的最后，针对此次实践体验活动，少先队辅导员组织学生们上了一次专题少先队活动课，在总结此次活动的同时，组织学生们制作自己的梦想承诺卡，并将承诺卡填充到设计好的"梦想树"内。学生们深刻认识到，只有每个人小小的梦想最后汇聚成一个大梦想，伟大的中国梦才能早日实现。

少先队活动课上，学生们将梦想承诺卡张贴在"梦想树"内

以"探寻改革开放之路，寻找'红领巾'足迹"为主题的系列实践体验活动，让学生们深刻认识到祖国 40 年来的伟大成就，都是在党的领导和共青

团的带领下，少先队组织培养的一代又一代社会主义事业的合格建设者和可靠接班人。"积土而为山，积水而为海"，我们的国家正在日益强大，只有立足今天，好好学习、学会做人、学会创造，才能早日实现中华民族伟大复兴的中国梦。

三、体验型德育模式在践行过程中存在的问题

（一）体验型德育模式的内容单一

虽然学校德育工作在近几年得到了极大发展，确定了体验型德育教育的重要地位、转变了传统的德育观念、日趋重视德育模式方面的研究，但不容忽视的是，对于部分教师和部分班级，德育工作仍然存在一些问题。在德育工作的开展中，一些班级的德育内容仅仅停留在书本中所描述的行为规范、道德标准，德育变成了空洞的道德知识教育。

（二）体验型德育模式的活动流于形式

有些教师不停地教导学生只能这样做，不能那样做；这样做是对的，那样做是错的，忽视了让学生在生活中进行道德的自我体验和自我判断。当下的小学生，有完备的道德知识，却没有相应的道德行为，能熟背日常行为规范，却做不到规范日常行为。学生在生活里遨游，却体会不到生活的快乐、幸福和满足。究其原因，都是因为德育教育偏离了生活、偏离了本真世界，流于形式。

（三）体验型德育模式的教学流于书面

《品德与生活》《品德与社会》的全套教材编写合理，内容充实，符合少年儿童的身心发展规律。但，用教材和用好教材是两个截然不同的概念。一部分教师本身对于教材内容的设置不能很好地领会其实质用意，对内容深度的把握与挖掘不够，这样很难激发学生内核的情感体验，很难使学生理解相应的道德知识。学生道德认知水平的模糊提升、道德情感的缺失，作用到道德行为上，效果自然不理想。其次，品德课的教师大多局限于课堂上，这套教材中动手操作、实践体验的内容很多，但落到课堂中大多是以教为主，教学形式停留在教师教学生学的传统课堂教授上，没有延伸到课堂（教室）以外的活动中，没有运用开放式课堂、自主活动式课堂的形式来传授品德知识与内容，教学形式单一。

（四）忽视体验中学生的主体地位

从部分班级的德育教育实施情况来看，我们不难发现，对主体地位的忽视，造成了学生所"享有"的体验是一种被动的体验。这种体验不是学生所想、所愿、所期待，而是教师强压施行的体验。因为没有期待，体验的内容和价值往往不被学生重视。由此，体验的意义减半，体验的价值低效甚至无效。

四、进一步推进体验型德育模式，五所学校共同发展

在体验型德育模式的实施背景下，我们虽获得了一些经验，但也存在许多不足。为更好地带领中心校及下辖 4 所完小共同发展体验型德育模式，学校将不断优化德育工作。

（一）丰富体验内容

注重德育工作的实效性、时效性，积极探索体验型德育模式，将德育内容与生活接轨，注重学生亲身参与体验，让德育动起来。能够按序列开展德育主题活动，坚持月月有主题、周周有安排、课课有渗透。按照计划开展学雷锋演讲比赛、"我的中国梦"演讲、讲革命故事、"寻找烈士足迹，唤起红色记忆"、"争做新时代好学生"演讲、社会主义核心价值观童谣传唱、感恩母亲等一系列德育体验活动，让学生在亲身参与中体验，在体验中感悟，在感悟中升华。

同时，将德育活动拓展到学生的社会生活，开展"我身边的雷锋"社会调查、学习"我身边的榜样"先进人物事迹、寻找红色足迹、给孤寡老人送温暖等寻善践善社会实践活动，引导学生发现美，践行美；开展"小手牵大手"活动，把勤俭节约的优良传统带进家庭，带到社会；组织学生走进科技馆等社会实践基地，让学生了解了历史、民俗；开展艺术节、科技节体验活动，使学生了解国家的飞速发展，在社会实践活动中接受道德教育，在实践体验中，不断完善自我，完善行为。

（二）抓实体验活动

要抓实体验活动，就要经常性地在校内开展集体体验活动，让教师养成开展体验活动的习惯，也让学生在这些活动中激发集体荣誉感、体验集体生活，强化自己是集体的一个小分子、是校园主人的意识。只有人人都努力，

人人都有提升，才能为集体做贡献。学生会主动地帮助他人，时刻关心和关注集体的荣誉，久而久之，在这样的集体氛围影响下，学生会积极付诸实践，并在实践中养成良好的行为习惯和品质。

（三）重视多元化体验方式

由于小学生独特的年龄特征和心理特征，他们容易对单调的、枯燥的事情产生倦怠之心。如果不改进体验型德育的教学方式，学生就不能收获最深刻的感情。因此，有效的体验型德育，一定是活动真实有效、形式多样的，如此，学生的兴趣才会被提起，也才能呼唤出学生内心最真善美的情愫。

1. 在情感中体验

在教学活动中，引导学生初步感知这些模范人物，用心想象模范人物置身的艰苦环境，激发学生内心的真情，进而产生共鸣。带领学生感受身边的榜样力量，感受那些爱国、爱家的美好情愫，不知不觉中，美好的情感也在学生心中油然而生。

2. 在心理中体验

根据小学生的年龄特征，不同年级的学生有着不同的心理特质，同一年级的不同学生也有着不同的心理特质。所以，制定体验活动时一定要充分考虑学生的心理体验，根据不同的个体，制定适宜的体验方案，这样体验活动才能有效。

3. 在第二课堂中体验

第二课堂是小学生开展德育教育的重要阵地。丰富多彩的课外体验活动，有助于提高学生的活动组织能力，培养学生的集体主义精神，陶冶学生的情操。第二课堂，可以通过校内兴趣小组来开展活动，还可以通过家校合作来开展活动。在合唱、鼓号、书法、篮球、手工、标本制作、舞蹈、围棋班的熏陶下，学生可以在书本之外的世界体会不一样的人生学习之旅。

（四）重视体验评价

根据小学生的身心发展规律设计的体验活动方案是否能够唤起学生的情感，引起学生的共鸣，进而在体验活动结束以后，能够用体验中的感悟去指导自己的道德行为或是修正之前的不良行为，这就需要我们进行体验评价。

整个评价过程应该客观、全面。例如，教师可以在体验活动结束后，采用学生自主评价、生生互评、师生评价、师师互评等评价模式。与此同时，教师还要坚持体验型德育模式评价主题的多元化原则：学生、家长、教师都要主动地参与到德育评价中，即体验评价有赖于学校、家庭、社会三个系统的通力协作。只有协调好这三方的关系，才能更好地收集与体验评价相关的信息，才能培养学生的评价和自理能力，才能完善体验方案，推进小学生德育教育。

（五）重视体验过程中情感的激发

教师往往渴望学生可以快速学习道德知识，践行道德理念，做有道德的小学生。但是，重视了德育的结果，却看轻了德育的过程，尤其是这个过程中的主体情感。人在身心发展过程中的情感、态度、价值观的习得是难能可贵的德育诉求，而这些美好情愫的产生往往需要学生通过循序渐进的激发来完成。教师加快了体验过程中情感激发的速度和节奏，无疑紧缩了这些"人"的过程、"内化"的过程。所以在体验活动中，应利用形式多样的活动来激发情感，升华情感，从而内化于心外化于行。

小学生容易被新奇、有趣的事物所吸引，那么德育工作者就应该利用好这一点，利用有画面感的视频或者真实的道德场景引发情感冲突，进而在体验的过程中不断激化、不断激发。

体验在人的成长过程中具有重大意义，如何构建一种适合小学生的体验型德育模式就尤为重要，但，无论是什么教育、使用哪种模式，最重要的是要遵循学生的身心发展规律和认知发展规律，重视体验，时时刻刻做到在生活中体验、在自然中体验、在内心中体验、在爱中体验，因为体验可以激发学生内心深处最真挚的情感，引发道德共鸣，从而作出正确的行为。不断体验、不断强化，带着感情地去感受、感悟、感知，那么，学生就可以在这个渐进的体验过程中实现道德知识的内化，道德行为的外化，真正做到"知行合一"。

"一校一品"显特色，争做运动"小主人"

董欢欢　李金山

张家湾镇中心小学是北京郊区的一所农村校，背靠京杭大运河，有着110年的历史，现有教学班32个，学生约1200人。为了增强学生体质，让学生积极参加体育锻炼，充分展现"做主人教育"理念，学校举行了全员运动会。本次运动会改变以往竞技性、少数人参加的模式，以"人人有项目、人人都参加"为理念开展，集趣味性、集体性、特色性为一体。不仅受到学生的喜爱，家长们也踊跃地参与进来。

一、"全员运动会"的理念

（一）全员参与

全员运动会是北京师范大学毛振明教授首次提出并实施、尝试的新型运动会模式。学校校长在学习、交流过程中深受启发，在咨询、交流、实地参观考察后，结合本校教育教学理念和学校实际情况大胆尝试的、不同以往的、具有本校特色的运动会。"全员运动会"顾名思义全部人员都参与的运动会，在整场运动会中，每个学生都是运动会的"小主人"，班主任、科任教师、领导都要参与其中，尽可能做到一个都不少。

（二）精神引领

运动会所选择的项目要具有积极的引导作用，在强健学生体魄的同时，还要引导学生遵守规则、团结合作、勇于挑战自己的精神，体会运动精神。学生在运动会上的表现不仅是平时学习和锻炼的表现，例如 100 米跑、投篮、足球射门、最长的绳子等，也是对体育教学质量的检测。

（三）趣味挑战

全员运动会项目的设置不同于竞技运动会，既不是少数运动苗子参与的运动会，又不是传统运动会部分田赛、竞赛的较量，例如毛毛虫、车轮滚滚、时空隧道、滚大球接力等，而是用新颖的、有挑战性的项目、集体合作的项目代替传统的跑、跳、投，让学生在有趣的环境中完成有趣比赛，体验运动乐趣。

（四）家校互动

全员运动会上，家长除了观看比赛之外还会参与到亲子活动当中，例如旱龙舟、袋鼠搬西瓜（备用项目）等。家长在参与的过程中体验到了运动兴趣，也看到了体育运动带给孩子的激情和快乐，促进了对学校体育活动的支持。这种正反馈机制，能够推动学校体育的良性发展。

全员运动会是一次盛典，是力与美结合的表现，整个过程是庄严与活泼的结合，也是一个学校完整风貌的呈现。

二、全员运动会的要点

全员运动会要求在校学生都能参加，做到"有赛无类"；要求教师、家长、领导与学生一起运动，做到"教学相长，活动育人"；让学生在体育运动中养成协作竞争、遵守规则、文明行为等良好品质。因全员运动会是首次举办，且活动项目多、规模影响大、参与人数广，安全保障显得尤为重要，学校应做好全面、详尽的准备工作。

三、计分方式

全校学生按班级分为两队，六个年级的全部一、二、三班为红队（龙腾队），四、五、六班为黄队（虎跃队）。计分按各项比赛的小组名次，第一名积6分、第二名5分，以此类推，第六名1分。各项目结束后，累计本队分数。

四、全员运动会的内容

全员运动会的内容具体如下：

1.开幕式：集合、入场、介绍来宾、升奏国歌、校长讲话、宣誓、优胜旗入场。

2. 开场展示：1 年级展示武术操、2~6 年级展示篮球素质操。

3. 进行比赛：根据场地使用情况，合理穿插各年级比赛。

4. 裁判长宣布总成绩及优胜队。

5. 校长颁发"优胜旗"并小结。

6. 运动会时间安排：2017 年 5 月 19 日，共计 1 天。

五、各年级项目、裁判安排

（一）二年级项目（丙组裁判）

1. 毛毛虫（全部参加）

比赛方法：每个班全部学生站成一路纵队，爬进洞口并沿山洞直行，最后出洞口并到本班队尾排队继续爬行，计时 3 分钟。取每班通过出洞口人数，人数多的队伍获胜。共 6 组，同时进行。总个数多的班级为第一名，第一名队伍积 6 分，第二名积 5 分，依次 4、3、2、1。

罚分方法：掉下垫子减 1 个，放弃减 5 个。从每班总数减个数，计总个数。

比赛器材：小垫子若干，呼啦圈 14 个。

裁判人员：14 人。

注意事项：学生坚持到底，爬行时注意前后间隔。

2. 投小球入筐（全部参加）

比赛方法：每班一个场地，按顺序站在场地边线后，裁判发令后，将手中的小篮球投入筐中，哨停后，看投入筐中篮球共多少。可并列。第一名队伍积6分，第二名积5分，依次4、3、2、1。

罚分方法：踩线入场，从总数减去1个球，捡投完的球再投减2个包，停哨后再投减去2个包。

比赛器材：胶带2卷、大筐6个、小篮球720个。

裁判人员：8名裁判。

注意事项：裁判注意告诉学生比赛中不能进去捡篮球，防止被砸；学会遵守比赛规则。

3. 旱龙舟（A组10名学生、10名家长）

比赛方法：10名参赛家长和学生相对站立于场地线后，发令侯，学生和家长坐于龙舟上，脚不接触地面，双手划桨到对面，接下一组亲子，直至全部做完，用时较少的队伍获胜。

罚分方法：脚触地加时5秒；学生和家长任何一个不划船，加时10秒。

比赛器材：胶带1卷、龙舟8个。

裁判人员：8名裁判。

注意事项：裁判注意告诉家长、学生双脚不能触地，划船时注意安全。

4. 最长的绳子（B组20人参加）

比赛方法：参赛学生横叉接力，比最终长度。

罚分方法：趴在地面减10厘米。

比赛器材：尺子8卷。

裁判人员：8名裁判。

注意事项：学生之间不能有间隔，提前加强韧带练习，防止拉伤。

（二）四年级项目（乙组裁判）

1. 100米弯道跑（全部学生）

比赛方法：学生按班级一路纵队站立于起跑线后，发令后起跑，5秒发一组（裁判注意实际情况调整），按每班第一名的人数计数，如并列参考第二名人数。

罚分方法：抢跑从第一名总数减2人。

比赛器材：发令枪。

裁判人员：12名裁判。

注意事项：学生注意安全，防止碰撞、摔伤；如果班级人数不等，可从同队借队员。

2. 投篮入筐（全部参加）

3. 车轮滚滚（A组20人参加）

比赛方法：学生按班级一路纵队站立于特制车轮中，发令后，每位参赛者开始传送轮带，前进至终点轮带通过终点为结束，用时少的队伍获胜。第一名队伍积6分，依次累计。

罚分方法：不在轮带内，该人所在队伍加时间5秒。

比赛器材：特制轮带。

裁判人员：14名裁判。

注意事项：学生注意安全，防止碰撞；学会团队配合。

（三）六年级项目（甲组裁判）

100 米（全部学生）、投篮入筐（全部参加）、足球射门（全部参加）。

比赛方法：学生按班级一路纵队站立于起点，五年级、六年级起点不同。通过绳梯后将足球定点射入球门，计射入球门的球总数。

罚分方法：通过绳梯的方法不正确减个数 1 个。

比赛器材：绳梯、足球、小球门。

裁判人员：14 名裁判。

注意事项：学生提前学会正确的通过绳梯方法。

滚大球接力（A 组 20 人参加）

比赛方法：参赛学生全部手扶大球，将大球滚至终点，人、球全部通过终点，用时少的队伍获胜。

罚分方法：如有学生手离开大球，每人给该队伍加时 5 秒。

比赛器材：特制大球。

裁判人员：12 名裁判。

注意事项：学生注意安全，防止碰撞、摔伤；控制好球速、方向。

六、小结及展望

本次运动会的举办深受学生的喜爱，我们的项目不再是传统竞技性运动的缩写，而是尝试解决现在学生中普遍存在的问题，例如学生体质下降、运动参与性降低等，让学生从体育课堂、从一次体育活动中真正爱上运动、积极主动锻炼，成为新时期的阳光少年。

通过此次全员运动会，每个学生都得到了锻炼，为自己、为班级，当校长宣布优胜的瞬间，失望的虎跃队不服气地发出了下次再战的呼喊。这是我们学校体育需要培养的精神，不服输、不气馁。这样内容运动会的尝试，符合全面素质教育的要求，适应时代的发展，更符合未来学校运动会的发展方向。但是在开展运动会时也应该注意协调好各方面的力量，做好全面准备工作，例如各项目的时间分配；裁判的调配；器材的使用；场地的布置；年级项目的穿插、调动；比赛气氛的调动等，需要方方面面的支持，做好充分的准备。尽管我们的运动会也存在准备不充分的地方，但经过这次大胆尝试，我们相信未来学校的全员运动会将办得更加精彩，我们的阳光操场上会有更多"小主人"锻炼的身影。

用同伴参与法让残疾学生体验成功案例谈

吴春利

一、基本情况

马某，女孩，10岁，腿部先天残疾，走路时一拐一拐的。父母常年外出打工，只能和爷爷奶奶一起生活。二位老人常年有病，无暇顾及她的学习。她具有三大特点：第一，沉默不语、敏感。她看到老师从不主动问好，总是低着头一瘸一拐走过去，也从不和同学说话。当别人无意间提到瘸、拐等字眼时，她会显得很气愤。第二，终日足不出户。她除了去厕所，终日闷坐在教室里。课间其他学生在窗外玩耍嬉闹的声音似乎对她没有丝毫吸引力。第三，极度自卑。课上从不举手发言，即使会回答的问题也从不举手回答。当不得不发言时，声音也是极小。

二、情况分析

笔者经过查阅资料得知，像马某这样的学生，需要格外慎重对待。因为他们沉默不语，他们足不出户，以及他们的极度自卑，都不是源自他们的本意。

关于沉默不语：由于生理上的残缺，在社会群体中，残疾学生处于一种弱势地位，他们往往过于关注自身缺陷，认为自己的所有举动都会让别人立刻关注到自己的缺陷。因此马某不敢说话，她担心自己一开口，就会引来别人异样的眼光，于是只能沉默不语，以维护自尊。

关于足不出户：还是由于生理上的残缺，造成了行动不便、不美观，使马某自己认为自己是丑陋的，过于担心别人会嘲笑自己，于是强行把自己隔离、封闭起来。

关于自卑：残疾学生由于身体的原因，使得他们在各方面都会遇到困难。与健全人相比，他们始终觉得自己与众不同，低人一等，自己瞧不起自己，缺乏信心与勇气。

总之，对于马某来说，沉默不语掩饰不住她内心的孤独，足不出户是她无奈的表现，她已深陷在自卑中不能自拔。

那么，如何帮助马某走出自卑的阴影，增强其自信心呢？

三、解决措施

为了转化马某，笔者尝试采用了同伴参与法，让她体验成功，增强自信。

所谓同伴参与，是指教师选择有爱心、有耐心并有社交能力的学生，指导他们与残疾学生交往，并参与残疾学生的活动，强化和刺激残疾学生的社交行为，以克服残疾学生的心理障碍，提升其社交功能。

为此，需要依次按照如下三个方法进行：

1. 课间游戏法

维果茨基指出，游戏创造了幼儿的最近发展区，好比是放大镜的焦点，凝聚和孕育着发展的所有趋向。因此，教师要高度重视游戏，利用游戏对残疾学生进行心理干预。

课间虽然只有短暂的十分钟，但对于马某来说，她的每个十分钟都在当一名旁观者，她的每个课间都是孤独的。如果按照每天有五个课间来计算，她每天就有五十分钟是孤独的，每周就是二百五十分钟，每个月就是一千分钟，合十六个多小时。长年累月下去，心理肯定出现问题！

于是，笔者以马某的能力（腿部残疾活动不便）为基础，给全体学生在课间安排了一些需要合作才能进行的游戏（当然必须以保障安全为前提），如翻花绳、下棋或玩拍手歌等，以促进她融入集体。

具体做法是先做好同伴（帮助者）的指导工作。从班上挑选出三名乐于助人、有耐心、语言表达能力比较强的女生（暂且称她们为施助学生），私下里找她们谈话，告诉她们，马某现在需要她们的关心。然后定期指导她们帮助马某。例如课间主动和她做游戏，在游戏过程中要示弱，自己会的可以装作不会，然后向马某请教，以创造和她交流的机会。

笔者坚持做好课间游戏的巡视工作。每个课间笔者都走到学生中间，寻找合适的机会赞赏或鼓励马某。

通过一段时间的课间游戏，笔者发现马某脸上露出了笑容，还能和同学开心地聊天了。

2. 合作表演法

心理学家沙利文提出了人际关系理论，他认为人是人际关系的存在，人在本质上是离不开人际情境的，人只有在人际情境中才能生存、发展。同理，残疾学生也只有在人际情境中才能生存发展。为此，笔者尝试运用合作表演法促进马某的转变。

第一步：做好动员工作。笔者以学校开展的"主人杯"戏剧表演为契机，告诉学生，全班的每个小组都要参与展演，学生们都很兴奋，马某的眼神也充满期待。

第二步：提供表演素材。笔者利用班会时间给学生介绍了断臂钢琴王子刘伟的事迹：他在 10 岁时因一场事故被截去双臂；12 岁时，他在康复医院的水疗池学会了游泳，两年后在全国残疾人游泳锦标赛上夺得两枚金牌；16 岁他学习用脚打字；19 岁学习用脚弹奏钢琴，一年后就达到相当于用手弹钢琴的专业 7 级水平；22 岁挑战吉尼斯世界纪录，一分钟打出了 233 个字母，成为世界上用脚打字最快的人；23 岁他登上了维也纳金色大厅舞台，让世界见证了中国男孩的奇迹……

第三步：小组合作编写剧本。与马某同组的学生（预先选出的三名施助学生）在笔者的事先授意下，积极主动地与马某交流，探讨剧本的台词、情节设计等相关问题，并虚心听取她本人的意见和建议。

第四步：选择角色、排练、修改。马某选择的角色是钢琴王子的妈妈。在排练过程中，听同伴叫她"妈妈"，马某感到很有趣，腼腆地笑了。整个过程中，同伴们（此时施助学生已发展到五人）都心照不宣地配合她，使她感受到前所未有的快乐和满足。

第五步：展示表演。马某在展演时异常投入，和同伴配合得极为默契。当"无臂钢琴师刘伟"说出他的励志名言"我的人生中只有两条路，要么赶紧死，要么精彩地活着"时，马某的眼睛里已经闪出泪花，她动情地对"刘伟"说道："当命运的绳索无情地缚住双臂，当别人的目光叹息生命的悲哀，你依然固执地为梦想插上翅膀，用双脚在琴键上写下：相信自己。那变幻的旋律，正是你努力飞翔的轨迹。"此时，这台词不仅仅是台词，也表明了她的心声。后来，她在日记中写道：我也要为梦想插上翅膀。

3. 自我实现法

马斯洛需求层次理论把人类的需求分成生理需求、安全需求、归属与爱的需求、尊重需求和自我实现需求五类，其中自我实现需求是人的最高层次的需求。所谓自我实现，是指个体的各种才能和潜能在适宜的社会环境中得以充分发挥，实现个人理想和抱负的过程。这就需要教师发掘出残疾学生的长处，再以其为切入点转化他们。

笔者通过观察，发现马某虽然学习成绩一般，但是识图能力特别强。于是开始寻找机会让她一显身手。

没过多久，学校组织学生外出（去北京市顺义区顺鑫度假村）参加实践活动。活动主办方组织了非常有意思的一种比赛。规则是：全班分成两大组，男生一组，女生一组，每组都要推荐出一名组长。然后主办方给每组一张图纸，让各组根据图纸所示去完成任务。图纸上绘制着整个活动基地的平面图，还标注着需要完成闯关任务的诸多地点，并规定最先完成所有任务的小组为获胜组。所以取胜关键是能看懂图纸，少走冤枉路。在笔者的示意下，女生组的学生（此时施助学生已发展到六人，占女生人数的一半，且多为班干部，具有极强的号召力）一致推荐马某为组长。起初马某有些不好意思，于是笔者对她说："你的识图能力比她们都强，组长就是你了！"于是，她忐忑不安地上任了。结果，她不负众望，带领女生队披荆斩棘，赢得了胜利。主办方奖励给女生队一个大奖杯，女生们都兴奋极了。她们争先恐后地跟笔者汇报："我们女生幸亏有马某会看图，一点冤枉路都没走。男生可惨喽，同一条路走了好几回，腿都累细啦！根本没力气再闯关啦！哈哈哈！"这时，马某也开心地笑了。

无须再表扬她，此时她已经充满了自信。

四、效果

自从采取上述措施，马某的脸上逐渐有了笑容，性格逐渐开朗起来，各种集体活动都积极参加，不再把自己封闭起来，还经常主动为班级管理献言献策。

五、案例反思

先利用特定的课间游戏，可以拉近残疾学生和同伴的距离，再运用合作表演为残疾学生营建人际交往的情境，促进其人际关系的和谐，在此基础上，发掘残疾学生的长处，为其制造成功的机会，增强其自信心就成了水到渠成之事。这充分说明同伴参与法可以有效帮助残疾学生体验成功，增强自信。

第二节　生本型智育案例

结合信息技术提高小学作文教学实效性

刘春永

一、小学作文教学现状

小学语文教学包含两项主要内容：一是阅读教学，二是作文教学。此二者是相辅相成、不可或缺的。然而，一些语文教师将它们割裂开，并且对作文教学的研究同阅读教学相比显得不是太充分。这就导致了学生害怕写作文、不会写作文的现象。这些应该是每位语文教师所要研究的内容。

二、提高小学作文课堂教学实效性的策略

1. 结合信息技术，激发学生写作兴趣

爱因斯坦说过："兴趣是最好的老师，它远远超过责任感。"只有让学生对写作产生了兴趣，才能激起主动参与写作的欲望。

在讲《美丽的小兴安岭》一课时，为了调动学生的积极性，帮助学生理解课文内容，我搜集了许多关于小兴安岭的图片，精心地制作成课件。当精美的画面出现在学生面前时，许多学生都不由自主地发出了"太美了！"之类的赞美，注意力一下子就被吸引了过去。我灵机一动："谁能用自己的语言，

把自己看到的或看后感受到的说出来。"话音刚落，就有几个学生马上举起手来。

"美丽的小兴安岭到处充满生机，是动物的乐园。"

"我希望自己像小鹿那样，在那里自由地玩耍。"

……

学生们的话虽不长，但句句都通顺完整，而且充满感情色彩。

通过以上课例，我想到：如果把信息技术融入作文教学中，一定可以激发学生的写作兴趣。

写作源于生活，为此我要求每位学生用心观察把自己感兴趣的画面拍下来，并用自己的话把照片描述出来。每周利用固定的时间，把自己的照片通过多媒体介绍给大家。学生对着画面把自己看到的、想到的说出来。学生在说时往往语言不连贯，这时我会组织学生讨论，学生你一言我一语地纠正补充，相互交流，取长补短。这样一来，学生既锻炼了观察能力，又练习了逻辑表达能力。此活动解决了学生无话可说的难题，他们的参与热情空前高涨。有些学生结合信息技术课把照片制作成了电子相册，一幅幅动感的画面结合形象生动的描述，展示在大家面前。

信息技术突破地域、时空的限制，将人、事、物等通过熟悉的图画、文字、声音直观地展示在学生面前，给学生提供了鲜活、生动的形象，能充分调动学生听觉、视觉等多种感官参与活动，积极地刺激学生的感官，为学生提供了鲜活的写作素材，也激发了学生的积极性。

2. 借助现代信息技术，创设表达情境

新课标指出："写作教学应贴近学生生活的实际，应引导学生关注现实，热爱生活，表达真情实感。"习作中的语言文字给了学生极大的想象空间。而现代信息技术则能帮助学生积极地理解文字内容，感悟所蕴含的思想感情。我们应该充分利用现代信息技术能真实地再现学生所熟悉的生活情景、学习情景、活动情景的优势，以声动心、以像传情，积极调动了学生的各种感官，创设与教学内容相应的情境。让学生得到深刻的印象、真切的感受，激发学生更高水平的求知欲。

例如教学《记述一次体育活动》时，学生对参加过的很多活动都很感兴趣，可当真正动手写作时，却无话可说，写出来的文章毫无生动而言。针对这种情况，我在课堂上播放运动会比赛录像，紧张、热烈的比赛场面深深地吸引了学生：在短跑比赛中，运动员像离弦的箭一般奋力冲向终点，两旁观众挥舞着双臂大声呐喊；跳高赛场，运动员生龙活虎、喊声震天……我不断提醒学生仔细观察参赛选手的表情、动作等精彩细节及观众的热烈表现，并让他们展开讨论、交流。一篇篇优秀习作就这样产生了。确实，生动的画面、动听的声音能唤起学生真切的内心体验，引导学生自由地感悟、倾吐、抒发情感。学生处在这样一个能够触发灵感的写作环境中，自然文如泉涌，一气呵成。

3. 利用网络的开放性，丰富学生的写作素材

当下小学生对网络的熟悉程度和利用能力大为提高。这为小学生的作文学习提供了一个更为广阔与自由的天地。作文教学如何走出传统教学模式，充分利用网络，实现更加开放的全方位思考与交流，使学生能够发挥潜能、展示才华、体验成功就显得尤为重要。

互联网的强大信息量为学生提供了海量素材。学生每天面对"学校—家庭"两点一线的生活，写作素材的匮乏是制约学生写作水平的一个重要原因。除了加强生活实践以外，运用多媒体网络技术，为学生提供丰富的图文、声像资料，引发学生对作文的兴趣，入情入境，真所谓"坐在家中看世界"。鼠标轻点大千世界尽在眼前，写景可点击"自然风光"，叙事可点击"时事新闻"，写动物可搜索"动物世界"……还可根据课文内容延伸，尝试写作。

要写出好作文必须注重书面语言和日常生活的积累。我请学生在网站上建立自己的博客，引导他们在博客上开辟"写作素材库"专栏，一方面把网上阅读到的优美词句、精彩段落"粘贴"到素材库；另一方面，把自己的喜怒哀乐、见闻感受记入"写作素材库"，并定期将"粘贴"的素材和生活素材进行分类、选择、整理。每两周利用专题课交流写作素材，相互补充，去伪存真。这样，作文就不再成为"无米之炊"。有了互联网，只要我们上网搜索，写作素材就取之不竭，应有尽有。正所谓"读书破万卷，下笔如有神"，学生上网阅读各种课外书籍，加强语言积累，在一定程度上提高了习作水平。

4. 利用局域网的交互性，提高学生批改的能力

利用局域网评改作文可以加快评改节奏，提高评改效率与质量。更重要的是，能把作文评改的主动权交还给学生。学生的主体性得到了最大限度的体现，学习兴趣高，收效大。

我在局域网上浏览学生放在公共文件夹中的习作，从中选出具有典型优、缺点的习作，投影到大屏幕上，不同段落，词句可以用不同的字体显示，精彩之处可显红色，不妥之处可以闪烁。学生围绕习作要求，字、词、句、标点等部分集体评议，方便地实现增、删、变、换等修改。通过集体评改，学生对本次习作的要求更加明确，能从范例中取长补短，对如何修改自己的文章做到心中有数，然后参照范例进行自主修改、小组互改。网络为学生创造了相互启发、疏导帮助，取长补短的良机，有利于提高学生的评改能力和作文能力。我用多媒体网络监控系统对学生机进行操作监控，一旦发现问题及时反馈给学生，有针对性地加以个别辅导。这样的评改，既调动了学生的积极性，发挥了集体智慧，使学生在自改互改中提高了作文水平，又减轻了教师的负担。同时，任何一位同学都可以在局域网上发布自己的作品，接受同学、教师的评价。总之，这种互动式作文评价，方便、快捷，效果比较突出。学生的写作兴趣被调动起来，阅读作文的兴趣更加浓厚了，文学鉴赏水平也有所提高。

设计内隐学习活动提升小学生英语学习兴趣

李朝斌　赵元安

随着英语学习年头的增加，小学生的英语学习兴趣不增反降。这是一个十分值得关注的问题。如何提升学生的英语学习兴趣成为摆在小学英语教师面前的一道难题。我在教学过程中尝试设计内隐学习活动，帮助小学生提升英语学习兴趣。

美国心理学家 Reber 把人类学习分成外显学习和内隐学习。所谓外显学习就是能被观察到的有目的的、需要意志努力的学习。所谓内隐学习就是不被学习者关注到的无意识的获得刺激环境中复杂知识的学习过程。内隐学习具有：无意识性、抽象性、无加工容量限制性、不受外显加工的神经心理异常所影响的强有力性的特点。根据这一理论，我在教学中设计趣味环节，使学生更多地关注活动方式，而不去注意英语知识的难易，利用学生好胜心强、好奇心重的特点，调动学生积极性，提升学习兴趣，在不知不觉中巩固英语知识。

一、引课环节猜谜语（Guessing a Riddle）

英语课上课伊始就要抓住学生的兴趣点，让学生知道英语课开始了，必须投入全部精力进行英语学习。为了让学生迅速从课间活动状态过渡到英语学习状态，我设计了多种引课方式都能很好地激起学生的英语学习热情。比如：Free talk；Sing a song；Tongue twister 等活动都能很好地调动学生的英语学习积极性，为一节课打下良好的开端。

我最喜欢的活动是猜谜语。刚刚开始上课学生多数还处在课间的兴奋状态，思维活跃却不集中。此时讲授任何知识都不会收到好的效果，而猜谜活动则很好地克服了上述问题，让学生听英语，想英语，说英语，迅速创设出英语学习氛围。比如：要给学生讲时间的表达方法，上课了我给学生出个谜语：Guess, What has hands but no feet, a face but no eyes, tells but does not talk?（a thing）学生对谜语中的单词非常熟悉，对各个短句也很理解，很快回答出：It's a clock. 思考英语，用英语思考，组织语言，用英语回答。学生们真正体验到英语学习的快乐，不再为之发愁，学习兴趣越来越浓。

二、学习单词做游戏（Playing a Game）

1. 练习单词发音的游戏

为了锻炼学生的发音，我给他们找来许多英语绕口令。这是一个适应性很强的教学活动，从低年级到高年级，从课内到课外都可以用。学生在练习过程中用耳朵听、用眼睛看、用脑子想、用嘴说，有的边说边比画，有的边说边补充情节，有的画成漫画，等等。学生调动自己的优势智能参与解决问题，在不知不觉中、在快乐的氛围里学会了英语发音。比如：为了练习 cook 的发音我为学生找来绕口令"How many cookies could a good cook cook if a good cook could cook cookies? A good cook could cook as much cookies as a good cook who could cook cookies."（如果一个好的厨师能做小甜饼，那么他能做多少小甜饼呢？一个好的厨师能做出和其他好厨师一样多的小甜饼。）学生们 cook、could、good 地说个没完没了，学习积极性非常高。

如果某个单词的发音让学生感到为难，也可以通过游戏的形式来练习。Louder or lower 就是一个不错的游戏，学生们非常喜欢。比如：学完单词

eyesight，请一个学生走出教室，老师迅速把单词卡片藏在一个学生的位斗里。请这个同学进来找这张卡片，其他学生读这个单词，该生走近单词时读的声音大，走远时读的声音小。寻找的学生根据声音的大小判断出单词的位置，找到并读出它。一个单词在这一活动中被读了十几次甚至几十次，但学生并不觉得烦。其原因就在于学生没有把它当作英语学习活动，而是当成一个游戏，内隐学习又一次发挥了作用。

2. 学习单词词义游戏

比如在学习方位词时，为了让学生更好地理解各词的意思，我要求学生课前每人准备一块魔方和一个比魔方略大一点的盒子。上课时，老师说出单词，学生立刻做出动作。其中，魔方为标的物，盒子为参照物。比如老师说：in。学生立刻把魔方放到盒子里。老师说：behind。学生把魔方放到盒子的后面。看谁动作快。在游戏过程中，学生表现出高度兴趣迅速表明了所有学生都理解了新单词。当然这个活动可以有许多变体，可以指名让学生说单词，其他学生做动作；可以同桌互说互做等。学生通过口说、耳听、眼看、手做、心想，多种感官参与活动，学英语已经不是学生关注的重点，而自己发出的命令能否难倒对方，对方是否按命令执行成为他们关注的重心。他们作为发令者时变换各种编排顺序，加快发令速度，以让对方手忙脚乱为乐；作为执行人时，迅速判断对方的意图并做出准确的反应。双方似乎都没把学英语作为主要目标，但练习的结果是他们确实掌握了单词的发音和词义。

3. 复习单词猜动作

这是一个所有学生都喜爱的娱乐项目。把全班分成若干小组，小组内自愿或推荐一名同学表演，其他同学猜他要表达的单词是什么，一分钟内，猜到单词最多的小组获胜。例如第一小组上场，一个同学面对大屏幕，其他同学背对大屏幕。屏幕上显示"dog"这一单词，面对大屏幕的同学通过动作或语言让背对屏幕的其他人知道屏幕上的单词是什么。他可以说：There are 3 letters in the word, It's an animal, the first letter is D. 等等。他也可以简单地汪汪汪就行了。在这一活动中面对屏幕的学生，看到的是单词，却不能读出来也不能直接拼写出来，他要用自己的智慧在最短时间内用英语和动作表现出来。而背对屏幕的学生要认真分析该生的任何信息，迅速破译他要表达的单词，并准确说出来。作为观众的学生也不停地思索屏幕上出现的单词该如何表述，表演的同学哪里做得好、哪里需要改进，猜的同学放过了什么信息造成失败，等等。这一活动直接催生了学生们的英语学习热情，他们经常在课下研究如何把学过的单词准确地表演出来。背单词不知不觉地变成一件十分开心的活动。

三、理解故事动手做（Doing things）

过去教师习惯于碎步慢跑式的指令，怕学生接受不了太多的指令，从而无法完成任务。经过研究我们认识到，只有学生的思维深入参与到教学活动中来才能真正提高学习效果。只会服从命令，并不能取得良好效果。

如高年级为了让学生掌握关于做事情顺序的词语和句型时，在学完《Cooking with Mocky》一课时，老师设计了制作生日蛋糕的小组活动。课前老师为每一组准备好黄油、鸡蛋、面粉、白糖、食用油等需要的材料以及碗筷、电烤箱等工具。上课后我们按异质分组，每组 4~5 人。提出目标就是完成蛋糕的制作。具体要求：①参考课文内容组内讨论做蛋糕要哪几步，并记录下来；②一人读操作步骤，其他人按要求进行制作；③完成后组内讨论做蛋糕的全过程，把遇到的问题和解决办法说清楚；④向全班汇报。整节课上，学生们积极讨论制作过程及所需要的各种原料和工具，遇到不会的单词或表达方式就及时请教老师。学生的兴奋点是如何做好香甜可口的蛋糕，英语只是他们交流时不得不用的工具。学生在接近真实的情境中使用英语，最大限度地发挥隐性学习的作用并取得良好成果。当学生们吃上自己制作的蛋糕时自然提高了学习兴趣。

四、展示效果演短剧（Short Play Performing）

在学习《Three little pigs》一课后，我请学生分角色朗读课文。学生们读得非常入情入境。我发给每位学生一个头饰，让他们脱离课本把故事演出来。演出效果非常好。在此基础上，我们慢慢发展出服装、道具、布景、音响等效果，课本剧变成舞台短剧，逐步发展成全校性的英语剧社团活动。学生们自己找剧本，根据自己的需要在老师的指导下共同讨论并修改剧本；共同设计、制作布景、道具、服装；共同设计动作、语音语调；共同背台词。学生们在潜移默化中不知不觉地学会了课本上学不到的知识（不仅仅是英语知识）。

同学们的表现得到肯定，成为校园的小明星，成为所有学生效仿的榜样，为学校英语学习氛围的形成起到了极大的推动作用。不仅如此，我校英语社团演出的《冰面抢树》还代表通州区参加了北京市举办的英语剧比赛，获得了一等奖的好成绩。

为全面展示交流学生英语学习成果，我校每学期开展一次英语节活动。有英语竞赛、有游艺活动、有英语剧表演，等等。库玛认为：学习者如果能将分散的知识整合到个人知识框架中，那么学习将会成效显著；学习者能够掌控自主学习，其个体的自尊也将随之得到提升。在英语节活动中，学生们把日常学习的点点滴滴整合到一起，用自己最擅长的方式表现出来。他们在表演中表现出来的自信，确实让人们看到了他们的成长和学习成就。

总之，通过上述课内外活动的设计，老师把关注点从知识的简单传授，转移到帮助学生在潜移默化中，在快乐游戏中学会英语。调动学生的隐性学习，对英语学习的兴趣提升发挥巨大作用，学生在玩玩闹闹中学会了英语。

参考文献：

[1] 王松美，张金秀. 新课程小学英语教学实践 [M]. 北京：首都师范大学出版社，2004.

[2] 肖礼全. 英语教学方法论 [M]. 北京：外语教学与研究出版社，2006.

[3] 张立昌，郝文武. 教学哲学 [M]. 北京：中国社会科学出版社，2009.

[4] 奥姆罗德. 教育心理学（第七版）[M]. 北京：中国人民大学出版社，2011.

[5] 梅汝莉. 多元智能与教学策略 [M]. 北京：开明出版社，2007.

[6] 郭秀艳. 内隐学习和外显学习关系评述 [J]. 心理学进展，2004.

[7] 库玛. 超越教学法 [M]. 北京：北京大学出版社，2013.

[8] 安东尼·海恩斯. 高效能教师备课完全指南 [M]. 北京：中国青年出版社，2013.

[9] 丁峻. 知识心理学 [M]. 上海：上海三联书店，2006.

[10] 赵元安. 多元智能理论在小学英语课堂教学中的应用 [J]. 通州教育，2013，1.

在语文教学中培养学生口语表达能力的探索

刘亚文

学生口语表达能力的培养是语文课堂教学的重要目标之一。从 2016 年至今，我校一直在此方面进行研究和探索。通过研究我们发现，在语文课堂中关注学生表达欲望的激发、关注学生语言的积累、关注学生思维能力的培养，同时关注教给学生一些表达的方法及技巧，就可以很好地提高学生的语言表达能力。

一、让学生有话想说——调动学生表达的欲望

古人说，情动而辞发。这是说，如果一个人有了情感的涌动，就会有表达的欲望。因此，要提高学生的表达能力，先要让学生有表达的欲望，有表达的积极性。而教师在表达训练前对情境的创设，往往能很好地调动起学生情感的共鸣，从而打开学生的"话匣子"。如 2016 年，我们组织了《在困难面前》和《我的快乐》两次口语表达课题研究活动。这两次活动中，教师尝试将口语表达能力的训练与作文教学相结合，先用生动的语言描绘了自己在生活中遇到困难的经历，从而激起学生表达的兴趣；然后学生进行了自己在困难面前是怎样做的交流。在课堂第二个环节，教师引用了优秀的作文范例，组织学生研究别人是怎样具体地表达自己的想法、做法的，使学生有所启发。最后，学生修改自己的表达思路和语言，并在集体中再次进行了交流。在课例研究后的研讨中，听课教师们都肯定了任课老师在创设表达的情景与氛围中做的尝试，认为教师良好的语言不仅给学生创设了范例，而且很好地调动了学生表达的积极性。

二、让学生有话能说——关注学生语言素材的积累

学生有话能表达出来，需要在头脑中有一定语言的素材。而这些语言的素材，一方面包括字词句篇的积累，一方面包括语言表达形式的熟悉和丰富，同时还包括了学生语感的积累。只有在这些素材积累充分的基础上，学生才

能有更好地表达。

1. 动笔积累好词好句——在本上留痕

进入中年级，教师要鼓励学生准备积累本，平时记录下学过的好的词语、句子，并鼓励学生在表达中运用这些好词好句。

2. 多看多读——在心里留痕

在阅读中可以学习语言、感悟语言、积累语言。很多经典作品不仅蕴含了极为丰富的、鲜活的语言，也蕴含了丰富的人生经验，充满智慧的哲理和思考。阅读这样的书籍，不仅能提高学生的认识水平，也可以提高学生的语言表达能力。如在学习老舍先生的《草原》一课时，推荐学生阅读老舍的《骆驼祥子》，学习《笋芽》《会游泳的小花狗》等童话故事时，推荐学生阅读中外童话故事等。这些阅读在丰富学生语言的同时，更在潜移默化中为学生积累了多样的语言表达的范例，为学生学习表达奠定了基础。

3. 大声朗读背诵——形成语感

口语表达能力的强弱与学生对语言的敏锐反应相关。科学研究表明，大声朗读背诵是非常好的一种培养语感的方法。在发出声音朗读背诵时，眼、耳、脑等器官的多重作用刺激学生对语言的理解和学习，最终形成学生的语感。因此，我们要鼓励学生大声朗读课文，朗读诗歌。

三、让学生有话会说——关注思维能力的培养

"语言是思维的外壳"。学生表达能力的高低，与思维水平密切相关。学生进入中高年级后，由于语言发展与认识水平发展的不平衡，口语表达能力出现发展缓慢的现象。具体表现为：心有所想，却不能准确表达；目有所见，却不能很好描述。这种情况下，关注学生观察能力、联想和想象能力的培养，往往可以提高学生的口头表达能力。

1. 在观察中表达细节

所谓在观察中见细节，就是在用眼睛仔细地看的过程中发现想说的东西。低年级语文教学中，我们常做的学生口语表达能力训练，是让学生介绍自己喜欢的小动物、介绍自己的好朋友，等等。这种活动中，学生往往只会说一些很概括、很笼统的词语，不能说得具体。究其原因，是学生不会观察造成的。因此，我们要注重培养学生的观察能力，将小动物、玩具等带进课堂，

引导学生仔细看。如介绍小动物，就要观察小动物的颜色、形态、身体各部分的样子、小动物在不同情况下的表现；向别人介绍一个人，就要观察人物的外貌、动作、表情、语言；等等。这样，学生看得深入具体，表达时就生动形象很多。同时，我们还引导学生长时间、细致地观察，发现事物在不同时期的变化。这样学生对事物的认识更深刻、全面，了解得更具体，就做到了有话可说。

例如在教《蟋蟀的住宅》一课时，教师就进行了这样的训练：先引导学生学习课文中作者对蟋蟀掘土动作的描写；再出示图片，引导学生观察蟋蟀的四肢，抓住教材中动作的词语说清楚蟋蟀是怎样建造住宅的；第三个环节，学习作者的表达方式，观察金鱼吃食物的过程，用自己的话进行细致的表达。在这样的观察、体会中，学生不仅兴趣盎然，而且生动地表达出自己的想法。

2. 在联想中表达体会

联想，是由一种事物联系、推想到另一种事物的活动过程。让学生的生活与文本对接，让学生的情感与文本对接，就打开了学生表达体验的路径，让学生学会联想，可以让学生有话会说。

比如在教学《遥远的恐龙世界》一课时，组织学生讨论暴龙给你留下的印象。教师问："读了'暴龙是最贪心的猎手。他们常常露出尖利的牙齿，迎着风追赶可怜的小动物'这一句话，暴龙给你留下了怎样的印象？"孩子们只是泛泛地谈道："暴龙非常贪心。"此外不能说出别的。可是，当教师调动学生的想象能力，让学生联想："如果你就是那可怜的小动物，暴龙露出尖利的牙齿，那长长的牙齿足有15厘米，在风中追赶你，你有什么感受？"学生们不由自主地感受到了暴龙的可怕、凶猛，自己的胆战心惊和想赶快逃脱的心理。这样的联想和体会，使学生在表达中更好地理解了暴龙贪心的特点。让学生设身处地地走入文本，联系生活实际和自己的经验，学生自然就有话会说。

3. 在想象中表达见解

所谓想象，就是借助头脑中已有信息，构筑一种新的事物和形象的过程。它是一种有目的、创造性的思维活动。在教学中，教师如果能够借助具体的事物、图片，引发学生的想象，也可以促进学生表达能力的提升。比如教学《给予树》一课时，教师在教学最后引导学生想象："如果你是那个收到了礼物的小女孩，你会对金吉亚说什么？如果你是金吉亚的兄弟姐妹，知道了金吉亚只给自己买了棒棒糖的原因，你会对她说什么？"在这样想象的过程中，学生不仅锻炼了语言表达能力，还提高了对文章主旨的认识程度。

四、教给学生表达技巧，让学生说得清，说得好

表达不仅需要素材、思维能力，还需要一定的技巧支撑。

1. 围绕重点表达——让学生说得清楚、明白

有的学生在表达时，抓不住要点，让人感觉说话东一句西一句的。这样的学生往往没有抓要点表达的意识。因此，我们在教学中先从孩子表达的段式练起，要求学生先说清楚自己的观点，然后说出依据，说出自己的理解。即围绕重点句进行表达。通过这种有条理的回答练习，帮助学生学习清楚、明白地表达自己观点的能力。

2. 按照顺序表达——让学生说得通顺、流畅

事情的发展是有一定顺序的。学生在表达时按照一定顺序进行，如按照事情发展顺序、时间顺序等表述，就会自然流畅很多。

3. 关注前后联系——让学生说得有理有据

关注表达时语言的前后联系，尤其是语言之间的因果关系，能够让学生的表达有理有据，更具逻辑性。因此，在语言训练中，教师多提示学生运用因果关系的句式，也会提高学生口语表达效果。

总之，语文课堂教学是学生口语表达能力培养的主战场。如果教师能够抓住课堂上回答问题、交流讨论、作文训练等机会进行表达能力训练，就可以极好地锻炼学生的口语表达能力，帮助学生成为一个有高超语言表达素养的人。

参考文献：

[1] 钟玲. 小学交往性作文教学策略 [J]. 小学语文教师，2017，12.

[2] 余琴. 精选交际话题 构建明晰目标 培养交际习惯 [J]. 小学语文教师，2017，12.

基于学情，设计有价值的数学学习活动

——以《认识百分数》教学为例

杨海霞

之前，包括我在内的一些青年数学教师认为，百分数教学知识点极少，学生都会。原因是：六年级学生对于生活中的百分数并不陌生，而且对于百分数在生活中的意义也有所了解；学生有分数学习的基础，能说出一些与百分数有关知识点；就基本的知识而言，不讲学生也知道。所以，百分数没有什么可讲的。

当我静下心来反复思考后，产生了疑问，事实真的是这样吗？学生知道分数和百分数之间的关系，就说明对百分数完全理解了吗？学生对百分数的认识真的很清楚吗？学生认知的困难到底在哪儿？怎样基于学情引导学生进行有深度、有价值的学习和探究，掌握知识的本质？这一系列问题引发了我对百分数的认识教学设计的深入思考。

一、课堂教学常态摘录

师：你们都知道百分数吗？

生齐答：知道。

师：那么你们在哪儿看到过百分数，谁给大家说一说？

生1：我在酒瓶上看到过百分数，上面写着酒精度42%。

生2：我在衣服标签上看到过百分数，这件衣服含棉85%。

生3：我在食品袋上看到过百分数，蛋白质5%。

……

这可能是多数教师的开场白。从学生的回答中不难看出，学生知道百分数，而且会读百分数。那么，他们真的认识百分数了吗？理解吗？他们知道什么，不知道什么？

这次，为了深入研究百分数的教学，我首先做了如下调研：

第一次访谈：

师：这件衣服含棉 55%，你会读这个百分数吗？

生：会。百分之五十五。

师：那么这个百分数是什么意思呢？

生：把这件衣服的布料平均分成 100 份，棉占 55 份。

分析：学生对于分数的意义掌握得很扎实，而且知道百分数也是分数，因此，在说含义时就用分数的含义进行说明；但是，学生对于百分数的认识还是不准确的，不了解它的价值，像课堂常态摘录这样设计浅层次的学习活动意义是不大的。

那么设计怎样的学习活动，能够引发学生深入思考，还能很好地借助学生的生活经验呢？于是我们又进行了进一步的学生访谈。

第二次访谈：

师："棉 55%"，就是把这件衣服的布料平均分成 100 份，棉占 55 份。是这样吗？

师：你们看看这件衣服（教师指着衣服），摸一摸，手感怎样？凭你的感觉，你认为这件衣服中的棉比 55% 多还是少？

生：这件应该比那件多。

师：你是怎样知道的？

生：妈妈经常说，为了让我穿得舒服，她一般都会买纯棉的衣服，纯棉是 100%，这件衣服摸着舒服，应该是 100%。

师：我们看看你猜得对不对？（打开标签，真的是 100%。）

师：哇！你的生活经验真的很丰富，这对于学习数学很重要！

师：那么你能对比着说一说，两件衣服中棉的成分有什么不一样吗？

生：第一件棉占 55 份，第二件棉占 100 份。

师：那也就是说棉的成分不一样。那么如果在标签上写上 55 和 100 行不行，为什么？

生：（孩子迟疑了一下）应该不行。只写这两个数，大家不知道什么意思，是 55 克呢，还是 55 份呢？

师：那么你说一说，这里写百分数有什么好处吗？

生：表达棉与整个布料中所有材料之间的关系。

师：你说的是这件衣服中，布料的部分成分与整体材料之间的关系。说得好！那么，你还能说说"这瓶酒，酒精度42%"，这里的百分数代表什么意思吗？

分析：对于第二个问题学生还是会表达。通过本次访谈可以知道，对于生活中常见的百分数，学生能在教师引导下，理解这些百分数都表示部分与整体之间的关系。由此可以看出，在教学设计中，教师适当引导，既可以帮助学生理解百分数表示部分与整体的关系，还能体会到百分数应用的价值。顺着这样的思路，本次教学，我设计了这样的活动：

二、本次课堂教学设计摘录

活动一：问题引领，初步认识百分数。

体会百分数表示的两个量之间的关系是指部分与整体的关系。

师：在生活中大家见过许多百分数，你能举个例子吗？

生：我看到这条裙子上写着聚酯纤维25%。

师：聚酯纤维是一种化学成分，它在制作布料中经常用到，有了它衣服更舒展，有型。

……

师：老师也找到了一些百分数，大家看看你见过吗？

（出示图片：小瓶，糖1%；大瓶，糖5%）

师：面对这两瓶饮料，如果是你，你想喝哪一瓶，为什么？

生：我想喝第二瓶，那瓶甜。（其他学生点点头）

师：你们怎么知道第二瓶甜呢？

生：5比1多，所以第二瓶甜。

师：5是什么意思？1又是什么意思？

生：5是糖有5份，1是糖有1份。

师：那么糖1%和5%到底是什么意思？

生：1%就是把饮料平均分成100份，第一瓶糖占1份；第二瓶糖占5份，5比1大，所以第二瓶甜。（同学们频频点头）

师：看来你们的想法和她一样，对吗？

生齐答：对。

师：那么 1% 和 5% 的区别其实就是糖占整瓶饮料的份数不同。谁再用部分与整体的比较方法说一说 1% 和 5% 的意思？

生：1% 表示第一瓶中，糖占饮料的 1/100；5% 表示第二瓶中，糖占饮料的 5/100。

师：说得真好！谁再说一说？

……

师：1% 和 5% 的意思我清楚了。可是为何第二瓶就甜一些呢？我和你们想法不一样，我觉得可能一样甜。你们看，虽然第二瓶糖是 5 份，但是它的饮料还多呢？所以可能不比第一瓶甜，不能确定。（部分学生有些迷惑，部分学生开始深入思考）

这一环节的设计目的：学生虽然能说出 1% 和 5% 的意思，但是不一定真的懂。这个追问，就是引导学生在比较单位 1 不同的基础上，体会百分数的价值。即，比较哪瓶更甜这事与数量的多少无关，而是与糖占饮料总成分的分率有关系。这个分率是一个可以用来比较的有价值的量，即百分数的价值。

分析：这一点之前我是忽视的。大家在理解百分数的价值时更多落在它的分母都是 100，便于比较。其实这不是全部，更多的是百分数是一个分率，它有利于比较，而且在比较中可以不考虑数量的多少，这才是它真正的价值所在。

师：大家不要急于告诉我你的理解。我相信你们都有自己的想法，那么你独立思考后，把你的想法写一写，画一画。

（学生在问题的引领下，深入思考。他们的想法真的很好。）

生 1：（用文字阐述自己的观点）虽然单位 1 不一样，但是糖都是 100 份中所占的份数。

生 2：（画直观图、示意图）结合直观图，到底哪瓶甜，不是看谁的糖多，也不是看谁的水少，而是看糖占饮料整体的分率是多少。这个分率大就甜，小就不甜。

……

师：大家明白了吗？比较谁的甜，既不能只看糖的多少，也不能只看饮料的多少，要看糖与整瓶饮料之间的关系。这个关系就用百分数来表示。（出示一大瓶饮料的图片，标签注明糖 3.5%）这瓶饮料与那两瓶饮料比一比，你们知道哪个更甜吗？排排队。

生：还是第二瓶甜。5% > 3.5% > 1%。

师：刚才的比较再一次验证了我们的结论，饮料甜不甜的关键是糖占饮料整体的分率是多少，也就是看糖占饮料的百分之几。

分析：通过线段图的直观表示，再加上增加一大瓶饮料的比较，大部分学生进一步理解到这个百分数是表示糖与饮料之间的关系，而且了解到甜不甜只看一个量是不全面的。

但是学生都明白吗？虽然有直观图，但是还是抽象的，因为没有具体的数量做支撑，而且也没有办法验证，因此还需要深入挖掘。怎么办呢？于是我接着追问，激发学生深入思考，进而引导学生思考这个百分数到底是怎么来的？

活动二：通过举例探究百分数的产生过程，进一步认识百分数。

师：大家表达得非常清楚。想一想这个百分数可能是怎样来的呢？现在我们就以5%为例想一想。假如这瓶饮料一共有100克，那么其中糖有多少克？

生1：5克。

师：（板书：5克、100克）这个5%是怎样算出来的？

生：5÷100=5/100=5%。

师：同意他的想法吗？（学生们点头）为什么用除法呢？

生：5%表示糖占整瓶饮料的5/100，求一个数占另一个数的几分之几用除法。

师：说得真清楚，求糖占整瓶饮料的几分之几就是用5÷100。

师：还有没有不同的假设，你们自己也写一写、算一算。

生2：饮料有50克，糖有2.5克。

（师板书：2.5÷50=5/100=5%）

生3：饮料有20克，糖有1克。

（师板书：1÷20=1/20=5/100=5%）

师：从三个算式中，你们发现有什么相同点和不同点了吗？

生1：相同点是结果都一样；都是求糖占饮料的几分之几。

生2：不同点是糖和饮料的质量都不一样。

师：它们虽然各自数量不同，但是糖与饮料之间的关系都没有变。如果这里有三瓶糖含量都是 5% 的饮料。你们觉得哪个算式是算第一瓶，哪个算式是算第二瓶呢？

生：$1 \div 20 = 1/20 = 5/100 = 5\%$，算的是最小的那瓶；$5 \div 100 = 5/100 = 5\%$，算的是最多的那瓶；剩下的就不说了！（其他同学都笑了）

师：三瓶虽然质量不同，但是它们中糖和饮料的比率没有变。这个比率非常重要，它在生活中也叫含糖率。

师小结：我们通过比较这几瓶饮料的甜度问题，不仅认识了 1% 和 5% 这两个百分数，还通过探究 5% 是怎样来的，知道了用除法，糖的质量除以饮料的质量，就能求出糖占饮料的几分之几再化成百分数。

师：现在想一想百分数到底是什么？怎样得到百分数？

生1：百分数是一个比率，表示关系。

生2：百分数是用一个数除以另一个数得到的。

生3：百分数是一个部分占整体的百分之几。

分析：到这时，学生对于百分数的价值和意义有了整体认识。它表示两个量之间的比率关系，在生活中有着现实意义。为了进一步深化这个认识，老师再出示几个生活中的百分数，学生借助自己的生活经验，用迁移的办法很快能表达百分数的含义。

活动三：（比较）二锅头酒精度 42%；啤酒 10%。

教师要求学生按照谁和谁比、谁是谁的百分之几，说明 42% 和 10% 都是酒精质量与酒水总量的关系，即部分与整体之间的关系。此外通过比较学生还认识到二锅头是度数比较高的酒。

三、反思

1. 基于学情的设计，是最好的教学设计

适合的，才是最好的。百分数的认识对于学生来讲是重点也是难点。对于"百分数表示一个数是另一个数百分之几的数"这个概念的文字描述学生不难理解，但是如果理解只停留在表面，一节课很快就会过去，然而给予学生留下的也就只有文字本身而已。那么，怎样的设计才能让学生真正理解知识的本质？答案是适合学生学情的设计。为了了解学情，我先后进行了两次访谈。访

谈的学生是中等生，因为他们可以代表多数学生的思维程度。访谈他们更能把握学生的认知发展区，制定适合的目标，特别是设计适合的学习活动。

2. 基于理解概念本质的设计，是深入的、有价值的教学设计

所谓对概念的本质理解主要指这一概念的现实原型是什么，这一概念特有的数学内涵、数学符号是什么，以这一概念为核心是否能构建一个概念网络图。就百分数而言，它的现实原型很多。学生熟悉的主要以部分与整体关系为主。这一概念的内涵是，它是描述两个量之间的百分比关系，这个关系有部分与整体的关系，还有部分与部分的关系。这节课的学习活动设计就是以学生对于现实原型中的百分数的认识为基础设计的。百分数是一个比率，表示两个量之间的比，因此把握百分数是一个表示关系的数，对于学生来说最重要。这句话如果直接告诉学生，他们不容易理解，但是我们结合学生已有的生活中的百分数的例子（即现实原型），设计学习有深度的活动就容易理解多了。此外，这种设计不仅始终关注关系、比率这样的词的理解，更渗透了学习百分数的价值。百分数这个分率就是一个可以用来比较的有价值的量，它脱离了数量，便于比较才是它的应用价值。

通过本次教学设计的尝试，我深深地理解了无论什么知识，设计最适合学生的教学活动，使学生学有所获，学有提升，才是最有效的教学。

巧用音乐素材开启孩子创造的小宇宙

胡　琼

把创造视为一个新的音乐学习领域，是音乐新课程的一个重要特点。在《义务教育音乐课程标准（2011版）》中，创造作为音乐课程基本理念的同时，又以具体的活动内容呈现在教学领域中，即探索音响与音乐、即兴编创、创作实践。在基础教育阶段，创作实践以相对更具象、可操作的创意活动，以实践的形式存在于所有音乐创作活动中，主要以育人为目的，而非专业创作。根据小学低年级学情特点，如何运用音乐素材，进行相关创作教学实践，若干策略梳理如下。

一、依词创作，丰富演唱

歌曲是歌词与乐曲、文学与音乐相互结合的一种艺术形式，而歌词是歌曲本意所在，表达歌曲的宗旨和灵魂。自古就有词曲不分家、歌乐一体的说法，不管是依曲填词，还是据词写曲，歌词仍是歌曲创作的基础。[1] 所谓"唤醒童年童心，留住童真童趣"[2]，对小学低年级儿童来说，他们喜欢的歌词，通常篇幅短小，语言易懂，类此歌词所描绘的有趣事物和可爱形象，易调动他们的好奇心，激发其丰富想象和创造。

纵观小学教材，里面不乏学生们喜欢的演唱作品，这些作品中的歌词都十分贴近孩子们生活，很容易识记。在实际教学中可知，由于音乐能力有限，低年级学生对歌词的喜欢和接受度要高于对乐理知识的获得。而歌词的形象性、抒情性和歌唱性的本质特征，与音乐形象、节奏、音韵关联，对音乐的理解离不开对歌词的探究。[3] 因此，依据学情，可利用歌词这一创作素材，激发学生音乐创作的兴趣，鼓励其在唱会歌曲后，对歌曲歌词进行变换和改编创作，以此来提升学生的音乐创作能力。课堂实施案例如下：

案例一：歌词创作

《谁在叫》是北京市人音版小学一年级音乐下册第 6 课学习内容，为 2/4 拍，七声宫调式。歌曲通过小猫、小鸡、小鸭、小猪的叫声，生动描绘了小动物之间的关系，极富童趣。歌词从不同角度提出：为什么小动物叫了？它们都在做什么？鉴于学生的认识能力和水平有限，老师可引导学生从歌词入手进行创造，通过歌词创作激发学生的丰富想象，发展其创造性思维能力。以下为笔者课堂教学中，孩子们的精彩创作。

师：好听的叫声，引来更多小动物的加入，还有谁在叫？

生：小狗汪汪，小羊咩咩，小马嘶嘶，小牛哞哞……

师：想象力真丰富，你能根据动物叫声把歌曲创作完整吗？

生：小狗叫了，陌生人来了。

师：创作能力真强，创作字数最好和歌曲一样，你能再改改吗？

生：小狗叫了，陌生人他来了。

师：小创作家！下面谁来创作？

……

学生们的创作汇总如下：

实践证明，对小学低年级学生音乐实践创作的引导，可从歌词入手。当学生完成歌曲演唱后，依据歌词内容，由简单部分填词到改编，再到完整创作。循序渐进引导学生打开创作意识，发展其创造能力，也为后续的深入创作做好铺垫。

二、挖掘节奏，拓展创作

节奏是音乐最核心、最基本的要素，作为音乐和谐的必要条件，其变化为事物发展本原，艺术美之灵魂。[4] 节奏能力作为音乐核心素养中最重要的能力之一，对音乐能力的发展极其重要，《义务教育音乐课程标准（2011 版）》就对小学阶段不同学段的节奏能力方面均提出了要求。因此，在课堂教学中，可依据音乐内容特点，分析并挖掘音乐作品中典型的节奏材料，引导学生将之作为创作素材，不仅能发展学生的节奏能力，对培养其音乐创作思维和能力等方面，也会产生积极的影响。

依据小学低年级学生心理特点，他们好奇好动，善于模仿。而音乐节奏的学习和把握离不开动态的感受和体验，这恰是孩子们兴趣的所在，该时期是他们节奏能力培养和发展的最佳期。遵循孩子发展的天性，以节奏作为连接各种音乐表现活动的纽带，来挖掘孩子们的潜能素养。同时，以节奏为素材，将之作为音乐创作的一个方向和手段，鼓励和引导孩子们在有限的课堂时间内，创造无限的音乐可能。课堂实施案例如下：

案例二：节奏创作

《放牛歌》是北京市人音版小学一年级音乐下册第4课学习内容，为一首带有民歌风格的儿童歌曲，A商调，歌词言简意赅，形象地描写出小牧童赶着牛儿回家的情景。歌曲短小，情绪欢快，多采用八分、四分音符的节奏型，歌曲间奏（小过门）处用十六分音符、八分音符的节奏，渲染、增添了歌曲的欢快情绪。旋律采用一唱一和的形式进行，既增添了歌曲的趣味性，又增加了联想与表现的空间，可让学生在演唱中加入自己的想象和创作。以下是笔者课堂教学中，学生由音响间奏中打击乐器的使用，想到不同节奏变换的创作。

师：再听听，你还有哪些发现？

生：有鼓的声音……

师：小耳朵真灵，间奏处有锣鼓声，待会我们创作敲击试试。

……

师：唱得真好听，歌曲间奏的节奏型除课本列出外，能创作并拍击新的节奏型吗？

学生们智慧的火花马上被点燃，依据所学，创作拍击的节奏型如下图1所示，很多创意和表现让课堂气氛十分热烈。

实践证明，以节奏为创作要素，不仅符合学生的喜好，更遵循音乐学科的特性。在音乐节奏的实践创作中，节奏能力得到了锻炼，其他音乐能力得到了培养，而这些能力的提升，又为更多的音乐创造提供了能力保障。

三、创作表演，综合提升

音乐本身就是一门创造性很强的艺术，任何音乐作品都是由作曲家潜心创作（称为"一度创作"），而表演是音乐的再创作活动（称为"二度创作"）。通过表演者的创造表演，将乐曲用具体可感的音响表现出来，传达给听众，它是音乐创作与音乐欣赏的中介，是音乐活动中不可缺少的环节。[5] 同时，《义务教育音乐课程标准（2011版）》在课程内容中，分学段对综合性艺术表演提出明确要求：小学1~2年级，能够参与综合艺术表演活动；能够配合歌曲、乐曲用身体做动作；能够与他人合作，进行律动、集体舞、音乐游戏、儿童歌舞表演等活动。

没有生命的乐谱和音符，需要通过表演来赋予其生命。在小学音乐课堂中，所谓的表演，主要有人声歌唱、乐器演奏、肢体舞蹈、小音乐剧等形式。这些表演形式是发挥学生创造能力的有效途径，是音乐作品的再创造行为，也是培养学生审美能力的重要手段。因此，教师应给予学生更多表演的机会，引导学生活跃思维，多角度、多方面去探究和创造，提升音乐综合能力，将音乐的丰富内涵创作并展示出来。课堂实施案例如下：

案例三：表演创作

《理发师》是北京市人音版小学一年级下册第8课学习内容，为一首热情、欢快的澳大利亚民歌。全曲由四个乐句构成，理发师剪发时的象声词"咔嚓、咔嚓"和喷雾声音"沙沙沙沙沙"，形象地表现了理发师严谨认真的态度和积极的工作热情。该歌曲情景描绘十分生动，贴近孩子们的生活，符合孩子们的趣向，因而很适合一年级学生表演和创造。以下是笔者在课堂教学中，引导学生根据该歌曲进行创作表演的情景再现。

师：好听极了，但还不够生动，你能边唱边表演吗？

生：我能学理发师剪头发。

师：那你边学边唱试试。

（学生表演）

师：理发师给谁剪头发？表演还有谁呢？

生：还有顾客。

师：对，一个人表演不够，需要合作完成，找你搭档，一起设计创作表演吧。

学生合作互动展示，声情并茂的模仿理发师剪头发、喷雾，有学生设计在下位顾客剪发前，理发师自娱自乐扭动身体，晃动脖子来放松，顾客也被创作得十分形象，有挑剔、喜欢的表情，有闭目养神的表情，还有照镜子的表情和动作……

实践证明，在小学低年级音乐课堂上，孩子们带有模仿的表演常渗透着灵动和纯真。正如毕加索所说："模仿是人类一切学习的开端，然后才是创新。"无论是创造表演，还是在表演中创作，给予其充分展示的时间和空间，他们会带来更多创造和惊喜。

四、捕捉旋律，创作升华

旋律是构成音乐的重要因素，在塑造音乐形象方面起到主要作用。[6]与其他单一的音乐要素不同，它按照一定音高、时值和音量构成，由众多音乐要素，如调式、节奏、节拍、力度、音色表演方法方式等，有机地结合而成。而构成旋律的主要因素只有两个，即旋律线（或称音高线）和节奏。因而，针对旋律的创作，尤其要将音符和节奏作为关注点进行创造；除此，由于旋律的综合性特征，其创作除带有作者自身的感性理解，还带有一定理性的音乐章法。

《义务教育音乐课程标准（2011版）》对音乐创造领域下的创作实践提出要求：在1~2年级，能够运用线条、色块、图形，记录感受到的音乐；能够运用人声、乐器、或其他声音材料，在教师指导下编创1~2小节的节奏音型。可知在小学低年级，虽没对旋律创造提出明确要求，却提及将节奏音型作为创作要素进行编创。而节奏音型恰是旋律创作的基础，这也为中高年级旋律创作能力的梯度渐进做好铺垫，因此在教学中要引起关注。课堂实施案例如下：

案例四：旋律创作

《乃哟乃》北京市人音版小学二年级上册第1课学习内容，为一首简短的土家族民歌，2/4拍，全曲由五个小乐句组成。旋律中只用"do、mi、sol"三个音，而且每乐句的句尾最后一小节都是"sol、mi、do"顺序，音高、节奏完全相同。由于歌曲乐句的长短不同，形成（2+2+3+3+3）有变化句式结构。旋律简单不单调，短小而欢快，表现了土家族儿童欢乐开朗的性格。鉴于音符构成特点，在导入环节，可引导学生直接用"do、mi、sol"三个音符进行创作，然后再整合向歌曲旋律靠，学生很快就学会了歌曲。课堂教学操作如下：

师：美妙旋律离不开音符帮忙，你能通过 do 的家，说出这三个音符的唱名吗？

生：do、mi、sol。

师：识读能力真强！看，旋律火车来了，需大家帮这它们搭上火车，每节车厢两小节，3 节车厢已满，另 3 节车厢你来创作，不能有重复，只用八分音符，谁来试试？

（学生在老师上行和下行的提示下很快组合成功，如下图所示）

师：创作能力真强，随琴唱唱我们的杰作。

（学生随钢琴唱谱）

师：有首好听的土家族民歌就由这 3 个音符写成，听听有哪些感受？

（通过简单旋律创作导入，学生用耳朵感觉记忆，很快就唱会了歌曲，并为后续的表演唱环节争取了更多时间）

实践证明，依据小学低年级学生特点，在课堂教学中渗透旋律相关节奏音型的创作，不仅使学生相关音乐能力得到锻炼，而且激发了学生对旋律创作的意识。需指出，模仿是创作的开始，教师可为学生提供参考模板，及时给予指导和鼓励，帮助其掌握旋律创作的规律，为以后的自主创作打下坚实基础。

综上所述，音乐教育的目的是培养创造性思维和能力，而非造就专业的作曲家，不能用专业的理性和苛刻的条件去束缚孩子们。运用简单音乐素材开启孩子们创造的小宇宙，让他们以音乐为伴，快乐创作，自由飞翔！

参考文献：

[1] 苏颖. 歌词对创作、歌唱及欣赏者的重要性 [J]. 知识窗（教师版），2013（5）.

[2] 邝厚勤. 童心·童趣·童真——浅评儿童歌词的艺术特色 [J]. 当代音乐，2015（8）.

[3] 庄捃华. 音乐文学概论 [M]. 北京：人民音乐出版社，2006.

[4] 树辉，吴文漪. 小学音乐教学 100 问 [M]. 北京：首都师范大学出版社，2010.

[5] 郑莉. 现代音乐教学理论与方法研究 [M]. 北京：中国文联出版社，2004.

[6] 马晓风. 论旋律创作的基本要素 [J]. 北方音乐，2017，37（4）：9-10.

应用思维导图培养学生的思维能力

刘志洪

中国学生发展核心素养以培养"全面发展的人"为核心，分为文化基础、自主发展、社会参与三个方面，综合表现为人文底蕴、科学精神、学会学习、健康生活、责任担当、实践创新等六大素养，具体细化为国家认同等 18 个基本要点。品德与社会学科的核心素养应是学生要有爱国情怀，学会自主学习，与人合作，有获取新知的能力及敢于创新的精神。《教育部关于全面深化课程改革落实立德树人根本任务的意见》将"核心素养"置于深化课程改革、落实立德树人目标的基础地位，改进学科教学的育人功能，促进学生全面发展、健康成长，教师责无旁贷。品德与社会学科作为思想性、人文性、实践性、综合性突出的学科，具有独特的育人优势，整合学习资源，培养学生的核心素养是品德与社会学科的必然趋势。由"世界大脑先生"东尼·博赞发明的思维训练工具思维导图，有"大脑万用刀"之美誉。在品德与社会教学中应用思维导图可以有效地开发学生的思维智能，培养学生的核心素养。

思维导图按照发散性思考的特征，把注意的焦点集中在中心主题中，连接中心主题的主干向四周放射，支干连接主干，并由一个关键的图形或写在产生联想的线条上面的关键词构成。思维导图在表现形式上是树状发散结构，有利于激发学生的学习兴趣、提升问题分析和解决能力、提升理解力和学习、在大量数据中抓住重点省时省力，除此以外更重要的就是对学生的发散性、创新性思维能力的培养与训练。

一、应用思维导图开展探究学习

在品德与社会教学过程中，利用思维导图，能够改变过去学生单线思维的状态，提高学生自主学习能力以及学习效率，启发学生的联想力和创造力，建构生成知识网络，使学生能把新的知识增长点方便快捷地完善在已有的知识网络中。

例如在教学品德与社会六年级下册第一单元《推动人类进步的科技革命》时，由于本课知识多而杂，所以我利用思维导图展开教学。将本主题分为两课时（图1），第一课时出示思维导图具体框架（图2），给予学习资料，学生自主探究学习，完成导图。第二课时，在掌握思维导图学习方法的基础上，引导学生小组合作，课下搜集资料，创造思维导图（图3、图4）

图 1

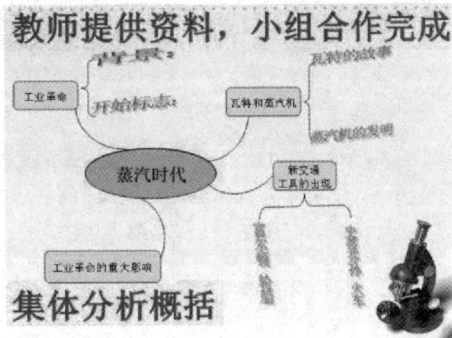

图 2

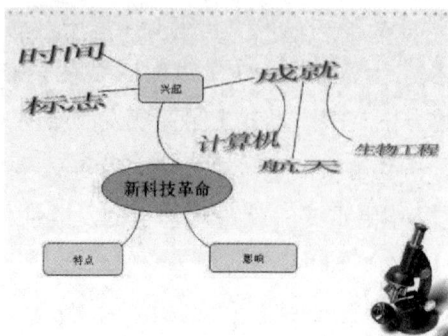

图3

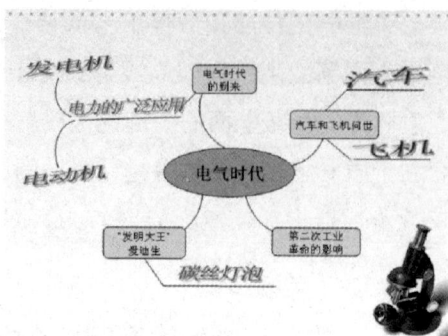

图4

学生利用思维导图进行探究学习，增加了学习兴趣，拓展思维，乐于寻找要素之间的关联性，并能够融会贯通地形成完整的知识网络，提升了思维的深度。思维导图对开展探究的学生有极大帮助，随着知识增长点的出现，学生可以不断扩充、完善原有的知识网络。

再如在教学五年级下册第三单元《世界上的文明古国》时，课上简单介绍四大文明古国，让学生自主学习，独立完成绘制思维导图。作品如下：

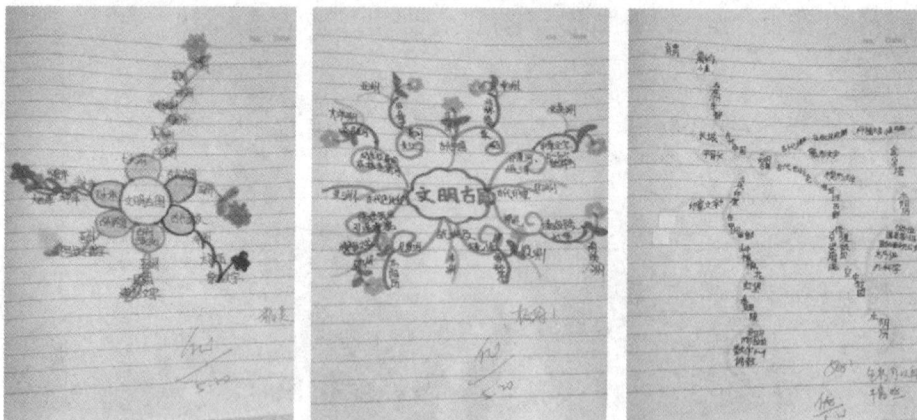

生复习作品《世界上的文明古国》

通过这样的自主学习，同样一个主题，发散思维，设计不同的主干与支干，不同的学生会创作出不同的思维导图，每个学生都在进步，每个学生的思维都舞动起来了！看到这样的作业不仅仅有惊喜，还为学生的创造力而感叹！

二、绘制思维导图培养思维能力

以往在复习整理知识时，教师总习惯按照教材的顺序去梳理，课堂气氛多枯燥乏味。这种复习方式以教师为主体，学生完全按照老师所设计的模式去复习和练习，缺乏主动性和创新性，容易产生厌学情绪。因此，我让学生利用思维导图自主复习，将多个零散的知识点集合在一起，独立自主地绘制复习导图。这种方法，在小学品德与社会五年级下册，那些涉及史地知识点杂而多的课的复习中效果显著。学生在创作思维导图的过程中，找中心词、主干、支干，体会知识间的联系，有时还会发现从来没有注意和意识到的各个知识间的关系，从而产生一些具有创新性的理解。除此以外，学生可以利用绘制完成的思维导图再次复习，分析复杂知识的结构，能够激发他们的学习兴趣，促使积极思考，加强对知识的理解，也增强了他们的成就感。

利用思维导图对知识进行整理归纳的过程，学生从中心主题出发，通过联想和发散，将头脑中丰富的素材综合起来，并将这些想法组合起来，就构成了一幅又一幅富有创造性的思维导图。

学生复习作业

皮亚杰曾说过："知识之间是相互联系和沟通的。"教科书的编写者为了方便教学，分解了完整的知识体系。而教师要对知识点之间的关联性加以重视。如果在宏观上把握不够，从而使不可分割的知识体系变得孤立、零碎，在不知不觉中就陷入了行而上学的思维之中。我们要引导学生从根本上转变学习方式，变被动接受为主动学习探究。学生也必须从知识的内在逻辑关联性上把握知识架构，能够建立属于自己的知识网络，从而灵活运用知识。学习过程应该是一个研究而不是简单的接受过程。只有对知识加以研究，才能发现知识结论和条件之间的关系。如此，才能真正地掌握知识，提高自己的思维能力，从而具有解决问题的能力，核心素养得到有效培养。

我的课堂故事

——浅谈《磁铁的性质》一课中的改变与收获

陈艳丽

一、教学背景

《磁铁的性质》一课是首师大版小学四年级第三册《磁与生活》中的第一课。本课共分为两部分，第一部分是根据学生的原有认知，联系已有的知识，明确认识磁铁有磁性，在此基础上知道磁铁有两个磁极。学生亲自尝试与体验发现两端的磁性强、中间的磁性弱的性质。第二部分是让学生通过实验探究发现两块磁铁间的两极具有同名极相斥、异名极相吸的性质。本课主要就第一部分进行教学，主旨是让学生在游戏活动与实验探究中发现磁铁的一些性质，体现学生在课堂中的主体地位，培养学生的探究精神与分析推理能力。对于中年级学生来说，这是学生们比较感兴趣的一课。

二、情景描述

上课铃声一响，我便拿出来一张硬卡纸，硬卡纸的前面放着一个用几个串联起来的曲别针做的小女孩的模型，而后面我用一块大的磁铁吸引着这些曲别针，让这个小女孩上上下下、左左右右地跳舞。孩子们看得入了神。我问道："孩子们，老师的这个表演精彩吗？"孩子们有的说"太精彩了"，有的说"表演得真不错"，小王却皱起了眉头，一言不发。我大概猜出了他的心思，心想，这个孩子的问题可能是我想要的那个答案，于是便将小王叫了起来，说道："小王，你为什么要皱眉头，而不说话呢？老师的表演不够精彩吗？""精彩是精彩，可是，您是怎么做到的呢？这个小女孩怎么就那么听话，不会从纸上掉下来呢？"

这时的课堂一下像炸了锅一样，孩子们都用渴望的眼神看着我，想让我教教大家。我想，本节课已经成功了一半，把孩子们的心都吸引了过来，同时也把他们的探究欲望激发了出来。我不动声色地将硬卡纸的背面慢慢地转向大家，大家一看到是块大磁铁，当时就恍然大悟了，七嘴八舌地说了起来。我示意让大家静下来。

"既然大家对磁铁这么感兴趣，我们今天就一起来做一些有关磁铁的游戏。"

"是用磁铁吸东西吗？我们家就放着一块吸铁石，上面放了很多的针，我奶奶说，这样针就不会丢了。"小萌立刻喊道。

"你真是个爱观察的孩子。你说得没错，一会儿咱们就做这个游戏，给磁铁找找它的好朋友。"

"它也有好朋友吗？"

"当然了，只要是磁铁能够吸引上来的东西，就都是它的好朋友，你们不是也愿意跟自己的好朋友在一起嘛！但是，在做个游戏之前，我给大家提个小小的要求：你们要用一块磁铁去找它的朋友，记住，找到之后，不要将物体从磁铁上取下来，限时一分钟。"

孩子们在限定时间里操作了起来。他们早早地就完成了我提出的任务。这个任务比较容易，主要是让孩子们自己动手操作，思考后总结出磁铁能够吸引含有铁、镍的物体。此活动还有另外一个目的，不要将磁铁吸上来的物体取下来，目的是培养学生认真观察的能力。学生认真观察会发现，磁铁吸上来的物体都在磁铁的两端，而不是中间，也不是均匀分布。这样为接下来认识磁铁有两个磁极的性质做了很好的铺垫。

"孩子们，你们认真观察磁铁所吸上来的物体，他们都被磁铁吸到了哪里，难道你们就不想问点什么吗？"我抛出了一个让他们认真观察的任务。

很快便有学生开始应和我的问题了，"老师，为什么所有的物体都被吸引到了磁铁的两端了呢？这是为什么呢？"

这个问题正是我想要让孩子们问的，并希望能够让孩子们在提问—思考—实验—再思考中达到动思同行的目的。

"这是为什么呢？你们有什么好办法能够帮助他解决这个问题吗？"

这时，教室开始出现了讨论的节奏。

A说："老师，我想用磁铁的中间试一试，我不相信中间吸不上东西。"B说："是不是中间根本就没有磁性呀？"C说："我认为，没准两边的力气大，把中间的物体都吸过去了，因为我们在吸铁钉的时候，我发现铁钉从中间滑到了边上。"本环节的讨论，我发现孩子们动脑思考了，他们的探究欲望已经被充分地调动了起来，急切地希望自己动手找到原因，找到答案。但他们又有些茫然，不知道该如何操作，不敢大胆地去实验操作。于是，我便提出了一个实验方案及要求。

"老师给每个组准备了一块条形磁铁，上边均匀地标上了五个点，为了能够更好地解决我们同学们的疑惑，老师还为每组准备了一个钩码，这个钩码要倒着放，让磁铁从远及近地慢慢向钩码移动，当钩码滚动的时候，我们就要用尺子测量出钩码移动的位置了，还没有听明白的同学可以参照课件中的操作说明。"

十分钟过去了，孩子们已经记录好了数据，并进行了初步比较。为了能够更加准确地得出结论，我将每组实验数据都拿到投影下，一一进行比较，最后终于得出磁铁的两端吸铁能力强，中间吸铁能力弱的性质。孩子们也通过自己的实验操作，数据分析及推力，解决了自己的疑惑，找到了自己想要的答案。

本节课孩子们一直在思考与实验操作中完成着一个又一个任务，就像闯关一样，解决着一个又一个谜团，他们始终都在处于一个高度思考与兴奋的状态中。最后，在一个又一个的恍然大悟中结束了本节探究课。

三、反思与改进措施

动手操作，尝试体验科学发展的过程是中年级学生比较感兴趣的。本课开始以表演的形式为学生们创设了一个让孩子们思考的空间，让孩子们通过思考，想办法得到自己想要的答案，在自己认真观察、动手操作、分析结果的整个过程中，体会到科学的乐趣。本节课始终以学生为中心，让学生们主动提出问题以及想要解决问题，紧紧围绕着学生的思维发展，展开本课的教学。

经过本节课的教学之后发现，有些环节还需要改进，如在探究磁铁的两端磁性强、中间磁性弱这一环节中，孩子们在操作过程中有些迷茫，不知道该如何操作，或者说根据老师的要求操作后，不知道自己操作的目的是什么。于是，我加以改进，根据小学生喜欢看动画片的特点，在本环节前加了一段光头强用磁铁找丢失的硬币的视频，通过本视频，让孩子们清楚地看到，磁铁能够在一定的距离下将硬币吸引过来，从而知道越远的距离吸引物体，磁性也就越强，反之则越弱。

四、改进效果

经过上述的修改之后，孩子们终于理解了自己所要操作的实验的目的，同时也大大减少了实验所需要的时间。最后，孩子们以一声"哦"结束了本节课，也为自己对磁铁的探究完美地收关。

从整节课的情况来看，学生还是十分喜欢这种自主提问与实践的方式，整节课几乎每个人都表现出一种积极的学习态度，乐于参加各种教学实践活动，并敢于在活动中表现自我。

学生是科学课堂中的主人，他们用灵活的头脑与双手，体会到了科学课堂中的乐趣与魅力，感受到了科学知识带给人类的方便与强大。

动静结合视角下的数学教学

刘双双

一、创设情境，唤醒学生的认知激情

著名教育家陶行知先生说："教学艺术就在于设法引起学生的兴趣，有了兴趣就能用全部的精力去做事情。"数学课堂应该坚持以学生的发展为本，采取情境化的教学，引导学生在开放的时空中自主探索，充分挖掘学生的创新潜能，使学生时时闪烁出创新的思维火花。

新课标明确指出："数学教学，要紧密联系学生的生活实际，从学生生活经验和已有知识基础出发，创设符合学生年龄特点的、生动有趣的、直观形象的数学教学活动和情境，以此来激发学生学习数学的兴趣和愿望，从而最大限度地调动学生的主体意识、创新精神和实践能力。"小学生尤其是低年级学生，他们的抽象概括水平能力很低，学习主要还停留在直观形象水平。他们更多注意的是事物的直观形象。从这一特性出发，充分地让学生看一看、摸一摸、数一数、掂一掂、量一量、摆一摆，对实际事物进行直观感知，产生学习、探究的兴趣，使学生通过经历、体会、感受等过程，理解和掌握数学的基础知识和基本技能。

在《0的认识和加减法》一课中，在揭示"0表示没有"的含义时，引出课题这一环节中（课件演示：小猴吃桃图），引导学生看，这是谁呀？它在干什么？还是这只小猴，怎样了？还是它，又怎样了？你能看图给大家讲一个小故事吗？学生发挥想象说：一只小猴有2个桃子，先吃了1个桃子，盘里还剩1个桃子，又吃了1个桃子，全吃完了，没有了。之后，我顺势追问：盘里有2个桃子，用几表示？还剩下1个，用几表示？最后一个桃子也没有了，你知道用几表示吗？学生回答：2个桃子，用2表示；还剩下1个，用1表示；吃完了，用0表示。学生初步认识了0，为了巩固学生对0的认识，加深体验感受，进行了"拿图片游戏"，把课桌里的水果图片按要求拿到桌面上，看谁拿得又快又准：①请你拿出2张图片；②请你拿出4张图片；③请你拿出0张图片。学生在看图讲故事、猜谜语游戏、数珠子等环节中学习有情境的数学，感觉到生活中处处有数学，进而调动了学习积极性，培养了对数学的兴趣。

二、合作探究，促进学生数学思维的提升

小学生在合作探究中灵活运用数学思维去分析、解决现实生活中的实际问题，有助于培养数学素养，提高勤思、善思、创造的精神。"自主探究—合作互动"的教学模式，是在学生已有的知识基础之上，在教师的引导下，让学生充分地自主交流并展开多角度的探索合作的教学模式，让学生在活动交流中充分与人合作交流、资源共享，在活动中不断加深自己对知识的理解，让不同层次、不同需求的学生能有效巩固所学，提升数学思维能力，由此真正实践"让不同的人在数学上获得不同的发展"的教学理念。例如，在教学《鸡兔同笼》一课时，先出示题目，之后让学生充分说一说"鸡兔同笼"是

什么意思？在学生对于"鸡兔同笼"这一词有了充分理解之后，出示数学信息，学生理解：鸡和兔共 8 只，鸡和兔共有 26 条腿，鸡有 2 条腿，兔有 4 条腿。到底鸡和兔各有多少只呢？让学生独立解决问题，这时学生用一些已有的知识，比如列举法来解决，也有学生用假设法和列方程来解决问题。在这个过程中教师让学生先完成信息检索和整理，给予学生充足的独立探究时间，再组织学生开展自由的合作交流，充分发挥学生思维的独创性，促进了学生数学思维的提升。

三、动静结合，引导学生数学思想的建构

数学课堂应是动静结合的高效课堂，在课堂上有学生借助实际生活经验产生的猜想，或者一些并不清晰的认识，教师应引导学生利用实际操作、动手实验、小组讨论等方式，同时也要鼓励学生搜集完过程性资料后要独立的思考，动静结合使学生亲身经历知识形成的过程，体验学习数学知识、探索数学奥秘的成功，培养学生的自学能力和独立解决问题的能力。如：在《圆的周长》一课中，学生先经历探究测量圆周长的方法，渗透化曲为直的方法让学生亲自动手想办法去测量圆的周长，之后利用小组讨论和独立思考相结合，讨论得出圆的周长到底与直径有没有倍数关系。

《课标（2011 年版）》指出："学生应当有足够的时间和空间经历观察、实验、猜测、计算、推测、验证等活动过程。"在《圆的周长》教学过程中，学生经历了观察、猜想、操作、分析、交流、验证的学习过程来探究三角形三边的关系，不仅培养了学生的动手操作能力和策略意识，同时让学生在自主探究、体验数据分析中构建出数学模型。

陶行知先生说过："好的先生不是教书，不是教学生，乃是教学生学。"因此，在动静结合的数学课堂教学中，我们既应该积极为学生创造条件，引导学生开展具有挑战性、探索性的操作活动，让学生亲身经历知识的形成过程。同时，还应该引导学生静下心来深入地思考，培养学生的学习能力、实践能力和创新精神，为学生的终身学习和可持续发展奠定基础。

第三节　悦动型体育案例

悦动型体育对推动学校体操教学发展研究

——以张家湾镇中心小学《篮球素质操》为例

胡文杰

　　"做主人教育"是学校的教育理念，旨在培养适应未来社会发展的发展人，悦动型体育就是在这一理念的指引下提出的，它与体育学科核心素养的内涵高度一致，是现在及未来体育发展的方向。

　　体育学科核心素养是指通过体育学科学习，学生所能掌握与形成的终身体育锻炼所需的、全面发展必备的体育情感与品格、运动能力与习惯、健康知识与行为，这三个维度缺一不可，在实际运用的过程中存在很多现实阻碍。如何在课堂教学中落实体育学科核心素养并能够结合本校特色，体现学校"做主人教育"理念，真正实现悦动型体育，是一个值得研究的问题。为此，笔者以《篮球素质操》为例进行剖析。

一、研究背景分析

（一）课程要求

　　《篮球素质操》属于体操类活动内容，是垫上操、韵律活动与手持轻器械体操的有机结合。体操是小学体育教学的主要内容之一，主要内容包括：队列队形练习、广播体操、徒手操、模仿操、轻器械体操、技巧运动、跳跃等。能促进学生形成正确的身体姿态，发展学生的力量、灵敏、平衡、柔韧等身体素质，培养学生战胜自我的意志品质，对学生的身心发育有积极的推动作用，同时能很好地增强学生的自我保护能力。

　　以水平一为例，《体育与健康》课程中显示：小学一年级阶段的体操类活动的主要目的是发展学生的基本活动能力，并通过游戏的形式不断地增加学生的兴趣，使学生天真活泼、善于表现的情感得到发挥。小学二年级，将基本的队列和体操队形、徒手操的基本动作及韵律活动与舞蹈等内容安排在体操类活动中，并通过这类活动发展学生身体的协调性、灵敏性及动作的节奏感等身体素质，塑造学生正确的身体姿态，形成生动活泼、朝气蓬勃的精神面貌，为进一步学习体操动作奠定良好的基础。

面对国家体操队后备人才不足的问题，国家体育总局体操运动管理中心提出了"快乐体操"。顾名思义，快乐体操就是让参与体操活动的孩子们能快快乐乐地进行玩耍和锻炼，其普及推广的目的着重于让孩子们快乐地参与体操活动；其教学内容注重趣味性和娱乐性；其教学方法体现灵活性和多样性；其锻炼过程讲究游戏化和自觉性；其器材设备确保安全性和多彩性；其教学结果以人为本，因人而异，量力而行。快乐体操是一项很适合儿童和青少年参与的体育活动，它将身体锻炼、音乐熏陶、舞蹈舞姿和灵巧协调等有机结合起来，通过多种训练方法让孩子们在娱乐中锻炼，在玩耍中增强体质。同时，对塑造良好的形体和培养优雅的气质有着重要作用。这也与学校悦动型体育的理念相一致。

我是一名体操专项毕业的体育教师，近几年主要从事一、二年级的体育教学工作，在走上工作岗位后，仍然希望将自己热爱的专业知识传递下去。快乐体操的提出，为学校体操教学的开展提供了新思路。

（二）体操发展现状及成因

体操教学内容开展不平衡：队列和体操队形是课堂常规的重要部分，练习次数最多；广播操是课间操的主要内容，开展最广；韵律舞蹈开展相对较少；垫上及支撑跳跃类体操则成为开展情况最差的。

目前，全国体操教学都面临这样的问题，造成这种情况的原因是多方面的。

1. 安全因素

体操在多数人的眼中是竞技性、观赏性的项目，孩子练习又苦又累，危险性较大。家长和教师都担心学生在练习过程中出现安全问题，家长对孩子的过度关心、过度保护，学生在练习的过程中有一点磕碰，可能面临家长的指责甚至投诉，教师和学校有些应对无力，体操内容被逐渐搁置。

2. 场地器材

体操对场地器材的要求较高，大小体操垫、网绳、肋木、单杠等都是必要器材，而多数学校没有较大的场地摆放这类器材。

3. 班级人数过多

小学班级的班容量为 40 人左右，教师在上课前要完成器材的摆放、检查等工作，一个人要组织教学兼顾安全，要纠正学生动作，对学生保护与帮助，完成难度较大，很难兼顾安全与教学质量。

4. 学生基础差

体操在不同的阶段，需要相应的练习，打破学生的畏惧心理，在低年级不能掌握相应的知识，随着年龄的增大，恐惧心理也愈加明显，学习更加困难。

5. 教师专业不同

教师都有各自的专业学习方向，如田径、游泳、篮球、武术等，在体操教学时，对重难点的把握不准确，不能对动作要点做到一语中的，增加了教学及学生学习难度。

二、《篮球素质操》的创编与实施

（一）创编原因

悦动型体育中的"悦"即为快乐，是学生快乐的学习，从乐趣中来，能够激发学生内在锻炼的动机，维持学生学习的兴趣，引导学生自主锻炼。《体育之研究》中指出"兴味者，运动之始；快乐者，运动之终"，快乐体育，也是形成终身锻炼习惯的重要影响因素；"动"就是身体练习，身体练习是为了实现体育的目的任务而采用的体育手段中的动作，是人们为了增强体质、娱乐身心或提高运动技术水平而专门采用的身体活动。它可能是一个动态的过程，也可能是一个静态的动作。学校悦动型体育的提出，也符合体育学科核心素养中"运动能力与习惯维度的要求"，成为本次创编的主要契机。

体育教学以安全第一为指导思想，包括两方面的含义：首先，在保证学生安全的情况下进行身体活动；其次，学生能在身体练习之后确保有自我保护的能力。在实际的上课过程中，教师过度关注第一层含义，为例确保学生的安全，略过有一定危险系数的课程，垫上体操等首当其冲。造成这种情况发生的另一个原因，是学生日益下降的身体素质。尽管国家为遏制这一情况，出台了很多政策，但收效甚微。学生自身的素质并不能支撑他们完成动作，也易发生伤害事故。学校是"一校一品"篮球特色校，学生对篮球的熟悉程度高，将篮球与体操结合在一起，既能提高学生的身体素质，又能让学生体会运动乐趣，将素质操本土化，成为学校特色，是本次创编的主要因素。

（二）创编过程

本套素质操，是以篮球为器械，以发展学生基本素质、基本形态为主，从开始到结束共计三分十八秒，包括以下方面内容。

1. 形体姿态练习

主要培养学生基本姿态控制能力，培养学生良好的气质，促进形体健康，本套操 1~5 节均为姿态练习。

2. 核心力量练习

主要发展学生的核心部位力量，提高学生的身体素质，为其他运动项目的学习奠定基础，本套操 6~8 节为核心力量练习。

3. 有氧耐力练习

主要发展学生的节奏感、弹跳力和有氧耐力，本套操第九节为有氧练习。整套操既可以发展学生的各项素质，又能够符合学生的身心特点，难度适中，二至六年级的学生均能接受。

（三）推广

1. 推广方式

《篮球素质操》的推广，采用课堂教学与课间操集体练习相结合的方式进行。

（1）课堂教学中的推广

体育课堂是学习《篮球素质操》的主要学习场所，练习相对枯燥，学生不仅会身体累，心也会累，这就对教师在内容安排、教学形式及呈现方式上的多样性提出要求。

第一，要引导学生产生练习兴趣，营造"快乐体育课堂"氛围，情景导入是非常有效的方式。例如，第一部分教学时，可以利用大屏幕播放阅兵时军人的动作，引导学生动作到位，做到横平竖直；第二部分的仰卧举腿时，让学生想象用脚尖去找天上的云，云会给你的脚做一个按摩。

第二，练习要循序渐进，不能直接进行成套动作的分解教学。例如，发展学生的上肢力量的跪膝俯卧撑，可以由跪膝俯撑到直臂俯撑再到跪膝俯卧撑来进行，而不是第一次课就进行跪膝俯卧撑动作的教学。这样学生才能正确掌握动作方法和发力技巧。辅助练习也非常重要，跪膝俯卧撑对学生来说难度较大，在练习时，可以借助篮球进行，将篮球放在胸口正下方，两手撑在肩膀正下方，曲臂向下，胸口和球亲密接触，再撑起离开；柔韧练习时，对柔韧性较差的学生，可以用弹力带辅助进行。

第三，针对同一素质的练习要有不同形式。同样是发展学生腿部力量，我们可以采用动物模仿练习进行，模仿跳跳虎、小青蛙、小鸭子、袋鼠走，可以利用器材比谁跳得高、谁跳得远。

第四，充分发挥语言的作用。语言讲解是体育教学中最主要的形式，在讲解的规程中，内容要准确、时机要适当，既具有启发性，又简洁明了。教师的语言对学生学习的全过程起着积极的推动作用。有时候，教师的一句鼓励的话，就能激发学生向更高的目标努力；一个竖起大拇指的肢体语言，就能让学生知道自己的努力被老师看到，进而继续前进。及时的鼓励让学生在练习过程中体验到"我的付出得到了回报"，是一种"通过肉体通途的行动而取得成就的喜悦"。

最后，课程结束后，我们要对学生的整体学习情况进行评价，其评价包含技能、态度与参与、情意与合作三个部分，具体如下表所示：

学生学习情况评价表

		《篮球素质操》
技能	A	动作协调、熟练，标准到位，身体姿态好，节奏清晰。
	B	动作比较协调、熟练，基本标准，姿态较好，节奏清晰。
	C	基本能完成动作，有节奏感，但动作不够标准。
	D	完不成动作，节奏感差。
态度与参与	A	学练积极主动，态度认真，自觉准守纪律，能吃苦耐劳，自信心强。
	B	学练比较积极，态度较认真，能遵守纪律，基本按要求完成，有信心
	C	参与学练不够积极，不认真，组织纪律性较差，怕吃苦。
情意与合作	A	学练中主动与人交流，互相纠正动作，帮助方法正确、负责人。安全意识强。
	B	学练中能与人交流，能运用保护帮助方法，有安全意识。
	C	练习中不愿意与人交流，纪律性不强，不能约束自己。

学生不但运动技能和体能得到了发展，心理、意志品质及人格也得到了发展和完善，从而建立起一种在人的全面发展之上的快乐。这才是真正的悦动型体育，快乐体操。

（2）课间操中的推广

学生在身体素质较好的情况下，利用课间操时间进行成套动作的学习，规范动作，尽量保持动作的一致性。

2. 推广成果

（1）通州区课间操评比，包括四个项目：广播操《七彩阳光》、队列操、篮球手势操及《篮球素质操》。经过几轮评比，学校获得"通州区课间操评比标兵校"的荣誉。

（2）学生身体素质明显提高。学生在进行其他动作练习时，动作协调性及学习能力明显增强。

三、结论与建议

结论：学生的体质情况显著下降，学习动作难度增加。教师专业限制，自身对动作本身理解不到位。

建议：结合各校特色，通过各项身体训练，增强学生肌肉控制力，提高学生体质。

教师加强专业能力，研读教材，抓住动作要点及难点。注重课堂组织，丰富课堂内容，激发学生兴趣。对动作技能的学习要循序渐进，符合学生身心发展的规律，充分利用现有场地器材，增强学生身体素质，逐步向体操迁移。

在今后的体操教学中，可借助本次素质操的教学经验，让学生在游戏中学习基础动作，再根据年级学习不同的技术动作，逐步推动小学体操教学的发展。

悦动型体育

——特色篮球

胡文杰　董欢欢

悦动型体育就是以体育课程为核心，以各种体育活动为重要依托，以学生体育社团为辅助手段，通过学生喜闻乐见的形式，帮助学生培育健康体魄，锻炼坚强意志，培养君子人格的一条育人途径。为了贯彻"做主人"教育思想，以立足体育课堂为根本，增进学生身心健康的根本途径和实施素质教育的切入点，围绕"健康第一"这个中心，以培养适应社会发展的发展人为宗旨，以强健体魄、培养学生的艺术素养和团结进取精神为目标，本校以篮球运动作为增强学生体质、创新德育形、提升文化品位的有效手段，依靠社团引领、课堂推广、大课间普及，使之成为优化学校教育实践活动，积聚学校文化特色内涵的重要手段。[1]

作为通州区篮球特色学校和全国足球特色校，学校积极开展各种篮球活动。通过特色篮球课程、篮球社团训练、特色篮球运动会、班级篮球联赛以及一系列篮球活动形成了张家湾镇中心小学独特的篮球文化，篮球不仅为学生搭建了成长的平台，也为学校带来了发展的契机，通过优化育人实践，积聚特色内涵，打造学校悦动型的体育文化，走出了一条具有学校特色的阳光体育之路。

一、特色篮球课程

学校鼓励体育教师突破体育教材局限，加强体育校本教研，依据篮球项目特点和学校实际情况，根据学生不同的水平段，设置技能学习具体目标，由易到难、由简单到复杂，教学内容涵盖篮球文化讲解、篮球技术技能、篮球技术展示。

篮球项目教学纳入课表。每周的 3~4 节体育课时：用 2~3 节体育课时完成《体育课程纲要》规定必授的基础体育技能教学；保证每周至少 1 节体育特色项目课时，用于进行足球篮球项目技能教学，并制定考核标准，纳入学期体育学科学业评价方案进行评定。利用体育家庭作业巩固学生课外锻炼，开展足球和篮球校园班级联赛，进行"球星"评比，引导家长和学生参与评价，激励学生自觉练习、巩固技能。

篮球教学目标：了解篮球运动的价值，培养学生参加篮球运动的兴趣；能在篮球游戏和比赛中，运用所学的篮球基本技术和简单战术；开展篮球活动，提高学生的速度、力量、耐力等身体素质，促进身体全面发展；在篮球游戏和比赛中，培养学生自尊、自信，与同伴合作及友好相处的精神，提高社会适应能力。

1. 以水平一原地运球为例对本校特色篮球课程进行阐述

原地高运球：抬头，目视前方，上体稍前倾，以肘关节为轴，用手按拍球的后侧上方，球的落点在身体侧前方，球反弹的高度在腰和胸之间，不拍球的手，自然支起，以保护球。左右手交换练习。

原地低运球：抬头，目视前方，两腿迅速弯曲，降低重心，上体前倾，统收短促地按拍球，控制球从地面反弹的高度在膝部高度，以便摆脱防守继续前进。不拍球的手，自然支起，以保护球。左右手交换练习。

原地体前左右手交替运球：两腿自然开立，宽与肩，屈膝重心降低，双手手掌相对左右交换运球，将球运在自己体前，高度不超过膝部，重心随球的方向移动，目视前方。

原地推、拉运球：右手运球于右侧，拍球的后上方，将球推向前面，右手立即改变手腕，扶球前上方，接着提拉球回到右侧后方，扶球后下方，再推一截向前，重复上述动作。左右手交替练习。

（1）水平一原地运球的单元目标

课次	学习目标	重点、难点
1	80% 以上学生能够认识触球手型并完成连续拍按球 10~20 次。发展力量、灵敏、速度等身体素质，锻炼学生上下肢相互配合的能力。培养学生勇敢顽强和团结协作的优良品质。	重：触球手型。难：连续拍按球。

课次	学习目标	重点、难点
2	进一步学习原地运球动作方法，使85%以上的学生学能达到连续拍球30次以上。发展力量、灵敏、速度等身体素质，锻炼学生上下肢相互配合的能力。 在课堂教学中让学生体验到篮球运动的乐趣，为进一步学习奠定基础。	重：手指指根触球正上方。 难：按压结合运球。
3	巩固提高原地运球完整动作方法，90%以上学生能够做到手指手腕连续按压球的正上方。 提高上下肢协调配合能力，发展上肢力量，培养学生积极进取的精神品质。	重：手指手腕按压球。 难：协调用力。
4	考核完整动作技术，检查学生学习情况，提高学生相互合作的能力，巩固提高完整动作技能，培养学生认真细致的学习品质。	重：完整动作。 难：协调配合。

（2）水平一原地运球的评价方法

优秀	能够连续运球30次以上并能够在原地控制球。
良好	能够连续运球30次以下并能在原地控制住球。
合格	能连续运球20次以下，但控球不稳。
努力	能运球多次，控球不稳。

（3）水平一原地运球的案例介绍，以教师董欢欢一年级课堂和教师张骥二年级课堂为例（荣获"春华杯"一等奖）

教学目标：
1.通过本次课使100%学生建立完整的原地运球动作概念，95%的学生初步掌握学习原地运球的基本动作方法。 2.通过练习发展学生的上肢力量和身体灵敏、协调等身体素质，激发学生兴趣，体会游戏的乐趣。 3.在游戏中培养机敏、果断、顽强、勇敢等心理素质以及团队协作、互相帮助的集体主义精神。

教材内容：	1.原地运球；2.小游戏：滚球接力赛。
重点	1.手触球位置；2.手指手腕按压球。
难点	手触球时似"粘球"。
教学材料：	篮球、录音机一台、标志桶、呼啦圈。

教学结构	教学内容与要求	教师活动	学生活动	场地设计与教学设计	时间	分量
开始部分	一、课堂常规 1.体育委员整队师生问好、报告人数、检查服装。 2.宣布本课内容和任务。 （要求：学生精神饱满、注意力集中。） 二、队列练习集合散开（要求：快、静、齐）。	1.师生问好、检查人数和服装。 2.宣布本课的内容和任务。 1.讲解要求教师喊口令。 2.教师设置情境组织学生发球。 1.体操队行散开。 2.教师领操。	1.学生站成四列横队 2.学生认真听讲 1.听教师口令快速反应。（体验快、静、齐的队列要求） 2.在情境下快速发球。 3.学生跟教师做操。	组织： 四列横队 ×××××× ×××××× ×××××× ×××××× ◎ （调整学生精神状态和积极性。） 1.四列横队 ××××× ××××× ××××× ××××× ◎ （锻炼学生精神集中、快速反应能力。）	1分 2分 5分	 3 2
准备部分	一、专项活动 1.韵律操 伸展运动 体转运动 腹背运动 跳跃运动 2.熟悉球性练习 抛接球 击掌接球 接反弹球 绕球 二、原地运球 动作方法：两脚开立，抬头，五指张开，掌心空出，有节奏地拍按球的上部。	1.双手抛接球练习。 2.教师组织多种方法拍球。 1.教师组织学生尝试练习拍球。 2.讲解动作要领（小口诀）并示范正确动作。 3.组织学生原地运球练习。 4.择优展示。 5.10秒拍球比多。 6.挑战赛。 7.教师作评价和小结。	1.学生练习原地抛接球。 2.多种方法来拍球。 1.学生认真练习。 2.学生认真观察教师示范动作学习小口诀。 3.学生练习原地运球。 4.优秀学生展示。 5.学生积极参加。 6.学生团结一致。 7.师生评价。	体操队形： ×　×　×　× ×　×　×　× ×　×　×　× ×　×　×　× ◎ 熟悉球性，活跃气氛。 ×××××× ×××××× ×××××× ×××××× ◎ （通过学生自己观察，模仿，探究问题，掌握动作方法。锻炼学生自练自评的能力。）	4分 17分	 2 3

教学结构	教学内容与要求	教师活动	学生活动	场地设计与教学设计	时间	分量
基本部分	重点： 1. 手触球位置。 2. 手指手腕按压球。 难点： 手触球时似"粘球"。 游戏：滚球接力赛	1. 教师讲解游戏方法、规则。 2. 教师提示指导 3. 教师指导学生游戏。	1. 学生观察理解。 2. 学生分组游戏。 3. 学生游戏。	 团结争胜、激发兴趣、强调认真 〇〇〇〇〇〇 〇〇〇〇〇〇 〇〇〇〇〇〇 〇〇〇〇〇〇	8分	3 2 2 3
结束部分	一、放松活动：找伙伴 二、小结本课 三、收拾器材 四、师生道别	教师组织并参与放松 教师小结 同学再见	学生放松 老师再见	×　×　×　×　×　× ×　×　×　×　×　× ×　×　×　×　×　× ◎	3分	

场地器材： 小篮球35个。 标志桶16个。 呼啦圈8个。	安全措施： 1. 检查场地器材，提出安全要求。 2. 做好准备活动和放松活动。 3. 各环节练习前，教师强调练习安全要求，练习过程中，教师巡视纠正学生危险动作。
练习密度：预计练习密度：35%~40%	

教学目标：

1. 进一步学习原地运球动作方法，使 85% 以上的学生学能达到连续拍球 30 次以上。

2. 发展力量、灵敏、速度等身体素质，锻炼学生上下肢相互配合的能力。

3. 在课堂教学中让学生体验到篮球运动的乐趣，为进一步学习奠定基础。

教材内容：1. 原地运球；2. 小游戏：揪尾巴。					
重点	运球时手指指根触球正上方。				
难点	按压结合运球。				
教学材料：篮球、录音机一台、标志桶。					

教学结构	教学内容与要求	教师活动	学生活动	场地设计与教学设计	时间
开始部分	一、课堂常规 1. 体育委员整队师生问好、报告人数、检查服装。 2. 宣布本课内容和任务。 （要求：学生精神饱满、注意力集中。） 二、队列练习 1. 原地三面转法 （要求：两臂夹紧身不晃）	1. 师生问好、检查人数和服装。 2. 宣布课的内容和任务 讲解要求教师喊口令指导。	1. 学生站成四列横队 2. 学生认真听讲 听老师口令练习原地三面转法。	组织：四列横队 ×××××× ×××××× ×××××× ×××××× ◎ （调整学生精神状态和积极性。） 四列横队 ×××××× ×××××× ×××××× ×××××× ◎ （锻炼学生精神集中、快速反应能力。）	4分
准备部分	专项活动 1. 素质操 预备节 伸展运动 体转运动 体侧运动 踢腿运动 跳跃运动 整理运动 要求：随口令动作整齐。 2. 熟悉球性练习复习原地运球。 要求：两腿分开，五指张开。	1. 体操队行散开 2. 教师领操 带领学生原地运球。	学生随教师练习。 跟随教师原地运球。	体操队形： 熟悉球性，活跃气氛。	4分

教学结构	教学内容与要求	教师活动	学生活动	场地设计与教学设计	时间
基本部分	一、原地运球 1.学习原地运球。 2.原地运球游戏。 3.换位运球游戏。 4.抢绳子运球游戏。 重点：运球时手指指根触球正上方。 难点：按压结合运球。 要求：认真观察，积极思考。 二、游戏：揪尾巴 要求：练习时注意安全。 三、课课练2~4次少不 要求：仔细观察。	1.示范、讲解动作方法（小口诀）并示范完整动作。 2.组织学生原地运球练习。 3.组织学生改变方法去做原地运球说数字。 4.择优表演。 5.组织学生游戏：换位运球。 6.改变方法做换位运球练习。 7.抢绳子运球游戏。 8.小结。 1.教师讲解游戏方法、规则。 2.教师提示指导。 3.教师指导学生游戏。 4.教师指导择优表演。 5.小组进行游戏。 夹包跳	1.学生学习动作方法徒手模仿动作。 2.学生分组做原地运球练习。（运用小口诀） 3.学生改变方法做原地运球。 4.优秀学生展示。 5.学生两人一组做游戏：换位运球。 6.改变方法做换位运球练习。 7.抢绳子运球游戏。 8.小结 1.学生观察理解。 2.分组练习。 3.学生分组游戏。 4.优秀学生展示。 5.学生改进方法。 夹包跳	（通过观察模仿和小口诀的运用解决本次课的重点）	18分 5分 5分
结束部分	放松活动 （师生互动） 课后小结宣布下课	教师指导学生放松。总结课堂表现，给予批评、表扬组织学生收器材。	听音乐随教师放松。认真听教师总结课堂表现。帮助收器材。	×××××× ×××××× ×××××× ×××××× ◎	4分

教具：
小篮球 33 个。
跳绳 33 个。
小音箱 1 个。

预计生理负荷曲线

预计练习密度：35%~45%

全课平均心率：120~130/分

2．水平二行进间运球练习方法和内容

直线、曲线运球：运球急停时，用手快速按拍球的前上方，同时两脚做跨步急停，并转入低运球，用臂、身体和腿保护球。运球急起时，后脚用力蹬地，同时按拍球的后侧上方，向前运球，加速超越对手。

以张胤凯教师三年级和郑元龙教师四年级课堂为例。

教学目标：
技术目标：进一步复习原地运球的技术动作初步掌握行进间运球的手臂动作，使 85% 的同学能掌握行进间直线运球的动作方法。
技能目标：发展学生的拍球能力，增强学生的反应速度和灵敏素质。
教育目标：体验篮球运动的乐趣，培养学习兴趣，建立学习信心。

教材内容：1. 行进间直线运球；2. 游戏：大灰狼与石头人。						
重点	触球位置和手指手腕按压球。					
难点	控制球的能力。					
教学材料：篮球、录音机一台、标志桶。						
教学结构	教学内容与要求	教师活动	学生活动	场地设计与教学设计	时间	分量
开始部分	一、课堂常规： 1. 体育整队、师生问好、报告人数、安排见习生。 2. 宣布本课内容和任务。 二、队列练习。 1. 原地三面转法。 2. 游戏：传球接力。	1. 师生问好、报告人数、检查服装。 2. 宣布课的内容和任务 1. 教师提要求 2. 教师指导。	1. 学生站四列横队 2. 学生认真听讲，注意观察。 要求：队列整齐、口号洪亮。 学生集体练习。	组织： 四列横队 ×××××× ×××××× ×××××× ×××××× ◎ 1. 四列横队 ×××××× ×××××× ×××××× ××××××	1分 2分	 3

教学结构	教学内容与要求	教师活动	学生活动	场地设计与教学设计	时间	分量
准备部分	一、准备活动 1. 篮球操 2. 专项练习 （1）双手手指手腕拨球 （2）原地高低运球 游戏规则：长哨代表"高人"做原地高运球、短哨代表原地低运球。 比一比谁的手心更白，相互提醒"矮人"时候要屈膝，否则违反规则。 （3）原地踏步运球	教师领做 教师喊口令，强调动作要领并领做	要求：动作舒展、准确有力。 要求：守纪律，听指挥。 学生跟随教师练习。	2. 组织队形： 体操队形 ××××× ××××× ××××× ××××× 	5分 4分	2 2 3 3
基本部分	一、行进间直线运球 1. 学生练习沿线运球 2. 教师集合学生并结合图片讲解小口诀。 臂以肘为轴；拍球后上方；球弹胸腰间；球落侧前方。 3. 球在线上，右手运球。 4. 人在线上，右手运球。	1. 教师示范原地换手练习。 2. 教师组织原地换手练习。 要求：跟随口令，动作迅速。 3. 教师和同学示范两个人一组练习。 4. 教师组织学生尝试两个人一组练习。 要求：观看的同学喊声变，练习的同学迅速变向换手。	1. 学生观看教师示范。 2. 学生尝试走一步运球换手。 3. 学生观看教师示范。 4. 学生两人一组进行练习。 5. 学生认真观察并牢记心中。 6. 学生分组进行练习。	××××× ××××× ◎ ××××× ××××× ×××丨∞∞∞∞ ×××丨∞∞∞∞ ×××丨∞∞∞∞	17分	2 2 3 3 3

教学结构	教学内容与要求	教师活动	学生活动	场地设计与教学设计	时间	分量
	5.球在线上，右手运球去，左手运球回。 6.人在线上，右手运球去，左手运球回。 重点： 1.手触球位置和手指手腕按压球。 2.控制球的能力。 难点：运球时手部动作与脚步动作的协调配合及运球的力度。 二、游戏：大灰狼与石头人。 1.规则：老师扮演大灰狼，边运球边抓人，学生扮演喜羊羊，自由运球，当大灰狼靠近喜羊羊时，喜羊羊立刻变成石头人，迅速原地运球五次，五次过后，石头人失效，必须离开原地，继续运球，否则游戏失败，场外等候。 2.游戏时注意安全距离，不许拉人，撞人，推人。	5.教师再次强调拍球的部位。 6.教师组织学生分组进行曲线运球。 要求：每组每人依次进行，按照动作要领练习，稳中求快。 1.教师讲解游戏方法及规则。 2.学生分组尝试练习。 3.组织学生进行游戏。 4.做正确评判。	1.学生认真听清方法规则。 2进行练习。 3.游戏开始	×××｜∞∞∞∞ ×××｜∞∞∞∞ ×××｜∞∞∞∞ ×××｜∞∞∞∞	8分	2 3

续表

教学结构	教学内容与要求	教师活动	学生活动	场地设计与教学设计	时间	分量
结束部分	放松活动： 找伙伴 小结本课 收拾器材 师生道别	教师组织并参与放松 教师小结 同学再见	学生放松 老师再见	× ◎	3分	

场地器材： 小篮球 35 个。 标志桶 16 个。 呼啦圈 8 个。	安全措施： 1. 检查场地器材，提出安全要求。 2. 做好准备活动和放松活动。 3. 各环节练习前，教师强调练习安全要求，练习过程中，教师巡视纠正学生危险动作。

预计练习密度：35%~40%。

生理负荷曲线

教学目标：

1.学生通过学习，使85%左右的学生掌握行进间运球的技术动作。

2.学生通过模仿、探究学习，发展学生拍运球能力，增强反应速度、灵敏度以及对篮球的兴趣。

3.学生练习积极主动，守纪律，培养学生善于思考、团结合作的集体主义精神。

教材内容：1.行进间曲线运球；2.游戏：冲过烽火线
重点	手触球的部位和用力方向，以及换手后的衔接。
难点	手触球的部位和用力方向，以及换手后的衔接。
教学材料：篮球、录音机一台、标志桶。

教学结构	教学内容与要求	教师活动	学生活动	场地设计与教学设计	时间	分量
开始部分	一、课堂常规 1.队长整队。 2.宣布本课内容。 3.安排见习生。 要求：集合快、静、齐。 二、队列练习 队列练习 依次转法 四列横队变八列横队	1.师生问好、报告人数、检查服装。 2.宣布课的内容和任务。 1.教师提要求。 2.教师指导。	1.学生站四列横队。 2.学生认真听讲，注意观察。 要求：队列整齐、口号洪亮。 学生集体练习。	组织： 四列横队 × ◎ 1.四列横队 × ◎	1分 2分	
准备部分	一、一般性准备 篮球操 二、专项准备 1.胯下绕8字练习 2.原地左右手运球 3.体前变向运球 4.直线运球	教师领做。 教师喊口令，强调动作要领并领做。	要求：动作舒展、准确有力。 要求：守纪律，听指挥。 学生跟随教师练习。	2.组织队形： 体操队形 ×	5分 4分	

教学结构	教学内容与要求	教师活动	学生活动	场地设计与教学设计	时间	分量
基本部分	一、行进间曲线运球 动作方法： 右手运球向左侧变向突破时，突然改变球的方向，拍按球的侧上方，使球从身体右侧弹向左侧，右脚迅速向左侧前方跨出，上体左转、前倾并探肩，换左手拍按球的左后侧继续加速前进。左手时动作方法相同。 重点：手触球的部位和用力方向，以及换手后的衔接 难点：手触球的部位和用力方向，以及换手后的衔接 小口诀： 拍按球的侧上方，探出肩来你最棒。跟腿迅速侧方出，换手继续向前冲。	1.教师示范原地换手练习。 2.教师组织原地换手练习。 要求：跟随口令，动作迅速。 3.教师和同学示范两个人一组练习。 4.教师组织学生尝试两个人一组练习。 要求：观看的同学喊声变，练习的同学迅速变向换手。 5.教师再次强调拍球的部位。 6.教师组织学生分组进行曲线运球。 要求：每组每人依次进行，按照动作要领练习，稳中求快。	1.学生观看教师示范。 2.学生尝试走一步运球换手。 3.学生观看教师示范。 4.学生两人一组进行练习。 5.学生认真观察并牢记心中。 6.学生分组进行练习。	××××××× ×××××× ◎ ××××××× ××××××× ×××|∞∞∞∞ ×××|∞∞∞∞ ×××|∞∞∞∞	17分	

续表

教学结构	教学内容与要求	教师活动	学生活动	场地设计与教学设计	时间	分量
	二、游戏：冲过烽火线 游戏方法：学生两人一组，游戏开始后，行进间传球过障碍，至折返点后，把球放在呼啦圈里然后快速跑返回，与下一名同学击掌接力，反复进行，先完成的为胜。	1.教师讲解游戏方法及规则。 2.学生分组尝试练习。 3.组织学生进行游戏。 4.做正确的评判。	1.学生认真听清方法规则。 2进行练习。 3.游戏开始。	×××|∞∞∞∞ ×××|∞∞∞∞ ×××|∞∞∞∞ ×××|∞∞∞∞	8分	
结束部分	一、放松活动：找伙伴 二、小结本课 三、收拾器材 四、师生道别	教师组织并参与放松 教师小结 同学再见	学生进行放松 老师再见	×××××× ×××××× ×××××× ×××××× ◎	3分	

场地器材： 小篮球35个。 标志桶16个。 呼啦圈8个。	安全措施： 1.检查场地器材，提出安全要求。 2.做好准备活动和放松活动。 3.各环节练习前，教师强调练习安全要求，练习过程中，教师巡视纠正学生危险动作。
预计练习密度：35%~40%	生理负荷曲线

167

水平三则是传接球与三步上篮的内容，由于篇幅限制，不做介绍。

特色篮球课已经是张家湾中心小学的体育课堂一道独有的亮点，不仅有系统，且年级之间衔接紧密，使学生在平时的课堂中掌握了正确的篮球技能，养成了良好的锻炼习惯，使学生终身受益。

二、特色篮球训练

多年来学校一直重视篮球运动的开展，有着比较深厚的群众基础。历任校领导都把篮球运动当作学校文化建设的一个重要组成部分，将"校园篮球"工作纳入学校工作计划和发展规划之中，积极落实上级有关精神，整合各种资源，不断深化学校"校园篮球"工作的开展。现阶段，学校包括6所完小在内共6所小学，85个教学班，2700名学生，230名教师。

2013年，学校第一所篮球馆建成，同时张家湾中心校真正意义上的第一支篮球队成立了！学校拥有两个室外篮球场，一个室内篮球馆，大小篮球架14个，各种篮球500余个，篮球成了学生最喜欢的体育运动。同时，6所小学都相继成立了自己的篮球队。

2014年5月，张家湾中心校第一届3对3篮球赛开赛了，那次篮球比赛是张家湾中心小学近十几年来，在组织规模、学生参与等方面都是最为成功的一次，这也意味着开始了张家湾篮球运动的新纪元。同年7月，张家湾中心小学男篮第一次参加区篮球比赛，并获得第四名的好成绩。

2015年，学校加大力度成立不同组别篮球社团10个，外聘篮球教练10人。学校选派四支篮球队参加通州区阳光体育篮球联赛，其中中心校女篮队获得女子第一名、上店女篮队获得女子第二名的好成绩；中心校男篮队获得第二名的好成绩。在之后北京市篮球冠军联赛中又取得男篮第六名、女篮第十名的好成绩，极大地推动了学校"校园篮球"工作的进程。

2016年，学校参加通州区阳光体育篮球联赛，又包揽了女篮第一、第二名，男篮第一名的好成绩，并在通州区冠军联赛中获得女子冠亚军，男子第四名，北京市篮球冠军联赛中女篮获得第七名的喜人成绩。短短两三年的时间，篮球运动逐渐成为学校的品牌特色项目，在通州区产生了不小的影响。

2017年，学校参加通州区阳光体育篮球联赛，又一次博得女篮冠亚军、男篮季军的好成绩，并在北京市冠军联赛中获得女子第六名，篮球成绩再上新台阶!

2017 年 11 月 20 日,"小篮球大梦想"——中国篮协小篮球发展计划暨小篮球联赛启动仪式在北京市通州区张家湾镇中心小学正式拉开帷幕,使学校的"校园篮球"项目再放异彩!

国家体育总局副局长李颖川同志,青少司副司长王雷同志,中国篮协主席姚明同志,中国篮协秘书长白喜林同志,副秘书长许闽峰、薛云飞、付小红同志,通州区教委副主任袁静华同志等领导出席了本次开幕式,张家湾镇中心小学有幸成为本次开幕式的举办地,极大激发学校师生开展体育的决心。这次启动仪式,成为学校篮球运动发展契机,也成了师生努力拼搏的精神动力。

2018 年 5 月 18 日,张家湾镇中心小学全体师生满怀激情地迎来了"一校一品"小篮球特色活动展示暨张家湾镇中心小学第二届全员运动会。

中国男篮蓝队主教练杜锋先生、中国男篮队员吴前、陶汉林两位篮球名将、北京篮协副秘书长丁仁海先生、通州区体美科杨晶晶科长、通州区教师研修中心张金玲主任均有出席。本届运动会以"合作意识、规则意识、尊重意识、拼搏精神"为小篮球活动育人目标,让学生在情趣盎然中锻炼身体,陶冶情操,发挥智力和个性特点。此次运动会的召开,是学校进一步推进素质教育的实施,发展体育运动事业,促进小篮球特色运动项目发展的一项重要举措,同时也是学校精神文明建设成果的一次重要展示。

在领导支持、教师认真、教练专业的保障下,学生利用每天早操、课间操、中午早到、课外社团活动、周六日等一系列碎片时间进行篮球训练。在白金鑫教师、张胤凯教师及外聘教练系统化、专业化的训练下,学生们训练热情高涨。同时,科学的训练让学生对篮球有了更加深入的认识。成绩证明了一切训练都源于平时训练累积。

学校近年来获得篮球比赛的荣誉有:

2014 年 7 月,通州区中小学生篮球比赛,男篮第四名。

2015 年 7 月,通州区中小学生篮球比赛,女篮一队获第一名,女篮二队获第二名。

2015 年 7 月,通州区中小学生篮球比赛,男篮第二名。

2016 年 1 月,北京市中小学生冠军联赛,男篮第六名。

2016 年 1 月，北京市中小学生冠军联赛，女篮第十名。

2018 年—2019 年，通州区中小学生篮球联赛总决赛，小学女子组第一名。

2019 年，中国小篮球联赛—北京石景山赛区 U10 混合组冠军；中国小篮球联赛—北京石景山赛区 U12 女子组冠军。

三、特色篮球运动会

为了更好地增强学生体质，让学生积极参加体育锻炼，充分展现学生"做学校主人"教育理念，学校以特色篮球为载体将小篮球融入全员运动会当中，开展了趣味性、集体性、特色性为内容的"小篮球"全员运动会。全员运动会的首次开展受到了师生的广泛好评，在对学生的调查基础上结合篮球特色运动进行探索尝试。作为篮球特色校，学生的篮球基础好，学生十分热爱篮球运动。家长的积极参与更是凸显了以"学生是主人"的校园特色文化。现将本校全员运动会的项目进行展示。

张家湾镇中心小学全员运动会流程

1. 学生展示

舞旗（六年级学生）（学生自主设计旗帜）

篮球裁判手势操	篮球在召唤表演	篮球啦啦操表演
（三、四、五年级学生）	（二年级学生）	（一年级学生）

动感篮球（CBA 嘉宾球员与篮球队学生）

2. 校长致辞、宣布开幕

3. 比赛

4. 校长宣布获胜，颁发"优胜旗"

5. 比赛项目与时间（略）

6. 各年级参加项目与人数

一、二年级：

快接高抛球（全部参加）

车轮滚滚（全部参加）

投篮比准（30 人参加）

胯下穿梭（全部参加 +4 名家长）

运球拾物（20 人 +5 名家长）

滑步（全部参加）

三、四年级：

快接高抛球（全部参加）

投篮比准（全部参加）

胯下穿梭（全部参加）

运球拾物（20 人参加）

3 步上篮（20 人）

传球（30 人参加）

五、六年级：

快接高抛球（30 人参加）

投篮比准（全部参加）

胯下穿梭（全部参加）

运球拾物（20 人参加）

3 步上篮（20 人参加）

传球（30 人参加）

"全员运动会"作为全国学校体育教学改革的根本性体育改革工作，学校将校园篮球充分与其结合，不仅是一次大胆的尝试，同时也是效果非常好的一次融合。尽管存在着一些不完美，相信有专家指导、有兄弟院校的借鉴、有学校领导的大力支持，经过不断完善，我们的篮球特色全员运动会会越办越好。

四、特色班级篮球联赛

作为通州区篮球特色学校，学校积极开展各种篮球活动。健康快乐、积极向上，强调团队协作、拼搏竞争，培养领袖气质、综合能力的体育项目——篮球联赛成为学校日常。经过综合分析，学校有室外篮球场 2 片、室内篮球馆 1 个，设施齐全，配备有 4.5 号篮球、低篮筐等训练器材，方便学生开展活动；从软件方面来说，学校体育教师中具有研究生学历的人数达到六人，占体育教师总数的 33%，体育教师中具有足球、篮球专业背景的 9 人，占总数的 47%。这些教师专业能力强，篮球训练能力、裁判能力十分熟练，学校从三方面着手，以班级为单位，各年级间、同年级间交流不断，以赛促练，积极开展篮球项目。

五、特色篮球文化

一种文化的形成涵盖方方面面，从学校篮球队的发展历程就可见一斑。本校在区体育节上集中展示更是小篮球发展的成果，不仅仅是篮球课、篮球训练、篮球比赛、啦啦队比赛、海报评比、篮球摄影评比以及相关的篮球衍生文化展示。在此基础上，各完小每学年举办一次"篮球嘉年华"活动，邀请学生家长以及相关的社会人士参加。中心校利用微信公众号等信息平台，长期介绍和报道各校的足球、篮球开展情况，全方位营建篮球文化氛围，扩大足球、篮球的影响力。另外，学校还成立了"小主人"通讯社，学生定期广播本校的篮球队员训练和比赛的消息，让篮球成为我们学校的一种校园时尚。

学生自主设计并命名队名、队徽：

篮球巨星姚明、国家男子篮球队队员及中国篮协领导在学校开展的"小篮球·大梦想"活动上亮相。

学校篮球队员在北京大学学习，球星们给队员签名并合影。

通过篮球项目的学习、比赛及展示活动，学生不仅喜欢上了篮球这项体育运动，更体验到它所带来的阳光、团结、健康、快乐。包括篮球在内的阳光体育运动，为学校优化育人实践、积聚特色文化内涵提供了不竭动力，得到教育部、国家体育总局等相关领导专家的高度评价和赞誉。学校也被授予

"篮球特色校"的称号。

　　小篮球就像一颗颗火种，播洒在学生心中，助推学校品牌发展。篮球不仅为学生搭建了成长的平台，也为学校带来了发展的契机。学校通过优化育人实践，积聚特色内涵，打造悦动型体育文化，走出一条独具特色的阳光体育之路。

游戏教学促校园足球的良性发展

白瑞峰

　　小学生好奇心较强，活泼好动，有较强的表现欲望和竞争意识。但他们对技术动作的学习兴趣不大，认知比较粗浅，注意力不够集中，情绪不够稳定，对足球课的兴趣和热情来得快，去得也快，难以持久，在上足球课时需要加以引导，以激发学习兴趣，提高教学效果。体育游戏有时是单人比赛，有时是团队比赛，可以培养学生的竞争精神和团队意识，有利于思想品德的完善。除此之外，体育游戏能够为学生营造平等、民主、宽松、和谐的学习气氛，使学生在课堂上参与、体验、创想、感受，达到体育锻炼的要求。

　　学生在足球游戏中体验着快乐与激情，他们忘情地投入其间，充分展示着自身的主体精神，折射出机智与智慧，也传达出儿童盎然的活力，这就是儿童的生活，他们在足球游戏中体现着生命的本真。所以我在每一节足球课上，都会安排符合教学内容的足球游戏，让学生们在玩中学、学中乐。"老师，我们下节课还要玩什么足球游戏呀？""老师，我们课下也玩您教我们的足球游戏。"孩子们脸上洋溢的笑容和对下一堂体育课的期盼，让我的心中充满了力量，并且有了不懈追求的信念——让更多的体育游戏出现在课堂上。在此，我根据学校校园足球的开展中运用游戏教学的情况，谈一下自己的想法。

一、学校深厚的积淀，优良的传统

我们学校的体育教师经常带领学生进行班级间、学校间的足球趣味比赛。对足球运动的热爱，传承了一代又一代的学生。现在，足球运动已成为学生课余活动的第一选择。课间、体育课中自由活动时间，总能看到很多学生在自主地进行足球游戏、足球比赛。学校形成了良好的体育传统与风气。

二、足球游戏在足球教学中的作用

1. 激发学生学习足球的兴趣

足球运动具有激烈的对抗性，发展到今天，对技、战术水平已要求非常高。特别是足球运动的踢球、停球、头顶球、运球、突破、射门等基本技术都有严格的动作规范。足球游戏作为足球教学辅助手段，有助于集中学生注意力，激发学生对足球课的兴趣。初学者通过足球游戏来熟悉球性和发展身体协调性效果非常显著。

2. 合理的控制场地及设施

在进行足球教学时，常出现人数多、场地少、器材少的局面。影响了各种足球技术的学习，达不到对学生身体锻炼所要求的指标。而足球游戏可以根据教学要求、学生的生理特点进行有针对性的练习，运动量和密度可随机调整。如增减活动的紧张程度、比赛次数，扩大或缩小场地等。一般的足球游戏对场地的要求不高，参加的人数不受严格控制。通过分组教学的形式既能解决体育设施、器材缺少的问题，又能达到预定的练习密度、课时运动量及教学指标。

3. 提高足球教学质量

足球游戏是将足球运动的各种基本技术和基本战术各自编排起来，以游戏的形式进行教学训练，它有明确的技、战术要求和规则。可针对本课的教学内容安排一些专门性练习，既激发学生学习的兴趣又增加练习的次数，达到事半功倍的效果。比如，开始部分运用集中注意力的游戏，准备部分运用活动性的游戏，基本部分运用专门性的游戏。而学习单个基本技术和战术可以采用多种不同的游戏方法，可见足球游戏的包容性和灵活性。科学地将足球游戏的辅助功能与足球教学巧妙地结合起来，可以促进足球教学工作的进一步发展。

三、足球游戏在足球教学中的运用

1. 在选择足球游戏教学中应注意的问题

（1）游戏的选择应具有教育意义

教学的本身就是一种教育手段，学生学习足球技术与技能的过程就是接受教育的过程。也就是说，足球游戏教学本身是教学手段之一。在学生学习过程中，起主导作用的是学生的学习兴趣、动机、情感、需要、意志、信念等诸多因素，对于这些因素的发展形成，教师的教学起着重要的作用。所以选择的足球游戏要有教育意义，培养学生勇敢、顽强、果断的精神，将自身融入集体，培养集体主义观念，培养学生懂得协调竞争与合作的关系，掌握互相帮助、配合、尊重、忍耐、服从等人际交往间的心理准则与社会情感，达到教学的最终目的。

（2）根据学生的身心特点选择游戏

针对女生的身心特点，教师可安排一些具有灵敏性、速度性、趣味性、娱乐性、简单易学的足球游戏。例如，垫球比赛、带球绕竿比快等游戏。男生的教学可采用力量性、耐力性、竞争性的游戏教学。例如，运球比快、连续击墙踢准等游戏。在设计游戏时，应考虑学生的年龄特征、生理与心理特点等方面的差异性，对不同基础、身体素质的学生，应选用适当的游戏形式和合理的生理、心理负荷。

（3）根据教材规定的教学内容选择游戏

根据教材规定的教学内容，编排的游戏应达到预期的效果。如：进行垫球教学时，可编排"多组垫球比多"的游戏。它可达到提高专项素质的目的，熟悉脚触球的感觉，练习垫球的技术。在学习传接球技术时可开展"多组不等距离传接球"游戏；学习抢断球技术时可采用"两人争球"和"多人争球"等游戏；学习运球技术时可采用"蛇行跑"和"螺旋跑"等游戏；学习射门技术时可采用"点球比多"和"定位球踢准"等游戏。这些游戏教学，既可提高学生的积极性，又利于学生掌握运动技能，让学生在玩的过程中有效地完成体育教学的各项任务。

（4）根据足球课的结构安排足球游戏

在体育教学中，体育实践课的结构是由开始、基本、结束三部分构成的，足球课也是体育课的一个部分，它也遵循此结构规律。首先，上好一堂足球课，开始是成功的关键。精彩的导入不仅能提高教学效率，对学生参与体育活动也有积极的影响。所以教师应根据学生的生理、心理特点，把主动权还给学生。其次，在足球技术技能教学中，正确运用游戏法可改变单一枯燥的练习形式，提高学生的兴奋度。在变化中强化动作技能，促进动力定型的形成。例如，足球教学中的"绕竿带球跑""射门晋级"等游戏使足球的基本技术游戏化，使教学方法灵活化，增强了练习的趣味性，吸引学生全身心投入，这样更有利于掌握动作技能。

2. 足球游戏教学的组织工作

组织工作的质量，将直接影响教学的效果与质量。一是在组织安排游戏教学前，先向学生讲清游戏的目的、作用、要求和过程等，使学生能主动、积极地参与游戏，使游戏教学在提高学生兴趣的同时又增强体质健康，从而达到预期的教学效果；二是通过游戏教学，使学生明确足球运动健身健心的积极作用，培养体育意识、价值观和终身运用足球方法健身的能力；三是可根据足球技战术组合变化和游戏教学的顺序编排等，有目的地培养学生运用技战术的能力、创新意识和创新能力等。

3. 足球游戏的教学工作

足球游戏教学包括讲解、示范和裁判工作。学生对游戏兴趣浓厚，希望在游戏中取胜，这就要求教师讲解时必须阐明游戏的方法、规则、结果和奖惩方法。讲解应尽量简明、扼要，让学生有更多的时间活动。

四、总结与建议

足球游戏教学应与足球教学紧密结合起来，不能将其孤立，而应将其视为足球教学中不可分割的部分，达到提高足球技术、战术的目的，使学生在游戏中充分体验到足球的乐趣。教师可根据足球教学各个环节的任务要求，选择、创编一些有针对性、适应性强的游戏，改变单调枯燥的教学条件，培养学生学习兴趣，使学生更好、更快地掌握运动技能，从而有效地完成足球教学的各项任务，使他们真正喜欢足球这一运动项目。

第四节　地域型美育案例

"拥抱春天，放飞梦想"
——学校美术课程案例

赵宝东　韩佳谕

"风筝是个细致活"。五年级 2 班的教室里，同学们正在紧张地忙碌着，小张同学正和组内的三名小伙伴一起搭建风筝骨架。我叮嘱道："制作风筝第一步需要扎骨架，骨架要扎得牢固、结实、对称、合比例，这就要求这个过程不能有一点马虎。先要整理竹坯子，打磨、裁切，要求光滑长度相等。"学生接到任务后，都争先恐后地抄起工具材料进行制作。他们有的量尺寸、有的打磨竹坯子、有的抹胶水、有的捆绑固定，真是一片热火朝天的工作场面。

我发现有一组同学扎了一个骨架，他们是用自己的学生直尺（20 厘米）测量竹坯子长度、竹坯子间距尺寸的，但扎好后总觉得这个骨架看着很别扭，好像往另一边歪着。经过仔细观察，原来是左右不对称、两根竹签子之间的距离也不相等。大伙儿很是纳闷："我们也测量了，尺寸都相等啊，怎么最后这样呢？"他们百思不得其解。经过认真细致地分析比较之后，终于发现问题所在："竹坯子长度不够精确。制作所需的竹签子最长有 1 米多，咱们用直尺测量，因为直尺只有 20 厘米，测量一根竹签需要连续测量 5~9 次，每一次都会产生一定误差，几次的误差加起来就是个大数字，所以会出现前面的结果，你们想想是不是呢？"大伙想了想，觉得有道理。在第二次制作过程中，他们主动从家里带来了卷尺，用它量长度宽窄，一下就能测量一整根竹签子的长度，经过制作，一个漂亮美观的骨架就成功了。

五年级学生小组合作扎制风筝骨架

通过这件事，学生们懂得了"千里之堤毁于蚁穴"的道理。我们的学习也是一样，现在学习的每一点知识（每一个文字，每一道题，每一首古诗，每一个定义），最后汇在一起就是一个个人才、一个个大学生、一个个建设者。学生们肩负着建设家乡的重任，所以要从当下做起，积累一点一滴知识文化，学好全部知识，将来才能做家乡主人。

一、风筝探源

学校地处京杭大运河源头，有独特的民俗文化和历史故事，地域文化能够给学校带来其独特的韵味，这给我们的小学美术教育课程设计提供了取之不尽的素材和灵感源泉。因此，学校结合张家湾镇的漕运古镇特点，及其丰富的历史和文化特色，结合学校的"做主人教育"办学理念，根据学生实际需求，提出开展地域型美育的学校美育工作思路。

在我们学校正南方有一个古村落叫临沟屯，这里居住着宫廷风筝——程式风筝的后人。学校美术教师程春明正是老北京宫廷风筝制作的传承人，对于老北京的风筝历史、文化、技艺等有着丰富的理论和实践经验。学校于

2014 年成立了张家湾镇中心小学凌云风筝社团,聘请程老师做艺术指导,社团宗旨是传承北京的民间艺术,每周组织一次活动。活动中,同学们深入了解风筝历史起源,精致制作风筝骨架,精心设计风筝图样,在继承传统的基础上,创作新颖风筝样式和图样风格,活动受到学生的热情参与。风筝是中国古代的一项发明,距今已有 2000 多年历史,与广大人民的生活、娱乐和审美需求有着不可分割的联系和情结。从小小的风筝身上,我们可以感受到丰富多彩的中华民族传统文化。2006 年 5 月 20 日,风筝制作技艺经国务院批准列入第一批国家级非物质文化遗产名录。学生的作品多次参加市区级风筝大赛,并于 2017 年在北京市中小学风筝比赛中获得集体三等奖,八名同学分别获得一、二、三等奖。借助这个地方文化优势,在中心校领导牵头下、在程老师带动下,学校大力开展以风筝制作放飞为内容的学校美术课程建设。

"凌云风筝社团"程春明老师进行实践指导　北京市中小学"民族杯"风筝比赛获奖证书

二、巧手制作

　　风筝课程为期一个学期,它的制作过程分成扎、糊、绘、放四个阶段。第一阶段"扎"风筝,课程开展以来,得到了学生的充分认可。他们热情极高,扎制的风筝骨架有八卦、七星、九连环、正字形等,风筝样式丰富多彩,小组合作形式多样。课程第一阶段学生们的风筝制作收获良多,成果喜人。第二阶段"糊"风筝,经过第一阶段的合作,组内成员已经相当默契,分头搜集材料、预设流程和工序、密切配合将蒙面糊在风筝骨架上……两个星期时间里经过各组同学的不懈努力,平整、牢固的风筝糊制完工。下一步就是"绘"风筝了。

　　教室里安静极了，我说："我发给每组一张学习单，上面有几个问题，组内同学商量好后把答案写在上面，交给我，结果稍后揭晓！"

　　小小的美术教室里，拿到学习单的同学几个脑袋凑在一起低声商量起来，有时候机灵地左右看看其他组的人，仿佛怕人家窃取了他们的"重要果实"，又像是怕别组同学捷足先登。同学们认真地查阅着自己带来的资料，关于风筝绘制的几道知识题都作答完毕。最后是一道设计题，对于小组同学在之前的美术课上齐心合力糊制的风筝，要用怎样的创意进行绘制和装饰，每组都展开了一番热火朝天的讨论，这可是每个小组经过两周美术课制作出的"珍品"。

　　开奖了，我正准备给大家揭晓正确答案，坐在我左边的一个男生抢先说道："老师，等一下，这么精彩的节目，为什么不让媒体报道一下呢！"见我正一头雾水的样子，他把书卷成一个小圈放在嘴边："亲爱的全国观众朋友们，这里是 CCTV，下面即将揭晓的是……"大家被他的幽默逗笑了，教室里还有零星的掌声。

学生现场绘制风筝

　　风筝图案中蝙蝠、鹤、鱼和喜鹊分别表示什么？答案是五福临门、祥云鹤寿、喜庆有余、喜上眉梢。风筝的绘制材料与结构紧密关联在一起，那么风筝制作经历了怎样的演变？墨子为木鸢，三年而成，飞一日而败。从木到竹，从竹到绢、绢后变纸与布。……每一次公布答案，都能引起一片哗然，那是大家由衷的雀跃，最后第二组同学胜出，共答对了六个知识题，不仅对风筝绘制设计了明确的草图，还写出了组内分工。我带头给他们鼓掌，接下来的风筝纹样展示讲解，大家都目不转睛地看着屏幕，一张一张欣赏过去，偶尔发出几声感慨，"风筝绘制还可以有这么多寓意啊！""对，当然可以画成这样。世界上比牛跑得快的是马，比马快的是火车，比火车快的是飞机，比飞机快的是光速，比光速快的是……"我顿了顿说道："人的思想！"经过了风筝纹样欣赏的启发，同学们的目光炯炯有神，好像都对风筝工艺有了新的认识和更深厚的兴趣，对本组的绘制任务也胸有成竹了。我继续说："创意无极限，同学们拿出你们的想象力和创造力，我们要自己动手绘制最美的风筝纹样！"

学生自主进行风筝草图设计与欣赏

创造力一旦爆发就如打开潘多拉的盒子一样，想收都收不住，接下来的绘制环节，小组同学有的检查水粉笔，有的选色调色，有的在风筝上打稿，还有的同学赶紧去水房接水，教室里忙碌的各小组分工有序，其乐融融。

最后展示作品的环节，精彩创意简直妙不可言，我从来没有想象过没有民间美术技艺基础的同学，可以把想法表达得这么好。还有很多同学，把现代图案、表情包、颜文字、卡通形象、自己的绘画日记都搬上了风筝作品，这么奇特有趣的风筝纹样连我都前所未见，尽管在表现技法上还凸显出一些稚嫩，但对他们来说已经足够好了。

这生动的景象正是张家湾镇中心小学的"拥抱春天，放飞梦想"学校美术课程第三阶段的"绘"风筝课堂。在课前，五年级2班54名学生关于潍坊风筝的问卷调查显示：第五题"你对风筝感兴趣吗？"中，全班有9名学生选择 A 选项"非常感兴趣",有 31 名学生选择 B 选项"比较感兴趣",其总和占总人数的 74%,其余同学选择其他选项。

主题名称	
搜集资料途径	
小组成员(分工交流任务)	
地域风筝特点	
风筝的基本制作方法	
风筝纹样、色彩、寓意	
本地域风筝代表人物	
风筝在生活中的作用	

学习任务单

学生评价风筝作品

由此可见,在一个班级中有超过半数的学生对风筝感兴趣,这说明大部分学生对风筝都是抱有喜欢的态度。并且由四、五年级问卷统计结果得出:年级越低,年龄越小,喜欢风筝的人数就越多。将学生喜爱的、感兴趣的素材作为美术课程的教学内容,学生更愿意接受,学习热情高,兴趣强,更乐意去学习,从而也会收获教师预想中的教学效果。

三、放飞梦想

"放飞梦想"张家湾镇中心小学风筝飞行大赛活动现场

凌云风筝社团成员到西城区参加北京市民族教育学会展示活动

　　课程进行到了第四阶段"放"风筝，终于轮到了同学们最期待的放飞风筝活动。第二小组先为同学们讲解了古代放风筝祈福的传统习俗，原来放风筝有飞天之意，相传风筝有向神明传递信息的功能，人们时常在清明节前后将写有祈福愿望的风筝高高放飞，祈求今年风调雨顺、五谷丰登。延续传统，经过创新，老师和同学们把自己的愿望和梦想写在自己亲手制作的风筝上。美术课多以室内活动为主，操场上的这场放风筝比赛令学生们倍感新鲜。放风筝的环节还要感谢我的"合伙人"班主任老师、信息老师和体育老师的帮助，为我们讲方法、做裁判、亲自演示、指导。通过这一课，我也感受到了多学科融合的意义，多学科是取长补短的关系，学科实践活动正是学生思维拓展、联系生活的最佳平台。

　　对于张家湾的孩子们来说，风筝是一门博大精深的家乡文化，涉及众多学科和领域：风筝的放飞涉及物理的原理。在"拥抱春天，放飞梦想"课程中，学生与老师一起参与，共同探究风筝的起飞原理，不仅激发了学生的学习欲望，扩充知识储备，还与多学科相关联，贴近生活，为接下来的初中物理课程学习奠定基础。直接的经验比间接的经验更容易使学生吸收，更容易使他们获得感受与经验。在课余时间，教师和学生一起到操场上放飞风筝，让学生自己探索、判断风筝的起飞条件和起飞原理，学有余力的同学还检查自己制作的风筝是否可以放飞。学习了风筝比赛规则后，我们组织了一场别开生面的风筝放飞竞赛，学生自己做裁判进行名次的排比。在学习、探究、体验的过程中，学生提升了创新精神和实践能力。

四、传播文化

传播风筝文化是每个小主人都应肩负的使命。学生们来当小老师，在为家长和老师展示作品的同时讲解风筝的背景知识，介绍扎、糊、绘、放制作工序，还结合色彩原理和综合材料的探究进行了风筝时装秀。张家湾学子的自信、个性让大家耳目一新，这是我第一次尝试翻转课堂，最难以把控的是时间，学生却将"师生互动"作为灵活空间，如果知识介绍时间长一点儿，那走秀前的提问就少一些。学生们成熟的考虑和预设，在大家面前的淡定、从容，让我钦佩不已。学习家乡工艺，弘扬风筝文化，作为东道主，张家湾小学的小主人们让大家看到的不仅是展示出来的风筝作品，还有在活动中提升的学习能力和学科核心素养。

学校将学生喜闻乐见的风筝作为课程成功引入美术课堂，引起了学生的广泛共鸣与兴趣。学生能够运用自己原有的知识经验来理解新的知识，将教师教授的新知识与自己头脑中原有的认知基础产生关联，经过同化、顺应后发展成为新的认知结构。"拥抱春天，放飞梦想"美术课程是基于学校学生"以学校为平台，以学生为根本，以文化为主要渗透内容"理念，培养学生健康、向上、自信的"做主人"精神和对文化的尊重。

"做主人，求发展"求的是学生核心素养的发展，重视学生情感体验，在"绘风筝"创作阶段，并未要求学生用教师介绍的纹样对小组制作的风筝进行设计，追根溯源，是对学生自主学习、全面发展的放手。

"制作风筝"学习评价表

姓名			班级			
自我评价：在适当的位置画"√"，1分最低，5分最高。						
评价内容		1分	2分	3分	4分	5分
我能够知道不同地域的风筝的特点						
我知道风筝的基本的制作方法						
我能够认真观看老师的示范讲解						
我知道了风筝的纹样、色彩、寓意等特征						
我能联系数学、美术等学科设计图案制作风筝						

续表

我能够在制作的过程中注意安全、保持卫生			
我能认真倾听他人的分享			
我能和小组同学积极商量，相互帮助，进行很好的合作或者独立完成一只风筝			

　　学生的全面发展包括三个层面：知识技能，方法过程，情感、态度和价值观。在我们的活动中，不仅要关注学生的知识、能力是不是得到了发展，更重要的还要问一问这发展是怎么来的，学生们在获得知识和能力的同时得到的情感体验如何。学生以前对风筝的了解只停留在表面，在美术实践中会有更深的情感体验，对风筝文化有了新的看法，对自主学习民间美术有了更全面的方式，这种体验学生将终身受益。

　　学校的"做主人教育"理念提出："地域型美育应把握张家湾镇的漕运古镇特点及其丰富的历史文化特点，结合学校的'做主人教育'办学理念，根据学生实际需求对学生进行审美教育。"张家湾民族文化是张家湾学子存在的根和魂。在张家湾美术课程体系中，学生习得人文、科学等各领域的知识和技能，掌握和运用人类优秀智慧成果，涵养内在精神，追求真善美的统一，发展成为有宽厚文化基础、有更高精神追求的张家湾人。

　　"拥抱春天，放飞梦想"美术实践课程的四个教学阶段紧密安排串联起整个活动的始终，每个阶段都注重对学生主人意识的培养，形成学校的爱家乡教育特色活动。通过活动不断丰富学生的爱家乡教育体验，发展学生知家乡、爱家乡、建家乡的思想意识，引领学生做家乡的小主人。

"拥抱春天，放飞梦想"学校美术课程

实施阶段	具体内容	阶段目标
（一） 风筝探源	1. 以信息技术知识与技能为载体，搜集有关风筝的资料；以调查、访问和查阅图书等形式掌握搜集资料的其他方法与能力；进而筛选与整理运用所有资料。知道风筝的起源、发展简史、四大流派的特点、名称的由来、风筝的玩法、风筝的种类（如硬扳子、软扳子、软翅、硬翅、立体、串类等）及有关风筝的诗词画、自己的责任等。	提高交流、倾听、自主、合作探究的能力。
	2. 初步了解风筝的制作方法、步骤以及如何放飞（如为什么风筝必须迎风放飞？为什么放飞时风筝必须前倾？为什么风力越大，风筝升空速度越快？为什么风筝不是直线上升，而是斜线上升？）。	提高学生学习兴趣，综合解决问题的能力，培养科学素养。
（二） 巧手制作	3. 运用美术、数学、劳动与技术、科学以及语文等学科知识设计制作风筝作品，感受中华传统风筝的魅力与深厚的文化底蕴；运用数学知识掌握制作规律，运用语文知识与能力学会归纳、概括、表现，运用美术学科的知识与能力体验实践创新，懂得风筝的纹样寓意，从而寻找另一个表达感情的途径。	运用劳动与技术学科制作与技能掌握制作风筝的技巧。
	4. 在创新中学会创新的方法，感受创新的乐趣。	激发创新精神、发展实践能力，扩大综合知识。
（三） 放飞理想	5. 学会放飞的方法与技巧，风筝比赛的规则。体验玩风筝的乐趣。增强合作交流的能力，热爱生活，健康自由。	提高审美情趣，提高生活质量，提升健康体魄。
（四） 传扬文化	6. 弘扬我国传统文化是我们的责任，它属于综合实践学科拓展延伸部分。在校园内展示学生作品，学生宣讲风筝历史文化，用英语介绍风筝并且利用信息技术进行互联网传播，举行风筝服装秀，义卖风筝，等等。	增强学生的文化理解。
	7. 了解风筝与相关民族历史文化的联系，感受优秀传统风筝文化的博大精深，感受现代社会风筝文化的魅力。	在传承中感受民族文化带给每个中国人的自豪感。

　　张家湾小学自主研发的美术课程是与通州区现行美术教材中有关于风筝工艺的课程的结合，通州区现行美术教材在民间美术内容的编写上存在一些不足之处。比如课时量设置过少，教学内容的编排简略等问题。"拥抱春天，放飞梦想"课程正是对教材内容的补足和延伸，在教学中帮助学生积极参与张家湾民间文化的传承，为传统美育发展做出自己的贡献，在课程的研发和实施中形成了独具张家湾特色的教学成果。

五、精益求精

　　通过一个学期的学习、制作，学生制作了大量的作品，学生在亲手制作过程中亲身体验风筝传统文化所蕴含的深厚文化知识，了解风筝起源发展的悠久历史，激发学生热爱祖国传统文化的热情，增强学生学习传统文化知识，建设优美富强家乡的意识。

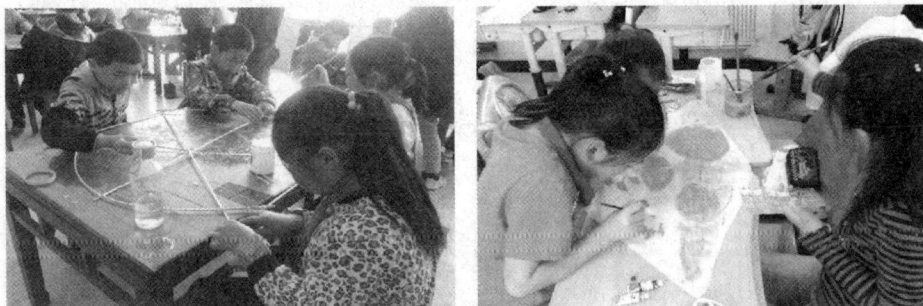

小组自主学习，全程合作完成"扎、糊、绘、放"四阶段

　　1. 团队合作意识，是将来做主人建设家乡人才的基本条件

　　风筝课程实施中，要为学生创设合作学习的情境，指导合作交流的方法。在制作过程中，鼓励学生战胜遇到的困难，培养耐心、细心的良好品质。要注意个体与群体协作，个人设计的风筝及图案能张扬学生的个性，在具体制作时我们从学生实际出发采用小组互助，放飞中我们在风筝比赛中来培养团队的互助精神。

　　2. 在实施过程中注意学习知识与培养能力兼顾

　　如果单纯地制作风筝，那只是简单的劳技课，可在教学中随机穿插风筝的发展史、风筝的科学探究、风筝中包含的文化艺术等多类知识。风筝工艺的学习应从技能、技巧层面提高到美术文化层面，通过创设一定的文化情境，增加文化内涵，弘扬民族文化，培育民族精神，加深对艺术的社会作用的认识，树立正确的文化价值观。

3. 贯彻学校"做主人教育"理念，培养全面发展的张家湾人

学校美术课程开发的宗旨是践行"做主人教育"，培养适应社会发展的发展人。"做主人教育"体系中，地域型美育连接着体验型德育和生本型智育两大领域，作为悦动型体育的前提，延伸成为服务型劳育。地域型美育不是单独存在的教育模式，亦不是孤立存在的美术课程，在学生积极参与的基础上，课程尤其注意学生的全面发展，把学生的参与作为评价的内容，把激发学生的主人精神作为课程实施的中心。课程从最初搜集资料到参与学习，自由表现创作，学生兴趣盎然，参与积极性极高。在这种自主开发的全新课程中，形成了自主学习、自主探究的学习气氛。把主动权还给课堂的主人，让学生在民间美术的活动中体验和感受生活，贯彻学校"做主人教育"理念，培养全面发展的张家湾人。

"走进通运桥，共享家乡美"

——地域型美育实践课程案例

陈 凯 张晨静

"老师，老师，我告诉您一个秘密。"正在实地考察通运桥的一个学生激动地跑过来对我说。我侧着耳朵期待着她的秘密。"老师，我发现了通运桥两侧桥栏上的 22 只狮子原来都是一公一母排列的，而且每一个狮子都是不一样的，连每一个公狮子踩在脚底的绣球都是不一样的，每一个母狮子脚下的小狮子也是不一样的，真是形态各异、多姿多彩。"我既欣慰又惊喜，连忙鼓励了她。

当时这位学生正在参与学校的"通运桥"主题实践课程。她不仅参加了"通运桥"主题实践课程，还特别研究了自己感兴趣的"狮子"，与同学分享

自己的研究成果，并且和小组成员一起绘制完成了《漕运古镇行旅图》的长卷。从美术学科核心素养的角度看，这次主题实践课程主要提高了她的图像识读能力、创意实践能力、文化理解能力。并且她在实践中学会了和同学沟通、分享、合作、反思。

一、通运古桥观古今

"通运桥"课程是学校"知行主人"课程体系中"主人行"主题实践活动中的一个分支。就是以地域资源作为校本课程开发、教学研究与实践操作的出发点，从挖掘本土古桥文化为抓手，设计主题化的研究性学习活动并展开教学。在实践过程中，开发出张家湾"通运桥"项目，让学生深刻理解古桥的文化价值。实践学习是学校追求的教育方式之一。"通运桥"实践课程以实践学习为准则，注重综合性、实践性、活动性、自主性，涉及了人文历史、艺术审美、自然科学三大学习领域，分为知、寻、访、作、说、展，是一场探究、体验、文化之旅。课程以培养学生学科核心素养、社会主义核心价值观为重点，因地制宜、因时制宜。

1. 张家湾通运桥乡土资源现状

学校所在地北京市通州区张家湾镇始建于元代，因水而得名，曾是大运河北起点上重要的水陆交通枢纽和物流集散中心，有"大运河第一码头"之称。通运桥坐落在张家湾古城墙边，横跨萧太后河，所以又称萧太后桥，桥北城楼肆市，桥南人家烟火。

张家湾通运古桥

通运桥原为木桥，万历三十三年（1605）十月建成，清咸丰元年重修。桥南北向，全长 13 丈，宽 3 丈。两边设石栏，一色青砂岩，每边各有雕狮望柱 22 根，神态各异，浮雕宝瓶栏板 21 块，瓶纹有别。长方块花岗岩横砌金刚墙。仅存石桥与残垣一段。

张家湾镇自辽金以来因潞河通运和通惠河的开凿而逐渐发展为水陆要津，"万舟骈集"曾为通州八景之一。通运桥与城墙遗迹是研究北京通惠河水利工程及张家湾古镇民风民俗的珍贵实物资料。

前进的车轮碾压着历史的沉积，推动着社会的进步。近百年来，随着现代交通工具的发展，张家湾城随着漕运的衰败，逐渐被人们淡忘了。直到2006 年 5 月，国务院把大运河列为全国重点文物保护单位，其标志已经立在了通运桥边。

现在大运河改造工程进行得轰轰烈烈，大运河文化带也上升为国家战略。张家湾城也要重建了，为了开发旅游资源，人们正在力图找回一些早已失去的东西。这座古桥，这流淌了几百年的萧太后河，依旧静静地见证着周边所发生的一切。

2. 开发张家湾通运古桥文化校本课程的基础

"蒲公英行动"课题组负责人刘宇新老师指出："教育要达到促进儿童发展的目的，最重要的前提是遵循儿童生命发展的规律，要重视学生独立的生命价值，是现代教育的首要。"所以教学要分年级、分步骤进行，教学内容符合学生身心发展规律，才能取得较好的效果。以网上考察古桥、说一说等活动为主，感受通运古桥的美；以实地考察古桥、鉴赏古桥、画一画古桥，制作古桥桥为主，来提升学生的核心素养。这样，符合学生的认识发展规律，有利于循序渐进，有利于因材施教，以便取得较好的教学效果。

3. 考虑学生的兴趣和需要，体现人本思想

实践课程要联系学生的生活经验，要适合学生的心理生理特点，以培养他们的兴趣，充分调动他们的积极性、主动性、自觉性。

4. 立足本土强化地方特色

通过调查发现，通运古桥最具特色的是每边 19 块栏板，栏板内有海棠池，池内浮雕宝瓶荷叶，叶脉劲朗，互不雷同。北京石桥千百座，唯此桥栏板两面浮雕花纹，桥上桥下游人俯仰皆可观可赏，实为桥饰一绝。因此，在编写

通运古桥文化校本课程时，我们立足于张家湾本地的古桥特点来设计教学，如"探索古桥上的栏板浮雕的含义"等活动。

根据学校实际情况，我们制定了以五年级为主的项目学习研究小组，利用现代信息技术 App"学习通"中的"研学伙伴"沟通（"研学伙伴"是一款为学校开展研学实践活动提供有力支持的流程管理应用），涉及行前课程、研学中记录分享、研学后成果展示、总结评价等流程。在活动过程中，学生也是自主利用网络搜集资料，培养了自主学习能力。

二、研学之行育素养

通过张家湾通运古桥研学课程的教学，学生初步了解了家乡张家湾古桥的造型、建造年代、功用、装饰图案、材质、文化故事、桥名的由来、设计理念等知识，并学习写生、画出古桥作品，创作诗歌、散文、制作立体桥模型、设计创作出桥的作品、编排音乐剧、歌谣等；在参观、考察古桥的过程中收集有关古桥的资料，并写生、制作、创作有关古桥的作品，提高了自主探究学习的能力，激发了热爱家乡的情感，感受到了成功创作的乐趣。

通运桥实践课程以"三行六步"为教学策略：三行，即行前必学、行中记录、行后成果；六步，即寻、知、访、作、说、展。

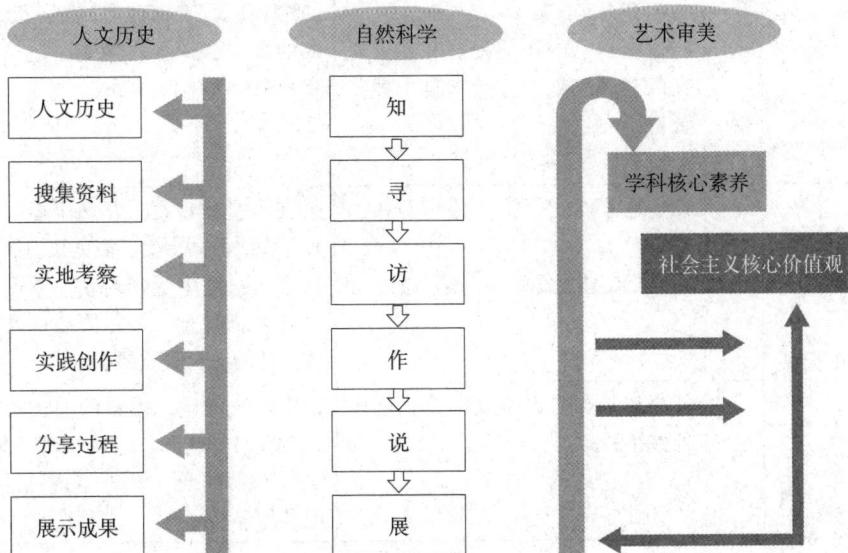

通运桥实践课程具体项目流程图

学生提出有驱动或引发性的问题，以"通运桥"为基点，注重理论与实践相结合，完成后续的信息搜集、制定计划方案并最终进行自我评价、反馈的全部过程。通运桥实践课程要求学生综合利用多个学科的知识，因此学生会积极主动地进行跨学科、跨领域的学习。他们会学习使用信息工具去搜集材料，并加以研究分析，在短期内完成一个具有社会意义和现实意义的项目。这需要团队的配合，考验了学生们的分工、协作能力和团队凝聚力。学生团队中的其他成员给出中肯的评价后，最终由学生进行自我评价，在反思中实现自我提升，从而提升核心素养。

通运桥实践课程具体项目流程表

		研究内容	预计达成目标
行前必学	寻	1.看《评价量规》，明确自己在研究过程中应该"怎么做" 2.建立学习共同体，初步制定研究计划，开始记录研究报告。 3.搜集与古桥相关的历史知识，参加相关的文化活动。	了解古桥的来源、基本特点，知道几座著名的古桥。搜集古代文人与古桥的典故及写桥的基本方式。了解哪些古人为桥的发展做出贡献，可以参加相关的文化活动。
	知	1.利用"研学伙伴"了解、学习家乡张家湾通运桥的来源、历史、特色等方面信息。 2.根据自己的兴趣爱好和想要研究的具体问题，按要求自主搜集资料。 3.安全教育扩展。	自定一个主题，串起多个通运桥的元素，以讲演的方式介绍自己的主题；或聚焦各类问题，以讲演的方式介绍自己搜集、记录的资料和个人感受。
行中记录	访	1.实地考察、采访、拍摄、分析、记录。 2.网络媒体资源考察、记录。	亲身体验和观察、开阔眼界、增长见识、提高审美、拓宽知识面。从自然景观中受到启示，学习古人的传统智慧。实际体会古人所应具备的综合素质要求。
	作	各小组根据自己喜欢的方式创作各种作品。	自主解决问题，用自己擅长的方式表现研究成果。或者创作诗、词、文、画、舞、剧、模型、考察报告、纪录片等。

续表

		研究内容	预计达成目标
行后成果	说	自己准备 4 分钟左右的演讲，和同学们分享自己在研究过程中感受最深刻的事情或收获。 回顾自己的研究过程，进行自我评价。	提高语言表达能力，学会交流、分享、合作。
	展	2019 年 9 月 2 日学校组织实践课程汇报展示。	完成项目研究，体会成功的喜悦，提高综合素养。

三、具体实施方案（以一个美术小组为例）

1. 自主选择、线上学习

学生首先在"学习通"上报名参加美术小组。

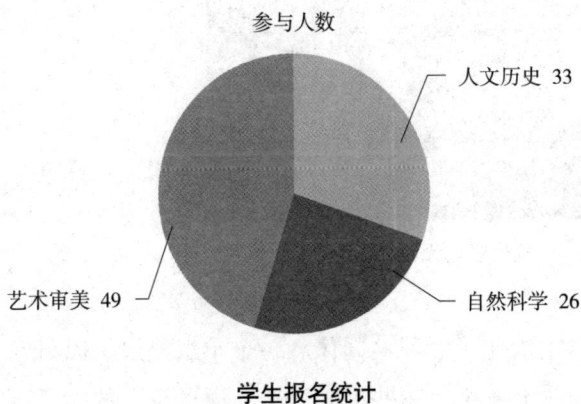

学生报名统计　　　　　　　　　　学生报名选择

从上图可以看出，共有 108 名学生线上报名，其中 49% 选择了艺术审美，说明大部分学生对美术和音乐很感兴趣。学生在"学习通"上学习行前课程，"行前必学"环节中，指导老师针对通运桥的历史文化和安全知识进行简单介绍，并且在线上答题互动。学生围绕自己选择的项目，根据自我认知水平展开学习，对项目有了较为深入的了解。

学生线上学习

2. 建立小组、提出问题

学生规划设计

学生根据自己所选项目自主组建了学习共同体。一个小组提出了以下问题：通运桥有什么特色？通运桥上发生过哪些历史故事？通运桥上的狮子有什么含义？怎么通过绘画表现出通运桥的美。

针对这些问题，开始了讨论，并做出整体规划：查资料、分享资料、实地考察、搜集相关绘画形式、暑假期间线上交流、绘画、汇报展示。

3. 网络搜集、分享沟通

小组成员用电脑搜集资料，查找古桥上的装饰（狮子、镇水兽、荷叶宝瓶、石碑等）以及其他相关内容。在搜集的过程中，他们遇到了很多困难。比如，搜集的资料不准确，版本不一样；PPT 做得不够美观、重点信息不突出，逻辑性不足；等等。于是他们找到信息崔老师帮忙解决问题，再各自分工制作 PPT，并沟通、交流，让大家更了解古桥的历史特色及装饰特色。

4. 实地考察、探索新知

为深入了解古桥，我带领学生们来到张家湾博物馆和张家湾古桥实地考察。在博物馆里，我们仔细听讲解员讲解漕运古镇历史，记录古桥地理位置、建筑特色、街道布局等，为后续艺术创作做准备。学生还采访了当地村民，仔细观察古桥，并拍摄记录。例如本文开篇提到的那名学生，就观察了桥上44 个狮子，最后完成了专题研究。

5. 实践创作、推陈出新

为了完成展现张家湾通运桥历史风貌的画卷，学生们以《清明上河图》为参考，了解绘画特色、构图、版本等内容，并且共享各自查找的资料。

他们根据资料动手构图，把整个画卷分为前、中、后三大部分，绘制铅笔稿。一开始不知道从何画起，就先从中景也就是通运古桥最精彩的地方画起，然后再往两侧扩展。其间也是修改了数次，和我商讨后完成了铅笔稿。

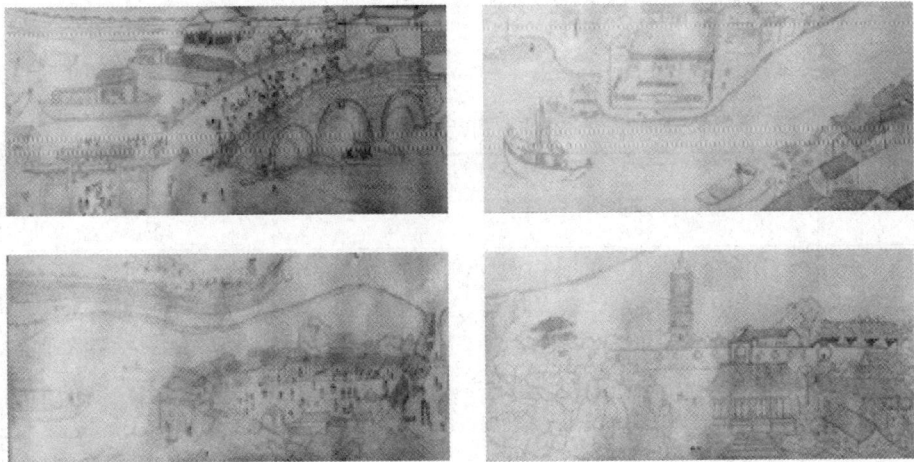

学生完成铅笔稿

学生们还创作了一首小诗，记录下创作过程。这首小诗也是学生主动找到语文老师请教后完成的："信息技术资料寻、考察记录问题访。合作分享明意知，组织图文作品画。丹青水墨古桥晕，七小灵童作品展。"由书法好的小组成员落款、题字，最后成品《漕运古镇行旅图》。

6. 分享过程、汇报展示

学生通过学校的大型展示活动，又一次锻炼了自己的表达能力、组织协调能力。

学生汇报展示

学习自我评价表

小组成员：_____

使用办法：根据下面表格内容，回忆本组实际表现，在相应 ▢ 内画"√"。

张家湾通运桥研学活动			
	需要避免	合格	优秀
学科知识和技能	针对小组的研究主题 1. 缺少应用相关的学科知识。 2. 知识点有误。 3. 缺少运用相关的学科技能。	针对小组的研究主题 1. 知识点正确。 2. 有明显的学科特点。 3. 合理运用相关的学科技能。	针对小组的研究主题 除了满足"合格"的标准外，还要有实用价值，有创意！主题具备一定的研究价值。

续表

张家湾通运桥研学活动			
	需要避免	合格	优秀
合作交流技能	1. 设计规划阶段，缺少小组成员之间的交流和讨论。 2. 实践过程中，缺少交流与合作。 3. 成果汇报的内容（文字或其他形式）不完整。 4. 成果汇报时间过长，表达（语言或其他形式）不清楚。	1. 设计规划阶段能征求他人意见，能及时与他人交流，互相补充完善。 2. 实践过程中，通过交流，发现并解决问题。 3. 成果汇报的内容（文字或其他形式）清晰简洁。 4. 成果汇报阶段，表达（语言或其他形式）清晰有条理。	除了满足"合格"的标准外，还要满足： 1. 成果汇报的内容，有活动过程中心得体会或反思。 2. 汇报的形式，适合研究的主题，形式有创意。
项目规划和管理	1. 设计规划阶段，缺少条理。 2. 实践过程中，有浪费时间的现象，没能按时完成研究任务。	1. 设计规划阶段，规划的内容有条理。 2. 有效地使用时间，在规定时间内完成任务。 3. 成员能够按照规划有序完成任务，适当调整。	1. 掌控小组活动进程。 2. 必要时适当进行规划书的修订。 3. 对任务进行排序，有效地使用时间。 4. 预留了一定时间，用于成果的完善。
学习成果展示	1. 展示过程中个别成员没有任务。 2. 观众没能看（或听）懂你们组的研究成果。 3. 如果是文本类的成果，缺少对图片和文字比例的平衡。	1. 展示过程中小组成员分工合作。 2. 观众能看（或听）懂你们组的成果。	除了满足"合格"的标准外，展示过程有创意！ 1. 研究主题突出，成果内容有说服力。 2. 成果内容和形式的配合得当。

　　不仅如此、人文历史、自然科学以及艺术审美中的音乐小组都有丰富的成果。如人文历史：《关于张家湾通运古桥石狮子破损严重的调查研究》《透过车辙看古桥》《通运桥诗词创作》；艺术审美：《漕运古镇行旅图》《通运古桥研学之旅》；纪录片《码头轶事》；舞台剧《古桥游记》歌谣；自然科学：《纸桥搭建的成长历程》等。

　　各学科根据本学科的特点和学习内容把对桥的研究纳入学科教学。学生用诗歌、作文来表达自己与桥的故事；用所学知识测量桥，感受桥，了解桥的构造；在科学课和综合课上制作桥，在美术课上画桥，在音乐课上唱桥，感受人与人合作沟通之桥。

正所谓"桥通小市家林近，山带平湖野寺连"，桥不仅是一种用来跨越障碍的大型构造物，更是沟通人与人、人与自然、人与生活的有效途径。每位学生都对桥有了不同的认识，全体师生共同研究学习，用独特的眼光去欣赏桥，欣赏生活，不仅增长了知识，增加了兴趣，更增进了感情。

他们制作一座桥，享受一次过程，得到一分收获，获得一种能力。成长本是实践的过程，在实践中得到综合发展，在实践中提升认知，在实践中享受生活。他们诵桥，叹桥，将"我与桥的故事"编纂成文，汇集成歌，带来的是别致与高雅的乐趣，感受到的是芬芳与飘逸的魅力，收获的是神韵与灵性的感悟。他们画桥、唱桥、演桥，专场表演活动更是展现了孩子们关于桥的艺术创造力。跨学科的学习使得每一个孩子以不同的路径开阔了视野，以不同的方式受到了历练，都得到了"桥"文化熏陶，获得了探究性思维的提升。

三、课程反思与展望

希望此次课程成为张家湾镇中心小学特色地域课程，成为学生研究大运河的重要支点，并且以此为基点挖掘出更多特色课程。此外，课程要落实于学生核心素养的发展，为实现学校整体育人，培育社会主义建设者和接班人做出应有的贡献。

《画牌楼》案例

赵宝东

一、教学背景分析

学校位于北京城市副中心南部、大运河的最北端，历史文化悠久，里二泗佑民观就坐落于此，观前有牌楼一座。这座牌楼是四柱三间三顶建筑，上面绘制吉祥图案花纹彩绘，富丽堂皇，高大巍峨。在运河广场和漕运码头有两座牌楼，一座水泥建筑、一座石牌楼，为副中心的环境增添了无限风采。

里二泗佑民观牌楼

（一）教材分析

《北京的牌楼》是小学美术第7册第5课的内容，本课属造型表现学习领域，是在前一课欣赏的基础上以线描形式描绘牌楼。通过本课教学，让学生在了解了北京的桥、北京的古塔等古都文化的基础上，进一步了解北京悠久的历史和多元的文化，引导学生关注北京的古建筑，感受北京牌楼造型美观、种类多样的特点。学生仔细观察牌楼的图片，用线描的绘画方法勾画出牌楼的基本结构和细微之处，增强学生热爱北京、热爱家乡的情感。

漕运码头

（二）学情分析

这个时期的儿童由于生活经验日渐丰富，观察能力逐步提高，具备一定的感受、表现能力。通过调查发现，学生对牌楼并不陌生，因为周边就可看到。通过上一节欣赏，对牌楼有所认识。学习了《厨房的一角》《画画我喜欢的玩具》这两课，学生有了一些线描技巧。另外，他们对美术学习有较高的热情。

二、课程目标、重难点

通过画牌楼教学，让学生了解到家乡牌楼的历史，初步了解牌楼的造型、历史年代、装饰图案、材质、文化故事、名称由来，并学习绘画写生。分析各部分结构作用，装饰特点，创作出符合地方特色的新式牌楼作品。在参观、考察过程中，收集有关牌楼的资料；在写生、创作过程中，提高学生分析能力；在交流、分析过程中，提高学生的小组合作能力。各项活动使学生更加了解祖国和家乡的悠久历史文化，激发出爱祖国、爱家乡的情感。

运河广场牌楼

（一）教学目标

知识技能：学习线描的基本技法，运用线描的形式表现牌楼。

过程方法：经过学生观察、教师演示、作品欣赏、学生实践等环节，使学生学会用线描表现牌楼。

情感态度价值观：描绘北京牌楼，感受牌楼及线描的美感，培养学生的观察分析能力、以线造型能力、审美能力，激发学生热爱北京、热爱祖国传统文化的情感。

漕运石牌楼

（二）教学重点

教学重点：用线描形式表现牌楼的基本方法。

教学难点：运用线条对牌楼纹样进行概括与取舍，表现出建筑的节奏美与韵律美。

三、教学过程

（一）课前准备，搜集资料

课前发放资料表格，布置学生回家搜集资料，要求认真填写，可以和家人实地考察。表格内容包括本地牌楼坐落位置、名称、建造年代、所用的材料，查找方式可采取上网、看书、询问家里人，有条件者可以拍摄照片。

学生制作调查表

班级：＿＿＿＿　姓名：＿＿＿＿

牌楼名称	位置	年代	建筑材料

（二）交流分享，共同学习

全班分成 6 个小组，选定组长，小组座位相对集中一下。组长带领组员交流所搜集材料，互相补充，互相学习，形成对牌楼初步的认识。

（三）师生互动阶段

1. 欣赏名作

教师带领学生欣赏画作《香山之坊》，作者邵宇。

教师问：大家看，这是用什么绘画形式表现的牌楼？表现的是什么材质的牌楼？学生回答：水墨，琉璃牌楼。画家用水墨的形式表现出香山"昭庙"五彩琉璃牌楼。教师：画家主要运用了什么造型语言？学生回答：线条。教师：看看牌楼上的线条有什么变化？学生回答：疏密不一样。教师板书：疏密变化。

意图：教师的设问一是引导学生观察牌楼的材质结构，二是分析主要的造型语言和表现手法。

教师总结：我们看了大师的作品，你们能不能也跟大师比一比，来表现牌楼？你们可以不用水墨的形式，用什么形式过会儿说。上节课我们欣赏了牌楼，知道北京的牌楼最多，大家也应该展示一下自己的艺术才能。

2. 分析

教师：（出示牌楼图片）咱们要给牌楼画一幅画，该怎么画呢？（出示投影）你们看，虽然看着复杂，但是可以概括成基本型，这样一来就容易了吧？现在我们把牌楼的框架摆好，一会儿再画细节。教师板书：先整体、后局部。

意图：牌楼看着很难画，但通过基本型的概括，使学生认识到，无论多复杂的事物，都可以从简单入手，明白先整体、后局部，由简入繁的道理。

教师：请同学看一看、画一画牌楼中用了哪些不同的装饰图案。楼顶一组，花板一组，夹杆石一组，柱子一组，牌匾一组。以小组分工的形式讨论，并派代表将画出的图案展示在黑板上。

教师总结：同学们发现了不少纹样，用直线表现房顶上的瓦纹样，用半圆和圆表现瓦当。中国图案是很讲究寓意的，用吉祥图案表现花板纹样，如龙纹、云纹、仙鹤等。花板和牌匾：采用团花图案，简单的适合纹样，和连续图案。夹杆石：回纹、云纹、水纹、莲花图案。柱子：龙纹、圆形纹样和其他连续图案。

设计意图：这是本节的重点和难点。学生通过自主学习，在合作交流中知道牌楼的装饰图案的组成。

教师讲解牌楼画法

3. 组合

教师：我们知道用基本型概括，又研究了花纹，那么怎样画出一个完整的牌楼呢？（出示一幅画好基本型的范画）刚才我们研究了花纹，是不是把所有的花纹都摆上去呢？应该怎样处理？

学生回答：取舍、提炼。

教师总结：我们要学会运用概括的方法，抓住主要线条，舍掉不需要的线条。

教师演示画法技巧，使学生了解到具体的画法，明白什么是提炼，培养学生美术素养。

学生完成创作

4. 构图

教师：我们知道了怎样画牌楼，但应该将牌楼安排在画面的哪个位置呢？（出示三幅图：一幅画面过小，一幅太大，一幅太偏）你们找找毛病，这样视觉上觉得舒服吗？我们要把牌楼放在合理的位置上。

欣赏牌楼范画，看看这些画是怎样表现的，播放图片。

设计意图：通过比较使学生理解怎样构图才完美，否则画得再精细，构图不合理也不算一幅好画。

（四）艺术实践

作业内容：画出自己喜欢的牌楼。

要求：运用线描的形式表现牌楼；注意线条的粗细疏密变化；构图合理，绘画的顺序从整体到局部，画面干净，有美感，适当添加背景。

学生绘画，教师巡视指导，鼓励学生大胆作画，有艺术提炼。

作品完成方式：线描、线描加色彩。

四、反思与展望

培养学生的主体参与精神。本课教学内容与学生生活紧密联系在一起，在学生生活的地区就有几座牌楼。学生可以从身边的事物中学习到知识，加深对周边环境的了解。而且本课一改原来教师讲解、学生倾听的教学方式，引导学生参与进来，自己去观察、走访，主动完成教师提前布置的任务。学生亲身参与教学活动，主体地位得到重视，激发了学习积极性。

帮助学生了解牌楼的起源和功能，培养学生发现美、感受美的能力。通过对北京牌楼的描绘，感受牌楼及线描的形式美感，培养学生观察分析能力、线造型能力及审美能力。通过本课学习，激发学生热爱北京、热爱祖国传统文化、热爱家乡的情感。

评价量规

画牌楼自评表

	我做得很好	我做得一般	我做得不好
课前搜集	1. 资料齐全。 2. 会使用网络, 会查书籍。 3. 对当地牌楼有一定了解。 4. 到实地参观。	1. 有遗漏。 2. 查找方法不足。 3. 对牌楼了解较少。 4. 只做了部分实地考察。	1. 查找信息不全。 2. 只完成 1~2 个牌楼任务。 3. 对牌楼的知识不感兴趣。
课上参与情况	1. 积极参与, 师生互动有热情。 2. 对牌楼的各部分结构名称作用非常了解。 3. 喜欢牌楼的样式及线描的形式美感。 4. 热爱家乡历史文化, 长大后参与家乡的建设。	1. 能跟着老师学习。 2. 对牌楼的各部分有一定了解。 3. 能发现线描的美感。 4. 对家乡历史有一定了解。	1. 课上经常走神。 2. 不爱举手。 3. 观察阶段不够仔细。
完成作业阶段	1. 能用线描的方法完成作品。 2. 牌楼各部分结构齐全。 3. 作品富有美感、线条疏密得当、粗细有变化。 4 花纹装饰有特点、有变化。	1. 能用线条画出牌楼的结构。 2. 线条缺少变化。 3. 能完成一幅作品。 4. 花纹线条比较丰富。	1. 作品不美观、不生动。 2. 线条没有变化。 3. 缺少部分结构特征。

冬日印象：校园发现美

——小学美术主题实践活动美育案例

陈　凯

开展美术主题实践活动需要借助大量外界资源，学校地处农村，可借助的社会资源较匮乏，但学校范围内的教育资源尚能满足教学需要。对于学生来说，校内资源是他们取之不尽、用之不竭的。学校的一花一草、一砖一瓦都是学生活动可用的资源，借助学校资源进行美术学科的主题实践活动，不仅能扶植、巩固学生"成为发现者"的愿望，更能使学生"成为发现者"的愿望变成现实。学校资源的现实性使学生感受到美术学科主题实践的真实价值，体验到美术学科实践的成功与快乐。一名小学老师最重要的就是引导学生明确什么才是适合的美的人格、美的鉴赏力、美的价值观、美的行动。让美环绕在他们周围，他们能不因美而上吗？本次实践活动不仅通过中国传统笔墨表现手法进行创作，同时还采用了土耳其传统艺术——湿拓画以及综合材料的应用，使学生选择自己喜欢的不同创作手法，充分利用孩子的个性，让学生用 iPad 去寻找美，并选择创作，从而激发学生的艺术创作兴趣。

我们将目标设计如下：

1. 通过实践活动，使小学生逐渐养成自主观察事物的好习惯，提高对事物美的欣赏和感悟，培养学生大胆地自我表现美和创造美的能力。

2. 改进美术教学和学习方式，开阔学生眼界，以不同的形式发现美，欣赏美，创造美。唤起学生对美术学习的热情，同时获得积极的情感体验，即美感教育。

3. 同学们在实践活动中亲近大自然，提高审美能力，磨炼意志品质，增强个性表达，敢于创新与表现。

活动准备：

1. 上课地点：张家湾镇中心小学悦动馆。

2. 上课时间：2017 年 12 月 27 日 9∶00~10∶30。

3. 实施年级：四年级三班、四年级五班。

4. 电子设备：悦动馆大屏幕、三台移动电子大屏、平板电脑、笔记本电脑、手机。

场地布置：以下是具体活动过程。

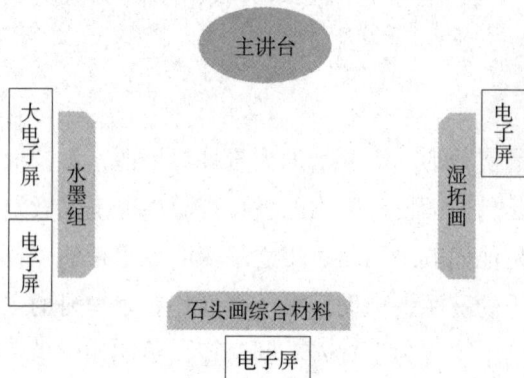

一、整体流程设计

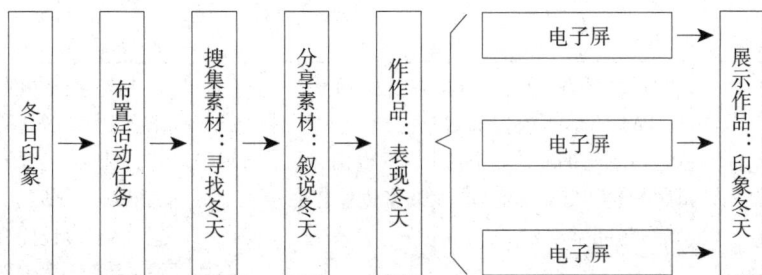

冬日印象 → 布置活动任务 → 搜集素材：寻找冬天 → 分享素材：叙说冬天 → 作作品：表现冬天 →

- 电子屏 →
- 电子屏 →
- 电子屏 →

展示作品：印象冬天

具体活动过程			
环节及 时间分配	教师活动	学生活动	设计意图
9：00~9：10 教师讲授	在体育馆内带领学生欣赏冬日美景和各种各样冬季的艺术作品。	学生欣赏冬日镜头下和笔下的美。	谈话导入，衔接主题，引导学生从美丽的环境中找到最喜爱的部分，为创作做准备。
9：10~9：25 学生采风、拍摄	使用平板电脑拍摄校园中的景物，观察生活环境，发现校园中的美。学生在校园中拍摄，可以拍局部，也可以拍全貌。由教师进行指导。	捕捉校园的冬日美景——平板拍摄照片。	

续表

环节及 时间分配	教师活动	学生活动	设计意图
9：25~9：30 欣赏交流	欣赏、交流拍摄作品（iPad 中茄子快传的运用，从拍摄的照片中选择最喜欢的发给老师，然后与同学们分享）。 三位老师分别介绍自己的授课形式，学生自主选择创作方式，分组进班。	学生交流素材。 学生根据自己的情感与感受创作作品。	自主选择三种创作方式来实践，欣赏拍摄的照片，和伙伴们聊一聊自己的所见所闻、所听说想，交流自己的创作思路，相互启发创作灵感，形成想象力和创造力并发挥自己的个性、自信心，提高学生发现美的眼光。在激发学生学习兴趣的同时，为艺术创作做准备。
9：30~10：10 分班教学实践	1.生命的姿态：水墨教学 2.水上艺术、捕捉色彩：湿拓画 	水墨作业要求： 将错就错；注重感受（情感）；观看的方式是从内到外。 湿拓画作业要求：选择三到五种颜料作为主色调，用敲、点、划等不同技法，结合自己对摄影作品的感受创作湿拓画。 	老师不讲技法，让孩子们充分发挥自我的感受，从感受中出发，"慢"下来，专注下来，适当地引导回忆刚刚体验的过程，通过真实的体验，老师再次强调观看的方式，然后物化成作品。孩子的作品呈现出个性，各有各的审美，情感的带入更加使作品生动，有味道。 注重感受，涂色是深受孩子们喜欢的一种表达方式。

环节及 时间分配	教师活动	学生活动	设计意图
	3.彩"石"分：石头彩绘 	石头画作业要求：组内欣赏照片，交流想法，谈一谈你对冬日美的感受。结合对摄影作品的印象、联想和想象，确定绘画内容和作品形式（用不用画框），谈一谈所需要的材料准备用来表现什么，为创作做好准备。 	注重感受，联想，体验不同媒介的绘画。
10：10~10：30 展示讲评， 活动总结	展示三种不同美术创作方式的作品，学生畅所欲言，上台展示自己的作品，彰显个性，表达自己对美的理解。同学们交流自己的艺术实践手法及所感所想、创作思路，为日后的创作启发灵感和创造力。	艺术作品的展示与交流： 评价标准：3分（满意），2分（较满意），1分（一般）。 摄影作品体现冬日校园的美，绘画作品情感丰富，作品评价语言流畅。 	注重评价，同学们在评价环节尽情发挥自己的创作感言。 提高审美能力和语言表达能力。 教师多用鼓励性语言。

学生作品展示如下：

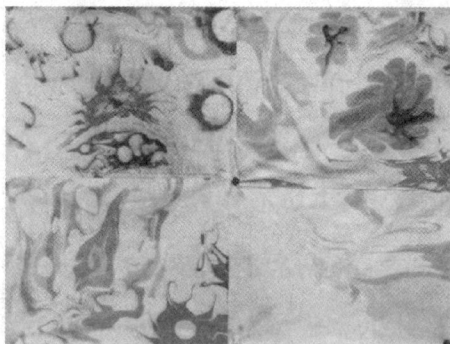

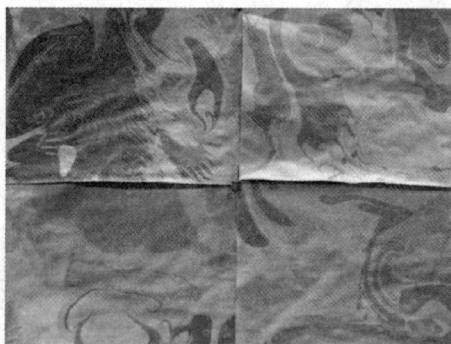

学生湿拓画作品

学生水墨作品

学生石头画作品

本次活动课程是学校在新课程改革背景下进行的一次旨在培养学生的人文素养、科学素养，提高学生综合能力的大胆尝试和探索。学生不仅提高了学习兴趣，学到了有用的知识，综合能力也有了全面提升。同时，在整个活动中，涉及的三方活动主体——教师、学生、家长，通力合作，互相配合，确保了课程得以顺利开展。高素质、团结协作的教师团队是活动成功的有力保障。在这个过程中，良好的师生关系、良好的家校关系、良性的育人环境自然而生。

美术课最重要的是培养学生的审美，培养学生成为一个有艺术素养的人，培养学生感受、理解、评价各种美的能力，促使学生全面发展即达到美育的效果。而美术学科主题实践活动正是必要的途径。活动日期定在冬季是因为虽然四季都有各自独特的美，但北方冬日的美更加独特。寒冷的季节里，植物表面上枝叶凋零，但是精神上依然富有，这种美应该传递给学生一种敬畏之情。当然，孩子们肯定也有自己对冬日的独特感受。而且将三种不同的艺术形式融入课堂之中，学生能充分应用艺术表达自己的情感。

"冬日印象"主题实践活动中，我们充分调动大部分学科教师共同参与其中，以美术学科为主，分为"冬日之约""冬日之伴""冬日之语"三个课时。语文、科学、品社、音乐、信息技术、书法等学科担当"X"的实践活动结构。各学科确定本次实践教学中涉及的知识点、能力点和教育点，设计学习任务，邀请家长参与全程活动，参与评价反馈活动。语文学科设计了积累关于冬天的诗、词、文的比赛，在实践活动中可以利用诗词来进行艺术创作美等；科学学科设计了"冬藏——探寻校园植物之谜"，让学生在实践活动中揭秘植物的名称；品德与社会学科围绕教材中"生命的教育"来感悟冬日植物的顽强、坚韧不屈的性格；信息技术学科以美丽的冬天摄影展为目标，鼓励学生搜集发现美；书法老师带着学生探究"冬"这个字的文字演变，也为艺术创作做准备。

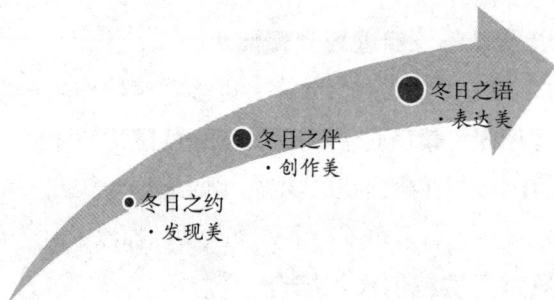

冬日之语
·表达美

冬日之伴
·创作美

冬日之约
·发现美

冬日印象——课时关系图

在整个活动中我们做到：

重视学生的体验。鼓励学生大胆说出自己的独特感受，体现个性，真正为学生发展服务。

现场举行画展。这是以往的美术课没有的。学生作品展上有 76 幅画作，每一位学生都有作品参展。学生们第一次成为"小画家"，开阔了视野，丰富了想象力，增加了自信心。

邀请家长全程参与。本次课程让家长走进校园和自己的孩子共同活动，让家校零距离接触。家长亲身感受精彩课堂，了解孩子在课堂上的真实表现，看到孩子的成长。这种学校、学生、家庭三位一体化教育模式，引领每一个孩子健康成长。

二、采用多媒体交互技术进行评价展示，提高课堂效率

教师的观念不断转变，大胆地研究与实践，专业水平得到提高。美术张老师表示："以往讲美术课时，就是单调地对着绘画技法进行讲解，很枯燥，学生理解也很困难。但是利用这种开放的形式，学生能够真实体验，同时也开阔了学生的视野，使我们的教学活动有了新的尝试和突破。在整个的实验、策划、活动、交流、评价的过程中，广阔的空间成为学生综合性学习的课堂，也成为综合素质提升的又一途径。"

学生根据自己的喜好挑选艺术表现方式，提高了创作兴趣，打开了艺术创作思维，增强了自主学习能力。学生自己创造性地学习，自主探究和实践，在艺术实践活动中充分表达了自己对冬天的情感。我们作为教师，与学生一起体验此次美术课程的喜悦与成功。不仅增强了学生对美术的兴趣，也激发了教师的教学热情。

（一）应用电子设备，促进教学现代化

电子设备的应用，提高了课堂效率，以多种媒体作用于教学，达到最优化的教学效果。运用现代教育理论和技术，通过对教学过程和资源的设计、开发、应用、管理和评价，实现了教学现代化的理论与实践。增强互动研讨效果，学生利用电子设备，从多角度、多方位互动，加深了对艺术知识的理解。

（二）艺术欣赏与实践创作相结合

本节美术课教师多以引导为主，重点在于引导学生感受冬天，表达自己

对冬天的情感。课堂最初 10 分钟，教师用大量以冬日为主题的摄影和艺术作品刺激学生的视觉，提高他们的创作热情。在欣赏过后，学生们迫不及待地想去捕捉冬日的校园美景、创作艺术作品。学生跨越绘画技法的限制，充分利用实践材料表达自己对冬日的所见所想。

（三）三种主要方式的应用

在欣赏冬日摄影作品与艺术创作期间，我们设计安排了不同的音乐背景，在不同的情景下使用不同的音乐，借此提高学生的学习效率。音乐可以调节情绪，可以渲染气氛，可以帮助提高教学效率。学生在进行艺术创作前，会身至冬日校园中，寻找冬日美，从视觉、触觉和听觉等方面，深入体会冬日的动人之处。学生是有差异的个体，每个人的绘画风格是不同的，学生选择自己喜欢的艺术表达方式来进行艺术创作，尊重学生的差异，一堂课下来，学生把对冬天不同的感觉表现得淋漓尽致。

在未来的美术课程设计上，教师应提高工作效率。因为第一次策划这样的美术课程，教师经验不足，所以工作量很大，课程耗时较长。虽然教师的工作量大了，但是学生的上课效果证明教师的付出是值得的。两个班的学生都对这次活动充满兴趣，每个人都有最终表达自己情感的艺术作品。对于后期的美术课程设计，有了第一次的经验，我们相信工作效率会大幅提高，美术活动会更加完善。

孩子们在真实情境下，真实体验，真实获得。美术教师不妨带着孩子们走进校园中的自然环境，去观察平时被忽略的无花果树、竹子、石头等，使学生们有机会体会校园的自然美、色彩美。相信当学生以美术的形式表现出他们所看、所想的那一刻时，其内心回归自然的欣喜。植物的姿态便是生命的姿态，丰富工具的使用便是激发学生创新的催化剂，不同的色彩表现便是学生内心深处对自然的感受，学生在快乐中发现美、欣赏美、创造美，他们的精神自由所释放的快乐，远远超越了绘画本身，那也是美术教育所应呈现的教学景象。

这样的学习方式不再局限于书本知识的传授，而是让学生亲身参与、主动实践，在实践中综合运用所学知识解决实际问题，提高了学生解决实际问题的能力。在实践中提升了各学科共同落实的能力点，培养了学生的核心素养。

千姿百态小毛猴，张家湾非遗大世界

韩佳谕

张凤霞老师带学生参观毛猴馆

张家湾村民族小学四年级学生
欣赏张家湾毛猴馆的馆藏作品

"半寸猢狲献京都，惟妙惟肖绘习俗。白描细微创新意，二味饮片胜玑珠。"走进张家湾毛猴馆，行云流水的几行诗词映入眼帘，这是老舍夫人胡絜青为"毛猴"题的诗。"传统文化是我们所有中国人的瑰宝，是我们源远流长生生不息的根本。虽然短短一节课的时间，但是可爱的毛猴形象、毛猴故事、毛猴文化一定给同学们带来惊喜！"和蔼可亲的张凤霞老师带领张家湾的孩子们走进了张家湾毛猴馆，小小的两间房里面却是别有洞天，同学们一走进屋就发出了惊叹："这小人儿真可爱！"他们三三两两地聚在一起，挤在展台前兴奋地道："不可思议，这也太小、太细致了吧！"集市上叫卖红薯和糖葫芦的老大爷、剃头挑子一头热、粮店里磨粮食的师傅、娶亲的队伍、前门大碗茶和青年茶舍等，张家湾村民族小学四年级的"张家湾毛猴"美术学科实践活动现场将老北京过去的微型场景和活灵活现的毛猴呈现在了学生眼前。

一、民间美术带来的思考与行动

本次实践活动由三节课组成，但是对于这次活动的研讨和设计却是从半年前开始的。2019 年 3 月，在北京市民族协会组织的民族、民俗工艺传承活动中，我被生动的冬奥毛猴吸引住了，原来民间美术可以这样新潮，如果跟美术教学结合在一起，会碰撞出怎样的火花？带着这样的思考我走访了张家湾博物馆并对张家湾博物馆的工作人员进行了调查。了解了张家湾地区民间美术特色以后，我用电话、邮件、现场谈论等形式采访对艺术家们。从采访中我了解到，传统民间美术的消沉并不是从现在开始的，如果想将这些精巧的艺术传承下去必须带学生到现场去看一看，而且手把手的师徒教学是阻碍民间美术传播的重要问题，民俗文化、民间美术的传承需要多形式、多渠道的创新。沿着这样的思路，我研读了李文宇老师的《开发民间美术资源应用于中小学美术教育》、谢琳老师的《地方高校民间美术教学与当地民间美术保护》、马力明老师的《北京民间玩具的民俗特征》，这些书中都提到了艺术与生活相关，经过反思和整理，课程设计的线索回归到了 2011 年版美术课程标准："在教学过程中应特别注重以学生为主体的研讨和探索，引导他们积极探究美术与其他学科美术与社会生活相结合的方法，充分利用当地的各种资源开展有特色的跨学科学习活动。"因此，我设计的本次活动是基于美术学科综合·探索单元，集品德、劳技、校本、美术多学科为一体的实践活动。

美术核心素养的最终环节"审美判断"和"文化理解"是"创意实践"的基础，而中年级是培养学生审美能力的关键阶段，教师要因地制宜选择适合的教学内容，找准关键点，按照欣赏、体验、创新循序渐进的开展有针对性的训练，在潜移默化中引导学生对多元文化的理解，提升学生的审美能力，因此我把此次活动分为三个课时，三课时的主题定为感悟非遗文化，制作张家湾毛猴。

2013 年版人民美术出版社美术教材中与毛猴相关的课程

2013 年人民美术出版社美术教材中，三年级、四年级《秸秆造型》《参观美术馆》《快快乐乐扭秧歌》《走访民间艺人》这四课的内容与本活动密不可分，本活动与美术教材中的课程一脉相承。《参观美术馆》一课为参观张家湾毛猴馆埋下伏笔，《走访民间艺人》为探访张家湾毛猴第四代传人张凤霞老师做了铺垫。三年级《秸秆造型》的手工立体制作，和四年级《快快乐乐扭秧歌》里的节点式人物造型，两个知识点都是毛猴现场制作的关键。

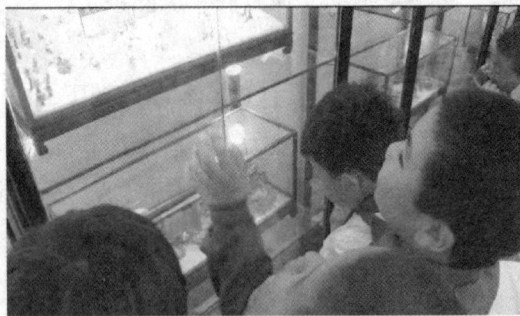

学生欣赏毛猴作品并分组采集信息

活动的学情方面，有 79% 的学生不知道毛猴艺术，21% 的学生对毛猴停留在概念阶段。课前调查问卷表明，学生对毛猴知识非常感兴趣，对毛猴制作、传说故事、经典作品有强烈的探究欲望。

因此我将毛猴主题分为三课递进式教学，即对毛猴的了解、探访和创新。对于前期知识积累少、现场制作慢的问题，学生按照制作主题自愿分组，小组合作。考虑到张凤霞老师的实际情况，我们要进行短时高效的访谈，笔录、摄像、采访等环节学生分工准备。并且全体学生在参观之前熟悉了制作材料，浏览了制作过程。为了避免纸上谈兵，扩大宣传力度，课程缩短了设计的时间，增加了社区义卖的环节。

二、走近家乡，发展张家湾毛猴文化

根据家乡故事"漕运古镇"为背景创作的毛猴

张家湾毛猴馆创始人张凤霞老师

　　本课的教学目标包括知识与技能、过程和方法、情感态度和价值观。从知识入手，让学生知道毛猴的背景故事和特色，了解毛猴非遗的地位。注重过程和方法，通过自主学习、实践探究等方法，欣赏、制作毛猴。培养学生热爱通州，热爱通州传统文化的情感。感悟通州深厚的历史文化内涵，树立积极保护非物质文化遗产的态度。教学重点方面，"儿童的智慧在他的手指尖上"让每个学生参与其中，让他们的手和脑都动起来，增长知识，开阔视野，主动探索，发展自我。体验张家湾毛猴的独特美感，创作有自己独特想法的毛猴作品，展示学生的审美情趣。教学难点方面，毛猴艺术比较小众，本活动的难点在于让学生了解通州毛猴文化的历史，培养学生热爱乡土文化的情感，激发学生学习毛猴知识的兴趣。现在还在从事毛猴制作这一传统的民间手工艺的人已经不多了，学生对此了解较少，理解、制作起来会有一定难度。

　　前期将教学内容分为课前和课上两个部分。第一课，毛猴趣事及历史，抓取关键学非遗。学生收集关于毛猴起源、毛猴发展、非遗文化的资料，并以小组形式进行汇报。此环节培养学生收集、整理、运用信息的能力。师生将收集的资料总结、制作成一条科普小视频。作品分享会是实物作品的欣赏，激发学生学习兴趣，认识毛猴的原料中药材，让学生亲自制定赏析毛猴作品的标准，此环节充分体现学生主体性，并为下一课的制作做铺垫。借助毛猴这一知识点，我启发学生了解非物质文化遗产的概念和毛猴的非物质文化遗产发展历程。

张家湾毛猴坊的第一件大型多场景作品"大运河畔"

第二课整合思维学制作，梳理脉络访名师。由张家湾第四代毛猴传人张凤霞老师为我们介绍毛猴坊，并现场带领学生制作毛猴，摄制组的同学将张老师的制作过程录制成了视频。张老师为学生解答了关于毛猴在张家湾地区历史发展的问题。听了详细的介绍后，同学们都对这位毛猴大师肃然起敬。答疑过后的访谈时间，张老师和同学们就毛猴工艺的创新和推广等问题，展开了一次激烈的"头脑风暴"，参观和制作活动收获良好效果。

第三课，交流欣赏集创意，推广非遗责任当。课前学生对毛猴作品进行了新的情节构思，小组讨论并作简要思维导图和设计图。对于如何提升毛猴艺术的推广力，同学们提出在毛猴制作的内容方面：原本关于戏曲桥段，神话故事，本地景色，民风民族，奇闻逸事等题材可以尝试换成现代影视题材，童话故事，副中心新气象，核心价值观，校园生活等贴近生活的内容。作品的形式上，同学们带来了画框、塑料保护罩，让毛猴作品变成装饰画、车内挂件、钥匙链、手机链、礼盒装饰品。还有乳胶、文具、盆栽等材料让毛猴变成了创意文具、花盆景观、鱼缸装饰、沙盘展示和动画道具。将张老师的作品特点、时代、作者背景等材料提供给学生进行探究，学生意识到要让毛猴艺术适应现代社会的审美，在继承中创新才能给毛猴艺术以新的生命。学生意识到非遗的濒危性，增强他们保护毛猴艺术的责任心，打开学生对非遗的研究思路，启发学生多种途径继承宣传非物质文化遗产。

本课的学习效果评价，学生将自己制作的毛猴作品放进张家湾村村委会的义卖小屋进行作品展评。统计调查组的同学还将课后反馈制作了视频。

　　本课的教学特色，三课时的教学都遵循从学生中来，到学生中去。课前，发挥学生的自主性：自行设计学习方案展现不同思维，根据理解赏析作品为制作环节明确标准，在创新交流中提升解决问题的技能。课上，发挥学生的主体性：学生围绕毛猴文化进行汇报交流，从不同角度感悟毛猴艺术的美并自行提取制作标准，布置社区义卖小屋时，学生更是在互相分享交流评价的过程中感悟到非遗的魅力。

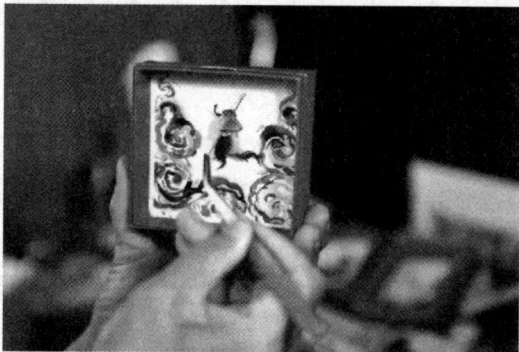

学生将毛猴作品改装成便于携带、运输的平面作品

三、锐意进取的毛猴传承人

　　本课的教学反思，总体回顾，三课时都以学生为主体，在多元探究过程中学习、运用、巩固毛猴艺术的相关知识，在层层递进的过程中，学生很好地理解了毛猴文化，提高了审美能力。但也有一些不足，比如在作品分享会上，如果能采用随机的形式进行全班性交流，关注到不同层面的学生，会更好一些。

　　本次活动荣幸请到张家湾镇关工委专职副主任刘如贵共同参与，刘主任在活动中说："让我们的学生了解到，我们历史上手艺的老师傅，在这儿把这种技术发扬光大，了解到学到使这种手艺能传承下去，他们也受到很大的收获。"民间艺术家向孩子们展示和传授了毛猴、蛋雕、绒花、面塑、泥塑、万花筒、内画、葫芦工艺、中国结、脸谱等传统艺术。这些艺术作品激发了孩子的好奇心，孩子们通过学习和亲身动手实践，不仅锻炼了创造能力和动手能力，还深刻感受到民间艺术的魅力，实现了民间艺术与学科实践活动的有机结合。活动受到社会及媒体广泛好评与关注。民间艺术大都是口传心授，少有固定的继承群体，缺乏科学有效的组织学习，更没有专业的研究与创新。许多民间美术逐步走向了故步自封、后继乏人的死胡同，有个别艺术形式正面临消失的危险。因而，这些民间艺术的教育和传承，不仅是民间文化资源，更是一个民族古老生命记忆的延续，同时，也是一个民族生存精神、生存智慧及活态文化存在的认知过程。活动后学生们反思自己：通过学习、实践、讨论、交流，原本认为非物质文化遗产保护是专家和国家文化部门要做的事，首先与我们关系不大，再者离我们太远；今天转变了这种看法，并树立了非物质文化遗产保护就在我们身边的意识。

本学期美术学科实践活动聚焦家乡小毛猴，学生们畅谈自己的创意，解读自己的故事，分享创作的乐趣和成功的喜悦。制作组的同学谈道："我虽然从小学一年级就随着父母来到了北京，可是这小毛猴还是第一次听说，第一次见过，看着张老师摆弄着材料，不一会儿，这大小不过方寸的小家伙就诞生在我们身边，更没有想到今天自己还能做一只，我真是太高兴了。"展览组的同学谈道："我现在已经能够将毛猴进行创新了，感觉自己和毛猴很有缘分，遇到什么想表现的事情和主题的时候，都愿意用毛猴的形式来表现。过去的毛猴是以特殊视角记载老北京的风土人情，而我现在将自己的学校生活和感受都拿毛猴来表现，我体会到意向造物的神奇，毛猴这个小玩意，越看越有滋味，不琢磨是体会不出来的。"

张家湾毛猴馆经典作品"红楼回忆——通县情"

学生亲手制作的文创产品 "一家亲" 系列

学校从民族教育进校园活动开始，根据本地的文化资源开展了丰富多彩的民族民间艺术活动。这些活动的开展极大地丰富了学生的校园生活，使学生思想得到教育，团结协作等各方面能力得到发展。面对新形势，学校一直在思考该怎样开展既符合素质教育目标，又让学生喜欢的学科实践活动。根据长期以来的探索，学校提出了能够增进学生热爱本土文化、增强非物质文化遗产保护意识的 "爱家乡，做主人" 的活动。我们将这种古老的、承载着浓厚情感和乡土气息的艺术形式和文化植根于学生之中，让其汲取民间美术的养分，接受民间文化熏陶，了解本土文化的内涵，激发其热爱家乡、热爱乡土艺术的热情。这无异于为这些面临衰退的民间美术留下了一方更为广阔的天地，让民间美术在张家湾这片沃土上开出希望之花。

笔绘皇木厂

——小学三年级美术实践活动

张晨静

一、俯瞰张家湾皇木厂，共建精神好家园

皇木厂村位于北京市通州区张家湾镇，村内有着大量的历史古迹，由于皇木厂村南即是萧太后河的河口，因此在新村建设中，出土了大批元代缸胎

鸡腿瓶、稀有金属冶炼小坩埚及龙泉印花瓷片等文物；由于明永乐年间建设北京，木材砖石所用浩繁，多由大运河自南方运至此处存储，因此村内还留有当时管理木厂的官吏所植的一株大树，村南部还出土了当时用于建设北京的巨大花斑石；由于古代皇木厂村还是有名的盐场厂，所以新村施工中还出土了世界最大的称盐石权等文物。路边随意摆放的巨石它们大多半人高，上面隐约可以辨出一些孔洞和石纹。树德老人用"竹纹重叠"来指代这些石料，因为他们是名贵的"红色竹叶纹嘉石"，全村共出土 46 块，用于修建皇家宫殿和园陵。除了石料厂，这里当然更是"皇木厂"。当年从西南山林中运来的大量珍贵木材都经由这里运往北京城。村民李树德老人说，自己小时候曾亲见一方宽度近半人高的木料，如今却也烟消云散。只留下村中一棵古槐，虽已数百岁，仍然亭亭如盖、生生不息。

皇木厂位于学校西北方大约 1 公里处。优越的地理条件为学校开展教育教学活动提供了便利。2018 年 1 月，学校举办了校内的"冬日印象"美术实践活动，此次皇木厂美术实践活动拓展了学校校外教育渠道。皇木厂村作为有着 200 年历史的古村，到处都渗透着历史文化的气息。古村历史关键词：运河、巨石、古树。"沽潞沿隋北运佳，水榭留影漕繁华。竹纹重叠古槐茂，今朝提笔赞皇家。"几十年的积累之后，李树德老人开始撰写村史，开篇的这首题诗取名叫《寻村源》。

皇木厂老槐树有着 600 多年的历史，常言道：人有魂，树有灵。孙悟空被如来佛主压在五行山下 500 年就修炼成了"猴儿精"，何况皇木厂那株老槐树已有 600 多年的高龄！但见它枝繁叶茂、郁郁葱葱，在秋日的阳光下树影婆娑，像是在向人们倾诉着往日那些被尘封了许久的故事，只有心有灵犀的人，才能听得见他的声音……他是一位历史的老人——阅尽了人间秋色。

在皇木厂村的村口，就放置着数块巨大的石块。这可是有来头儿有历史的，它们是竹叶纹石灰岩石，是千里迢迢从南方通过京杭大运河运抵京城的。皇木厂村还有个重量级的文物，那就是皇木厂村出土的石权，也就是秤砣，它可是当时盐运码头称量盐的遗物，现在已被文物专家认定为世界上最大、保留最完整、重量最重的石权。这两块石权是元、明、清时期的器物，村子为这一历史文物还专修了一座五层的塔楼。皇木厂村为了体现运河特色，在村内修建有一条人工的小河，河上白玉为栏，小桥流水，宛如水乡。在皇木厂村的一角，一排竹木的长廊环水而建，在长廊的围绕中，一泓碧波荡漾其间，这里便是大运河的遗址。大运河自元代至清嘉庆十三年（1808年）流经此地。古籍记载此处曾经是"舳舻千里，九省通衢"。

皇木厂，历史悠久，景色如画，十分适合学生去那里体会其文化，并将自己的所见所想所感用画笔表现出来。学生身在张家湾，却对自己所生活的地方的文化不是很了解，希望能够通过此次美术实践活动，不仅能让学生们在艺术创作上有所收获，更重要的是将自己的家乡文化历史有一个很好的传承。每个学生都应有对自己文化的自信。文化自信是一个我们国家或是个人对自己充分肯定和对自己的认知。随着生活的不断发展，大多数学生的精神需求是远远大于物质需求的。借此美术实践活动的机会，希望能够为学生建立起一个美好的精神家园。

二、制定活动目标，探索皇木厂独特魅力

（一）教学目标分析

知识与技能：主动探索、研究张家湾镇皇木厂的历史文化，初步了解皇木厂独特魅力——运河、岩石和老槐树；能用线描、摄影等手段，从不同角度表现皇木厂的独特风貌；实践结束后能够用文化小报总结这次活动，并抒发自己的感受。

过程与方法：通过实地考察、图片欣赏、资料查询等方法，培养学生合作探究的能力；运用绘画，摄影以及演示、故事讲述、文化小报等形式，进行综合探究活动。

情感、态度与价值观：探究皇木厂，感受张家湾独特的历史文化，激发学生对张家湾的热爱。

（二）教学重难点分析

重点：初步了解皇木厂的历史文化，应用一种或两种表现方法展示探究成果，并能运用自己掌握的线描绘画技法表现皇木厂的景色。

难点：充分研究皇木厂历史文化，流畅地表达自己的研究成果，运用线描绘画技法表现皇木厂的景色。

三、利用当地美术资源，设计实践条件

（一）准备工作

实地考察。教师首先要上网搜集皇木厂的资料，对校外基地资源有初步的认识，然后带着搜集的资料和问题，实地考察场馆，分析校外资源与学校美术学科教学的关联点。根据教学内容，制定学科实践活动方案，明确活动的目的和意义，制定活动的具体时间及注意事项。

本次实践内容，教师应安排好学生活动范围，根据场地空间，教师还要安排好活动当天集中授课的区域及学生作品展示区域与展示方式等。准备线描范画作品、绘画工具。

确定参加本次学科实践活动的学生范围及活动时间长度。根据实际情况，班主任协助美术教师在校内提前对参与学科实践活动的学生加强教育，包括安全方面、文明参观方面、活动纪律方面等。

（二）活动组织工作

出行方面：学校与皇木厂距离很近，教师带学生步行过去即可。教师需注意学生的交通安全，学校可协调其他教师，如班主任教师等共同组织此次活动。

工具材料准备：（学具）工具盒。

（三）学生情况分析

本次美术学科实践活动的对象为小学三年级学生。在之前的美术教学中，教师通过"画恐龙""北京的胡同"等课程进行过线条表现绘画方法的教学，使学生具备了对场景线描写生的能力。安排此次外出皇木厂写生的学科实践活动，是对这一教学内容的良好补充。学生的线描专业知识既有了铺垫，也有了延伸。

四、环环相扣定过程

（一）第一环节：实地参观

美术教师组织学生参观皇木厂村。欣赏村子的建设，环境布置，感受皇木厂的人文情怀。请村民介绍皇木厂的历史文化，初步了解皇木厂村的发展。

（二）第二环节：现场教学

1. 明确任务要求

本次实践课的主要任务是学生细心观察皇木厂，并结合所学进行写生练习。

2. 新授

学生观察自己所选取的角度，思考不同部位适合用哪种线条概括描绘。教师指导学生选择最佳观察角度，巡视学生小组，指导学生从整体观察、局部观察，再回到整体观察的方法。回忆不同形态的线条（曲直、粗细、长短、疏密），并用线条概括提炼描绘对象的形象及质感。学生总结出方法：线条疏密变化、伸展和穿插。

3. 示范（以古槐为例）

先观察槐树的特征，粗壮的树干、茂盛的树冠、盘错的树根等。

用顿挫的线条画出古树的质感，注意画面中的遮挡穿插。

用线画出叶子外形大体位置，分组表现树叶，注意叶子的排列方向以及遮挡关系。

细致描绘树干，找到合适的线条表现树干，注意线条的疏密变化。

适当添加场景，衬托古树高大质朴。

4. 实践

用不同形式的线条表现张家湾皇木厂的美。

5. 评价

学生展示实践绘画成果，交流学习内容。学生自评、互评。教师根据观察到的实际情况，以发展、激励的视角对每位学生进行评价。

6. 拓展

师生以绘画的方式对家乡有了更深的了解和认识。这棵老槐树是张家湾千年古镇的一大标志，除此之外，通运古桥和萧太后河也见证了张家湾的进步与发展。同学们对这次外出实践活动有什么感想呢？

五、笔绘皇木厂，情绘张家湾景

这次美术实践活动使得教师的教学方式更加开放，创造性地使用教材和当地自然资源，也为教师带来了更广阔的教学视角。同时，学生也在实践中获取了新知、提高了学习技能。在这个意义上，学生的学习是以实践为基础的，学习与实践是相辅相成、互为统一的有机整体。学生通过参观、体验、欣赏、绘画等实践活动，理解了家乡的历史文化，体会到了家乡的自然美。通过此次艺术实践活动，学生学会了欣赏与写生的方法，感受到大自然的真正魅力，知道了人人都具有发现美、表现美的意识与能力，增强了自信心。

第五节　服务型劳育案例

小主人责任岗的实施与思考

——通过服务型劳动教育培养学生做主人教育案例

王爱月

张家湾镇中心小学独创的小学教学模式为"做主人教育"，以"做主人求发展"为校训，坚持"致力于'做主人教育'，培养适应社会发展的'发展人'"的办学理念。"做主人教育"是以教师和学生为主体，以激发人的责任感和成长自觉性、主动性为核心，以培养人的综合智能、增强人的身心素质、形成良好的个性品质为目标，在适应社会发展的前提下不断提高人的自我教育能力、追求人的自我实现、为人的终身发展服务的教育。"做主人教育"突出了教师和学生两个教育主体，追求教师、学生的自觉成长和主动发展，让每一名教师和学生真正成为学校的主人，教育的主人，发展的主人，从而达到以发展的教师培养发展的学生的最终目标。

习近平总书记说过，"要在学生中弘扬劳动精神，教育引导学生崇尚劳动、尊重劳动，懂得劳动最光荣、劳动最崇高、劳动最伟大、劳动最美丽的道理，长大后能够辛勤劳动、诚实劳动、创造性劳动。"

而学校"做主人教育"的教育模式恰恰由体验型德育、生本型智育、悦动型体育、地域型美育、服务型劳育五部分构成。其中，服务型劳育旨在通过开展自我服务劳动、家庭服务劳动、社会服务劳动及简单的生产性劳动等活动，培养学生热爱劳动、热爱劳动者的思想和行为。与习近平总书记的讲话要求不谋而合。

众所周知，现在的学生，大多数都是家中的小皇帝、小太阳，他们在生活上受到优待，吃得好，穿得漂亮。同时，也滋长了他们的娇气，用"衣来伸手，饭来张口"来形容，一点也不过分。更不用说又脏又累的劳动，意识淡薄，不乐意参加。这样的学生生活在温室里，是经不起风吹雨打的，长大后更不能很好地适应社会这个大家庭。学校是培养人的场所，新世纪培养出来的学生，不光要有理想、有道德、有文化、有纪律，同时要有初步的创新能力、实践能力，养成爱劳动的习惯。如果不从小学阶段入手提早培养他们良好的劳动习惯，无论是对他们本人，还是对于国家、民族的前途和命运，后果都将是非常危险的。因此，学校的"做主人教育"一直注重对学生的劳动教育。

为了让学校的"服务型劳育"深入人心，遍地开花，做到劳动习惯"早"培养，我们的"小主人责任岗"活动的大胆尝试和实施，取得了显著成效。

一、什么是"小主人责任岗"

"小主人责任岗"是指以班级为单位，班级中的成员每人都有其相对应的岗位，每个人都能够在其岗位上担负起应有责任。学生能够在自身的管理与本班管理中积极向上地发展。

班级是学生的班级，学生是班级的主人。建设以学生为主体的岗位制度有利于学生的自主管理，有利于班级的和谐。在班级中开展"小主人责任岗"能够培养学生的责任心和使命感。为此，班主任要根据班级中学生的特点，设计一个个具体岗位，然后根据每个学生的特点，可以由学生自主选择岗位，也可以班主任指定学生担任相应岗位（前提是该名学生也愿意担任这一岗位），以发挥他们各自的特长。岗位可以是合作制或轮流制。当岗位工作繁重时可以合作制，当某个岗位受学生欢迎时，则可以轮流。

对孩子而言，一年级是从以游戏为主的幼儿园迈向以学习为主的小学的分水岭。在关注学习的同时，还要锻炼孩子的生活能力。那么，孩子这么小，在一年级实施"班级人人岗位责任制"能行吗？2014年9月至今，我担任一年级班主任，实施了"班级人人岗位责任制"，取得了可喜的成绩，并由此产生了一些思考。

二、"小主人责任岗"实施的必要性

良好的班级管理一定是学生积极参与的管理。然而，在日常教育教学中，我们经常会看到，有些学生不服从管理，有些学生"权利"过高等。其中，"权利"的不均衡是导致这些现象的主要原因。长此以往，小部分班委会委员可能会形成骄横跋扈的姿态。而其他同学则因为在班级中没有属于自己的位置，对班级事务漠不关心。俗话说"有位才能有为"，如果班主任能够给予学生自己的位置，就能够培养出其主人翁意识。这样，"权利"的下放能够让学生相互监督、相互管理，形成积极向上的态势。"小主人责任岗"必须确保每个学生都有其相应岗位，让每一个学生都能够积极地参与进来，成为班级的管理者。同时，所有学生都是被管理者。在这样的身份之下，每个人都能够成为班级的主人。

在实施"班级人人岗位责任制"的过程中，班主任要敢于放手，要相信学生。在学生有困难的时候给予帮助，在学生表现良好的时候给予表扬。这样，不仅会有意想不到的效果，更有利于学生将来的发展。

三、"小主人责任岗"在中心校一年级中的开展与实践

为了更好地开展"小主人责任岗"活动，做到劳动习惯"早"培养，我们决定从中心校的一年级开始开展此项活动。2013年9月至2014年7月，我担任一年级年级组长，带着同年级组的另外三个班主任在班级中率先开展实施了"小主人责任岗"活动。经过一学年的研究和实践，我们把"小主人责任岗"活动分为以下几个阶段。

第一阶段，师生共同研究，全员参与。学校一年级有4个班级，共242名学生，我们四个班主任及副班主任和德育负责人根据班级内的劳动需要，先设定了少数比较容易操作的岗位，如桌椅管理员、捡纸管理员、节水节电管理员等。岗位工作让能力较强的学生承担，并以实例让其他学生懂得什么叫岗位。根据学生的表现、自我意愿、同学推荐，选定八位同学，手把手地指导如何履行职责。随着班级活动的开展，需要不断增加岗位，且每一岗位均有具体要求，逐步实现了"人人有岗位，个个有责任"的班级管理目标。

实施过程中，岗位会因难易程度不同而实施"合作制"和"轮流制"。当某一岗位遇到困难时可以实施"合作制"。有的岗位则采取"轮流制"，某些几人一岗，实行部分轮换，以老带新。

第二阶段，师生互相推荐，确定岗位及人选。当同学们互相交流懂得何为"班级人人岗位责任制"后，即可确定班级的岗位表，并粘贴在班级中的班务栏中。

第三阶段，共同完善"小主人责任岗"。随着时间的推移，"小主人责任岗"需要进行完善。教师应发挥好引导作用，同时做到丰富管理内容，增加班集体管理岗位，使每个学生能够参与班集体管理，发挥个人管理才干，为增强班级活力作出贡献。岗位的设置应随着学生知识和能力的递增而有所变化。通过实践我们发现：一年级的"小主人责任岗"，岗位有限，比如图书管理员等都还未设置。等学生升到中、高年级，岗位工作的内容应更为丰富，更强调相互间的协作。如增设"一日班主任"岗位，每天由个别学生负责。由同学们评出的"闪亮的小星星"后轮流担任，协助班主任和班队干部负责班级一天的常规管理工作。

第四阶段，班主任敢于放手，相信学生。我国教育家陈鹤琴先生说过："凡是孩子自己能做的事，让他自己去做。"老师不要因为孩子年龄小，就不敢放手让学生去做，而应该适时适当地让学生完成一些劳动任务。我们应该使学生认识到：劳动是人类和人类社会赖以存在和发展的基础，劳动创造了社会财富，每个人都必须劳动。让学生懂得一切劳动成果都是劳动者辛勤劳动的果实。是劳动人民创造了历史，推动了社会向前发展。所以，我们从小就要尊重劳动人民，珍惜劳动成果。我们应该教育学生树立正确的劳动价值观，让学生真正把劳动作为一种义务，一种意愿，真正从心底去热爱劳动。只有这样，学生才能够以身作则，在各自岗位上做好自己的工作，同时，学会以管理者的角色管理他人。在此基础上，班级形成团结向上的良好氛围。班主任都明白，班级的工作要各司其职，但不少老师就是不太敢放手，觉得一年级学生年龄太小，不能够完成管理与被管理的任务。其实，要信任他们，这样不仅应锻炼学生，而且能促进学生发展。

在放手之前，教师要做到以下几点。第一，在学生刚上学时，要手把手地教，讲清楚具体这个岗位应该怎么做。例如，教师引导学生观察校园保洁员是怎么打扫的，楼梯（从上向下扫）、打扫不掉的脏斑怎么办（用拖把拖，用抹布擦）、打扫的顺序（先用扫帚，再用拖把）；擦窗户的工具（用稍湿润的抹布）、擦的方法（从中间向四周展开）等。与此同时，老师要起到带头示范作用。孔子十分强调教师的身教，认为"身教重于言教"。他说过："其身正，不令而行，其身不正，虽令不行。"教师的言行举止本身就是一种教育因素，是一种影响学生的教育力量。这就要求教师在自己的工作中，处处给学生作出表率，做到以身作则。所以，我们教师首先要严格要求自己，要求学生做到的，自己先做到，用自己的"身教"来影响和感染学生，学生就会心服口服。例如在大扫除的时候，仔细观察，劳动技能掌握不好的学生，教师和他一起来劳动，在劳动的过程中，用自己的亲身示范传授一些劳动技能给他们，以提高他们的劳动技能。同时，在我平时上课时也主动弯腰打扫卫生，虽然这些事，每个人很容易做到，但在学生的注视之下，一举一动，一言一行都对学生产生着影响。小小的举动，能很好地教育学生，胜似休止的督促。第二，在学生明白这些之后，教师就要让他们自己思考，如何做好自己的岗位工作？例如，身为班级中的作业收集管理员，什么时间收作业，才能做到又省时省力呢？教师可以引导学生观察学生的到校时间，通过观察，学生就会发现，早读结束后，是收作业的最佳时间，因为这个时间段，学生都到齐了，还能帮助教师反馈作业的完成情况，便于教师进行当天的教学工作。第三，在学生遇到困难的时候，教师要伸出援助之手，帮助学生分析问题，引导学生自己完成。第四，在做好前三项工作后，班主任要敢于放手，让学生大胆尝试，及时肯定学生的表现及学生管理班级的热情。

第五阶段，家校联手，共同创造良好的劳动环境，让"小主人责任岗"活动延伸到家庭之中，提升学生劳动的兴趣，培养学生的主人精神，实现我们服务型劳动教育的目标。

良好的劳动环境创设对提升学生的劳动兴趣也有很大帮助。我们在班级中通过"小主人责任岗"活动已经努力营造出劳动最光荣的氛围，让学生随时感受到在班级里劳动是一件高尚的事情，能受到大家的瞩目。苏联教育家苏霍姆林斯基说："教育的效果取决于学校和家庭教育影响的一致性。如果没有这种一致性，那么学校的教学和教育过程就像纸做的房子一样倒塌下来。"家庭教育和学校教育是相互联系的有机整体，两者的结合是社会发展的必然，更是教育发展的必然。因此，我们还应该和家长携手，在家庭中也营造出适合学生劳动的环境，让"小主人责任岗"活动延伸到家庭之中，提升学生劳动的兴趣，培养学生的主人精神，实现我们服务型劳动教育的目标。我们一方面要为学生提供一些适合完成的家务劳动机会，满足学生的劳动意愿，例如让每个学生自己确定一个家庭劳动岗，做洗碗、扫地等力所能及的家务劳动等；另一方面，让家长配合教师开展一些有意义的劳动活动和劳动评估，将家庭劳动教育和学校劳动教育结合起来，营造出一个轻松愉快的劳动环境，提升学生对劳动的兴趣。

第六阶段，小主人在成长——学生发展评价为"小主人责任岗"活动的顺利开展保驾护航

小主人在成长——学生发展评价通过班主任、各科任课教师、家长全员参与，每周对学生"纪律、礼仪、兴趣、博爱、劳动、学科"进行评价，用校徽贴画在评价量表上反应，学生经过努力从"班级小代表"升级为"学校小主人"再到"希望之星"，享受相应的奖励和权利。

在活动开展过程中，我们每周都会对参与"小主人责任岗"活动的全体学生进行多元化的激励性评价，通过学生自评、教师评价、家长评价、学生互相评价等多种方式对学生的劳动态度、劳动能力、劳动的完成情况进行多元化的激励性评价，以此激发学生参与活动的积极性，培养学生爱劳动的良好习惯，从而达到学校培养学生的主人精神，实现我们服务型劳动教育的目标。

四、"小主人责任岗"在中心校及"完小"全面开展与实践

通过我们一年的不断探索和实践，领导对于我们取得的活动成果给予了充分的肯定，并召开班子会，针对此项活动进行了讨论，随后聘请专家对我们的活动进行指导，我们根据专家给出的意见，最终形成切实可行的活动方案，推广整个中心校及下达的四所完小。

近几年中，学校对此活动进行了大量研究及实践推广工作。到目前为止，"小主人责任岗"已经推广到中心校及下达的四所完小的多有班级，通过这几年推行"小主人责任岗"的尝试，学生的管理能力、劳动能力有所提高，人人成了班级的主人，达到了教育家魏书生提倡的"人人有事干，事事有人

干；时时有人干，人人有事干"的要求的同时，也达到了人人爱劳动，人人会劳动。我为人人，人人为我的服务型劳动教育目标。

与此同时，"小主人责任岗"活动的开展，也实现实现了班级的民主化管理。班级中的每一位学生能积极参与班级管理。应该说，"小主人责任岗"活动的实施效果是明显的，它不仅促进了师生之间的交流，而且在平时的学习和生活中促进了生生之间的和谐与发展。

五、"小主人责任岗"活动的反思

"小主人责任岗"经过几年时间的实践，孩子们能更加积极地参与班级的建设。每天清晨进入教室，我都能看到学生总会出现在展前，数一数自己和同学分别得了多少颗评价的小标志。孩子们用自己出色的表现，证明了"小主人责任岗"活动的正确性，从而也让我认识到了劳动教育的必要性。

随着社会的进步，我们的"做主人教育"面临着许多新的课题。学生劳动观念越来越淡薄，只会读书，不会劳动……可见，开展服务型劳动教育，培养学生从小开始劳动的习惯相当重要。劳动教育是我国中小学德育教育的一个重要方面，一个人从小培养好的劳动习惯，树立强烈的劳动观念，将来才会有所作为。所以，我们的服务型劳教应该做到劳动兴趣早激发。较早地激发学生的劳动兴趣，对学生劳动习惯的培养有着重要作用。我们可以通过各种形式激发学生的劳动兴趣。

（一）快乐体验激发兴趣

在小学低段，教师要有意识地培养学生的劳动能力，适当组织相关教学活动。例如，在种植园地栽青菜、浇水等。让每位学生都参与活动，他们的兴趣油然而生。教师也可带领学生以废弃物为原料制作手工艺品，并将作品陈列在活动室中，或者带回家。这样学生品尝到了劳动的喜悦，收获了快乐的体验，对劳动自然充满了兴趣，同时动手能力和空间思维能力也得到了发展。

（二）有效活动发展兴趣

培养学生的劳动兴趣和劳动习惯，不能只局限在班级中，还可以走出去，通过丰富多彩的活动，向学生灌输"劳动最光荣"理念。这也有利于学生的身体健康。春天来了，可以组织学生到田野去挖野菜，并把野菜送到敬老院去，在劳动中渗透敬老、爱老教育。秋天到了，校园里飘满落叶，可以组织学生去捡落叶，让学校更整洁。每一次劳动，先分组，并开展比赛，看谁的眼睛亮，看谁的手灵活。每到"五一"国际劳动节，学校都会组织一次全员劳动，学生可以为父母服务，可以在社区里扫除……一系列有效的活动大大提升了学生对劳动的兴趣。

对小学生劳动习惯的培养刻不容缓，我要继续坚持从一年级开始就对小学生开展劳动教育，用各种方法树立学生的劳动观念，提升学生的劳动技能，发现学生在劳动时的闪光点。同时，对其失误要和善对待，要予以耐心细致地纠正。也只有这样，学生才能让劳动成为生活必不可少的内容，在劳动中找到快乐。

经过"小主人责任岗"活动的持续开展，学校学生的劳动意识不断增强，多数同学养成了爱劳动的习惯，学校小花园、教学楼、专业楼及周边空地的卫生状况越来越好，楼道、路队的执勤等都有"小主人志愿者"主动承担，激发了学生对义务劳动的热爱。现在学校少先大队统计环保、种植志愿者时，学生都踊跃报名。许多学生现在在家里除了干好自己的内务外，还能帮家长分担一部分家务，比如扫地、刷碗、洗少量衣物等。

今后，学校还要适时地带领学生参加一些校外的公益劳动，与农业生产、工业体验、商业经营等劳动实践相结合，培养学生热爱劳动、乐于助人的良好品质，让学校的服务型劳育遍地开花。

自己的事情自己做

马　宏

一、案例背景

（一）活动背景

《中小学综合实践活动课程指导纲要》指出：综合实践活动是从学生的真实生活和发展需要出发，从生活情境中发现问题，转化为活动主题，通过探究、服务、制作、体验等方式，培养学生综合素质的跨学科实践性课程。

（二）班级基本情况及召开此次活动的原因

开学一个多月以来，我发现：有的孩子鞋带开了不会系，T恤扣子开了不会扣，小黄帽经常忘了带；书包里的书本、学习用品经常找不到或者忘记带了；上学迟到现象严重，桌面上书本摆放得乱七八糟；大部分学生自己能做的事情都不会做，缺乏劳动意识。

（三）活动目的

教育学生知道自己能做的事情自己做。

培养学生自理能力，改掉凡事依赖家长的习惯，激发学生热爱劳动的情感。

（四）活动重难点

知道自己能做的事情自己做，并能养成自己的事情自己做的爱劳动好习惯。

（五）预期效果

养成自己的事情自己做的爱劳动好习惯。

（六）前期准备

PPT、调查问卷、学生在家在校表现的照片、视频等。

二、具体做法

（一）轻松发现

1. 播放短片

淘淘同学早晨匆匆忙忙起床、吃早点、手忙脚乱地收拾书包下楼，坐上车突然想起来忘带跳绳了，急急忙忙上楼拿跳绳，一上车发现又把小黄帽放在门厅了。他嘱咐妈妈把他送到学校后，一定要把小黄帽送到学校，放在门房，然后给老师发微信。结果路上堵车，他还是迟到了。

2. 观看后评议：淘淘为什么会迟到

预设：不回家拿跳绳也许就不会迟到；昨天晚上收拾好书包也许不会迟到；早起会儿也许不会迟到；在淘淘吃早点时，妈妈可以检查他带没带跳绳，或者头天晚上就嘱咐他收拾好书包，这样可以节省时间；每次收拾书包时，跳绳可以放在侧兜里……

3. 教师小结

学生的评论对与错教师不进行点评，只是从学生的回答中提取有用信息：收拾书包这件事可以放在昨天晚上；跳绳可以放在书包的侧兜里。

4. 现场小调查

（1）谁的书包是晚上收拾的，第二天吃完早点，背起书包直接上学。（　　）人。

（2）谁是自己收拾书包的？

A. 是，（　　）人。　B. 不是，（　　）人。

（3）我们还小，收拾书包这样的事就应该妈妈帮忙。

A. 对，（　　）人。　B. 不对，（　　）人。

5. 揭示课题

今天我们一起聊聊这些事。

（二）我是评论员

教师帮助学生树立自己的事情自己做的劳动意识。

针对小调查中的第三题，请两种说法的代表阐述理由，其他学生进行评判与补充，最后得出结论：这是自己的事情应该自己去做。（板书：自己的事情）

找 2 至 3 名学生说一说：在家里，除了收拾书包是自己的事，还有哪些事情也是自己的？预设答案：穿衣服、洗袜子等。

回忆本节课开始时，教师播放完视频后大家的评议：同意谁的说法？为什么？追问：你有什么妙招能提醒自己每天都记得戴小黄帽？

PPT 播放图片：下课了，学生们都去休息了，有的课桌桌面上乱七八糟，有的书本摆放得整整齐齐。找 2 至 3 人说一说：你喜欢谁的桌面，为什么？

（三）活动体验，学习劳动的方法

1. 整理书包的练习

请整理书包最快的学生传授秘诀，其他人参考他的方法练习。

2. 全班参与，看谁做得又快又好

比赛系扣子、系鞋带。请系鞋带最慢的学生发言。

预设：不会系或者系不好。同时追问：找到了原因，你打算怎么做？

（四）总结本课，巩固劳动后的收获

指名说说：这节课的收获。

教师总结，补充板书：自己做。

课件出示评价表，说明评价表的使用方法，请家长监督完成。

"自己的事情自己做"评价表

监督人签字：

	整理书包	穿衣服	系鞋带	叠被子	洗袜子	加☆理由
星期一	☆☆☆					
星期二		☆☆☆				
星期三			☆☆☆	☆☆☆	☆☆☆	
星期四						
星期五						
星期六						
星期日						

1. 坚持周一到周日每天都集齐 15 颗☆，换取小印章 1 枚。
2. 集齐 4 枚小印章，参加抽奖兑换学习用品一次。
3. 7 次加分理由充足，增加一次兑换学习用品机会。
4. 一个月累计集齐 420 颗☆的学生获得"自己的事情自己做小达人"称号，并获得勋章一枚。

三、活动效果与案例反思

对于在学校生活了一个多月的一年级学生来说，自己主动做事是一件困难的事。因为他们都是家中的"宝"，六个大人围着一个孩子转，系鞋带、收拾书包等这样的事，怎能让"宝"做呢？为了尽快让学生适应学校生活，意识到自己能做的事情自己做的重要性，本节活动课从学生实际出发，在课堂上通过学生评一评、说一说环节让学生知道自己能做的事情自己做的重要性。然后让学生动手实践，例如整理书包、系鞋带、系扣子。无论是说一说、评一评，还是动手实践活动，都注重学生的参与感。

为了帮助学生养成自己能做的事情自己做的好习惯，我在课程结束之前告诉学生从今天开始采用评价表进行监督。评价表主要是自评，在家里家长是监

督人，在学校里老师和组长都可以是监督人，要求家长和学生都要实事求是。评价表的使用有效地帮助学生养成了自己的事情自己做的、爱劳动的好习惯。

活动开展一个月后，很多家长发来微信诉说孩子这一个月的变化，有的学生还帮助妈妈洗袜子呢！集☆换勋章在我班掀起热潮。

看到学生的可喜变化，我在思索：怎样把这次的劳动教育活动形成系列化？

争做家务劳动小达人

王爱月

一、案例背景

（一）理论指导依据

习近平总书记在全国教育大会强调，"要在学生中弘扬劳动精神，教育引导学生崇尚劳动、尊重劳动，懂得劳动最光荣、劳动最崇高、劳动最伟大、劳动最美丽的道理，长大后能够辛勤劳动、诚实劳动、创造性劳动"，培养德、智、体、美、劳全面发展的社会主义建设者和接班人。

根据全国少工委下发的《关于加强中小学劳动教育的意见》精神，要求切实加强劳动教育，提高广大中小队员的劳动素养，促使他们形成良好的劳动习惯和积极的劳动态度，并在劳动实践活动中，教育少年儿童懂得知恩，感恩。

（二）学情分析

班内共有学生 38 人，其中 27 名学生是独生子女，6 名学生是家里的老二或老三，这些学生的家庭条件都很优越，近 50% 是"拆二代"，他们不懂得节俭，常以自我为中心，家务活更是不会做，再加上低年级孩子年龄小，父母更不让孩子参与。在与学生的交谈中，我发现整个班的学生中没有几个洗过袜子、内裤的，清洁家里卫生和洗碗做饭就更别提了！结合我班实际情况，为了培养学生的小主人意识，让他们懂得父母的辛劳，知道自己作为家庭中的一员，参加家务劳动自己也有份，应帮助家长做一些力所能及的事，我开展了"争做家务劳动小达人"活动，让孩子在做家务中提高劳动能力，养成劳动的习惯。

二、实施过程

我根据学生的年龄等特点，召开了"争做家务小达人"的班会课。

我先用《两只小狮子》的故事激发学生的求知欲，让学生自主思考：这两只小狮子的命运为什么不同？从这个故事中得到什么样的启示？

学生们认真倾听故事，找到了问题的答案，并懂得了劳动的重要性。

接下来，我播放了课件《劳动改变世界，创造了世界》，第二次引发学生深思：从远古到现在，劳动创造了世界，劳动改变了世界。作为新一代的少先队员，我们能做些什么呢？（从身边的小事做起；从身边的家务劳动做起）

我引导学生分组畅谈家务劳动都有哪些？说一说学生能做的家务劳动有哪些？

学生畅谈自己可以做的、力所能及的家务劳动。我追问其做家务劳动的意义，让学生充分认识到自己是家庭成员中的一员，是家庭中的小主人，从而认识到做家务劳动也是自己的责任。

然后我根据学生的特点，帮学生寻找并树立身边的劳动小达人：

（1）我先出示班级家务劳动小达人的劳动视频，请部分小达人介绍劳动技能。

（2）视频结束后，问学生：这些家务劳动你准备学哪一样？确定自己家务劳动的岗位，把想好的写在纸上！写完后，老师收上来。

最后，我总结道："同学们都愿意学一样家务劳动，并确定了自己家务劳动的岗位。那这样吧，我们每天在微信朋友圈进行'争做家务劳动小达人'打卡活动，培养劳动习惯，提高家务劳动技能。一个月之后，我们评选出咱们班的家务劳动小达人。"

一个月后，我们如期举行评选活动。

三、活动效果及反思

通过"争当家务劳动小达人"活动，每个学生在做家务活方面都有了不同程度的提高。正如学生在日记中所写的，他们体会到了"叠被子不易、擦地不易、洗内裤不易、刷马桶不易、洗碗做饭更不易"。活动中，学生不仅提高了劳动能力，更体会到了家长的辛苦。

这次活动得到了全班家长的大力支持，有的家长手把手地教学生做菜，有的家长教孩子购物的方法，有的家长放手让学生当家、理财，并且每天坚持帮助学生在微信朋友圈打卡集赞。家长在"家务小达人情况调查表"中都反映学生劳动能力有所提高，希望孩子学做更多的家务活。

也许在我们看来，孩子们做起活来笨手笨脚，令人心惊胆战，但孩子们从家务劳动中体验到了成功，体验到了快乐。

作为一名低年级的班主任，我们对学生的教育应是全方面的，就像习总书记说的那样，我们要培养德、智、体、美、劳全面发展的社会主义建设者和接班人。与此同时，要努力协调好学校和家长的关系，家校协同开展工作，通过活动使学生真正受到教育，真正有所收获。怎样帮助家长提高对劳动教育的重视，从而提高家校协同教育的力度是我目前思考的问题，我们正在研究的路上前进！

"争做爱劳动的班级小主人"活动案例

赵秋石

一、案例背景

培养学生德、智、体、美、劳全面发展，是教育的一个重要的出发点。劳动是小学生素质教育不可缺少的部分。但是家长往往只注重孩子学习成绩，对劳动能力的培养却缺乏关注。

作为三年级的班主任，近来我发现班级中的卫生质量大不如前。以前总是在早读开始前由先到的同学打扫卫生，现在由于天气寒冷，同学们早上来得晚了些，早读又有了一些任务，导致做卫生的时间被压缩了。一些细碎的纸屑开始在桌椅下出现，黑板也经常是直到上课也没人擦。我只好点名安排，可当我离开教室让他们自己打扫时，回来却发现他们不是在玩就是打扫得不干净。只有和我一起打扫时，他们才积极。

二、具体做法

根据发现的问题，结合中年级学生的特点，我在班级中开展了"争做爱劳动的班级小主人"活动。

首先，我通过微班会的形式，让学生认识到：劳动是人类和人类社会赖以存在和发展的基础，正是由于我们的劳动创造了社会财富，每个人都必须劳动。让学生懂得一切劳动成果都是劳动者辛勤劳动的果实。我们从小就要尊重劳动人民，珍惜劳动成果，从而树立正确的劳动价值观，真正把劳动视为一种义务，一种意愿，从心底去热爱劳动。

其次，我充分发挥集体的力量，群策群力，我们班的劳动——班级值日问题该如何解决呢？经过大家的商讨，最终决定由卫生组长安排值日生工作。

每个小组选出一名卫生组长，根据卫生班长的建议和小组成员的讨论，以表格的形式把擦黑板的任务分配到每一个同学身上，做到人人参与劳动，人人争做爱劳动的班级小主人，并设立奖惩措施。这一项集体决定，大大激发了学生们爱劳动的积极性，热烈地讨论，积极地参与，黑板的清洁速度立刻有了大幅提高，每名同学都参与到班级的卫生劳动中来。

与此同时，我们确定每周三为大扫除日，利用早读和课间时间彻底清洁地面，课外活动的课间对班级进行消毒。自从发布这条"班级公告"后，每到周三学生们从早上开始认真打扫，把班级内外的墙壁、书架、窗台这些平常不易清洁的地方擦得一尘不染，地面上更是找不到一张纸屑。赵悠然同学还精益求精，把黑板经常写字花了的地方，用抹布擦拭得像全新的一样。学生们都用自己的实际行动争做爱劳动的班级小主人，为班级增光添彩。

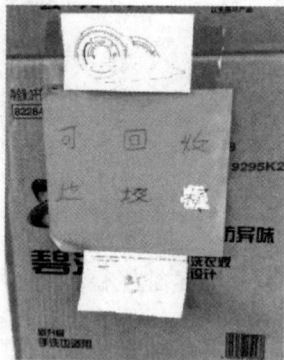

"争做爱劳动的班级小主人"活动开展得热火朝天，我趁热打铁，结合值日后收集到的垃圾，对学生进行垃圾分类教育，和学生们一起学习了相关知识。我们调查后发现，我们班级的垃圾桶就没有分类，这是我们的第一道阻碍。班级里的垃圾只有两种，可回收和其他垃圾。第二天，有一名小能手用纸箱做了两个垃圾桶带到班级，并在上面用不同颜色的纸张做了区分。一到课间，学生们总爱拿着自己产生的垃圾问一问："这是什么垃圾？"在这一过程中，既解决了班级碎纸多这一情况，也增长了垃圾分类的知识，真是一箭双雕！

最后，我告诉学生，"争做爱劳动的班级小主人"活动不能光限制在班级，还可以走出去。在我的引导下，我班的小干部自发地组织本班学生主动整理学校阅读走廊的书架；秋天到了，校园里飘满落叶，小干部主动组织学生去捡落叶，让学校更整洁。捡回的落叶还可以制作出精美的创意画作。

三、案例反思

通过一段时间的实践，班级中能够主动劳动的同学逐渐增多了。对于"争做爱劳动的班级小主人"劳动教育活动，我有以下几点反思：

1. 应该教育学生真正把劳动作为一种义务，一种意愿，真正从心底去热爱劳动。一方面要严格要求，教育学生遵从劳动纪律，另一方面还应该提供良好的劳动榜样，作为学生劳动态度模仿、效法和形成的典范。

2. 应该通过各种形式激发学生的劳动兴趣，创设良好的劳动环境，让学生随时感受到在班级里劳动是一件高尚的事情，能受到大家的瞩目。经常在班级里开展活动，提高学生的劳动兴趣。

3. 提高对自己的要求，学生做到的，我首先就要做到，用"身教"来影响和感染学生。比如，平时上课时我会主动打扫卫生，擦黑板，虽然这都是小事，但在学生的注视下，一举一动、一言一行都产生着影响。

小学生劳动习惯的培养刻不容缓，对于我们教育工作者来说，一定要及早对小学生开展劳动教育，用各种方法去树立学生的劳动观念，让学生早日成为国家栋梁之材！

赏劳动之花　传递劳动之乐

王爱亭

一、案例背景

习近平总书记在全国教育大会上强调，"要在学生中弘扬劳动精神，教育引导学生崇尚劳动、尊重劳动，懂得劳动最光荣、劳动最崇高、劳动最伟大、劳动最美丽的道理,长大后能够辛勤劳动、诚实劳动、创造性劳动",培养德、智、体、美、劳全面发展的社会主义建设者和接班人。

作为一名四年级的班主任,除了每天要帮学生讲解知识,更要注重对学生进行素质教育。而我更加注重对学生的劳动教育,培养学生正确的劳动意识。

经我观察,班内孩子们没有自主动手劳动的意识,有的孩子甚至对垃圾视而不见,教室卫生状况实在成问题,座位过不了多久就会东歪西扭……

针对上述问题,我开展了以"赏劳动之花 传递劳动快乐"为主题的劳动教育活动,主要目的在于培养学生的自主劳动意识。

二、具体做法

在一次班会上,我问孩子们,我们每天生活在美丽的张家湾中心小学,沐浴着阳光雨露,享受着优质教育,不可谓不幸福,但你们可曾想过,是谁顶着烈日,一砖一瓦地盖起了美丽校舍,让我们能在宽敞明亮的教室里安心学习?是谁种下这一草一木,让我们的校园生机勃勃,四季如春,处处如画?是谁,夜深了,还在伏案疾书,只为给我们准备一堂精彩纷呈的课?又是谁,当我们还沉浸在梦乡中时,就早已开始忙碌了,只为给我们准备营养丰富而味道可口的早餐?他们的名字各不相同,可是他们有一个共同的名字——劳动者!

热爱劳动是中华民族的传统美德。共和国成立到现在涌现出了许许多多劳动楷模,他们在自己平凡的岗位上辛勤地劳动着,为我们创造了今天的幸福生活。正是这千千万万普通劳动者的辛勤耕耘,才有我们祖国大家园的瓜果飘香、和睦安详。他们,都是值得尊敬的人。而我们也要做一名光荣的劳动者。

在学校,孩子们主要的劳动任务就是打扫卫生,包括班级的和公共区的卫生。刚接手这个班的时候,我任命一个还算有领导能力的孩子管理班级卫生。可孩子毕竟是孩子,刚当上"领导"的那节课管得还不错,可下一节课就自顾玩去了。提醒她一次,保持一节课,而下节课又忘了。这样下去可不行!

有一次早读课,走进教室的时候,我看到垃圾桶满了,于是问道:"教室的垃圾桶满了，怎么办呢？"

有的孩子回答："要去倒掉！"

我说："谁去倒呢？"

有的孩子指着同桌说："他去倒。"

有的孩子说："我！"

而有一个孩子已经起身去提垃圾桶了。

我说："王××的回答才是最棒的！"

等他倒完垃圾进来后，我说："让我们把掌声献给这位最聪明、最自觉的同学！"并带头鼓起掌来。

孩子们马上鼓掌说："棒棒棒，你最棒！"

我接着说："为什么老师说他最聪明的呢？因为当老师问谁去倒掉垃圾时候，王××明白，老师不是为了想知道应该谁去倒垃圾，而是想看看到底谁会去倒垃圾。可是有的同学没有懂得这一点，所以说，他是最聪明的。大家记住了，聪明的人不需要别人明说，就知道该做什么事情。不过我相信，经过这一次以后，我们班会有更多聪明的人，当老师说'垃圾桶满了'的时候，就知道该去倒垃圾了。当然，最聪明的同学，是当他看到垃圾桶满了，不用别人说就知道该去倒垃圾！我想知道，我们班哪些孩子是最聪明的孩子。"

孩子们开始人喊："我！我！我！"

我微笑着说："不错，大家都想成为最聪明的孩子，这是好事！但是，垃圾桶会不会因为大家知道该去倒垃圾了而自动倒掉呢？"

"不会！"

"同学们真聪明！所以，我们只知道该去倒垃圾了还不行，还得像王××一样主动去倒垃圾，自觉去倒垃圾，不用别人喊，这样才是最聪明、最自觉的孩子。自觉是什么意思？就是不用别人喊自己主动去做，不像算盘珠子一样拨一下动一下。就比如洗衣服，你们是喜欢自己用手洗衣服呢，还是喜欢用全自动洗衣机洗衣服？"

"喜欢用全自动洗衣机洗衣服！"

"为什么呢？"

一个表达能力强一点的孩子说："因为只要打开全自动洗衣机，就会自动洗衣服，到时候只要去晒衣服就可以了。"

"是啊！自己用手洗衣服，又要放水、加洗衣粉，还要搓呀、拧呀、倒水呀……好麻烦。而全自动洗衣机，只要打开，放入洗涤剂，就不用你管了，到时间把衣服取出来晾好就可以！你们喜不喜欢全自动洗衣机呢？"

"喜欢！"

"老师也喜欢，老师还喜欢像全自动洗衣机一样又聪明又自觉的孩子。因为不用老师喊就能主动把事情做好，这样的孩子真可爱！所以，我要给王××发一张封表扬信！王××，老师喜欢你！"

被我这样大张旗鼓地一"折腾"，孩子们知道了自觉做事就是个聪明人。

第二天，当我走进教室的时候，垃圾桶已经空空如也了。我正要问是谁倒的垃圾，崔欣悦走过来说："老师，我去倒了垃圾！"

我非常高兴地在全班同学面前表扬了她，并且也给她发了一封表扬信！如此，每次学生为班级劳动后，我都会奖励他们一张表扬信。于是慢慢地，总有学生来向我汇报："老师，刚才我去倒垃圾了！""老师，刚才我擦了黑板！""老师，刚才我捡起了地上的垃圾！"……从倒垃圾到擦黑板、扫地、整理讲台，教室的卫生慢慢就有人主动去做了。我们班的卫生也慢慢走上了正轨了。

三、案例收获

就在前两天，我在楼道里遇到了主任。她微笑着对我说："小王，你们班的孩子都可好了。"我疑惑地看着主任，说："主任，他们做了什么让您笑得那么开心？"

主任说："你们班的孩子在课间主动去操场上整理咱们学校的阅读走廊，把那里的书摆放得整整齐齐的，小手被冻得通红通红的，但每天还是坚持去呢。"

此时的我心里不禁一酸，因为前一天我还因为几个孩子踩着铃声进班而批评他们呢，原来他们是去做好事了。和主任说完，我赶忙走到阅读走廊的一个小角落，此时孩子们依旧在帮助整理书籍，一张张小脸都被冻得红扑扑的，此时我的眼眶湿润了。我走过去和孩子们一起整理，孩子们冲我笑了笑，却什么也没有说，只是继续整理着手中的书。

慢慢地，孩子们不仅看到垃圾会立即捡起，每次离开座位前都会先看看周围有没有纸屑再离开，班里卫生角也总会出现无数自觉的身影，孩子们已经可以自主管理班里的卫生了。而且举手之劳的小小身影在校园的每个角落里也是随处可见，"劳动之花"越开越旺，班里主动为他人服务的好人好事越来越多，看！主动捡纸的，主动浇花的，主动帮一年级做值日的，主动为同学掀门帘的……自主劳动、主动为他人服务的意识已深深扎根在孩子们的心中，每个孩子都在用实际行动告诉我们"劳动之花"的独特魅力。

我想，传递劳动快乐，这也许就是劳动最独特的魅力所在吧！劳动教育培养了孩子们吃苦耐劳的精神，也培养了孩子们的责任心，传递友善，传递快乐，一举数得，多多益善！